Univ.-Lektor Dr. Alois Machalek

Wetterfühlig: was tun?

Univ.-Lektor Dr. Alois Machalek

Wetterfühlig: was tun?

Kneipp-Verlag Österreich

ISBN 3-900696-50-0

Autor: Univ.-Lektor Dr. Alois Machalek, Magistratsabteilung 15, Neutorgasse 15, 1010 Wien.
Illustrationen: Alena Schulz.
Layout, Fotosatz, technische Bearbeitung: Verlag des Österreichischen Kneippbundes Ges. m. b. H., Kunigundenweg 10, A-8700 Leoben. Druck: Obersteirische Druckerei, Leoben.

1. Auflage. Leoben, Juni 1994

Inhalt

Der siebente Sinn
Wetterfühligkeit

»Wer den Ursprung der Winde, des Donners und des Wetters kennt, weiß auch, woher die Krankheit kommt.« Dieser Satz von Philipp Theophrastus Bombastus von Hohenheim, besser bekannt unter dem Namen Paracelsus, ist im Denken der Renaissance begründet, denn »die Natur ist die Grundlage aller medizinischen Wissenschaften«.

Fünf Jahrhunderte später wird man darin wieder durch die Massenmedien bestärkt, in denen in spekulativer Art und Weise wetterbedingte Krankheitsanhäufungen hervorgehoben werden. Oft bieten solche Ereignisse einen willkommenen Anlaß für Schlagzeilen: Für verstärkt begangene Selbstmorde oder für einen vermehrten Einsatz der Rettungswagen wird das Wetter verantwortlich gemacht. Doch wer sich der Sensationslust der Presse bewußt ist, wird diesen Berichten mit Skepsis gegenüberstehen. Mit Recht!

Denn leider ist der Einfluß des Wetters auf den Organismus noch immer nicht eindeutig geklärt. Man weiß zwar, daß ein solcher Einfluß besteht, und oft wird auch ein krankheitsauslösender Mechanismus durch eine bestimmte Wettersituation ausgelöst, aber das setzt voraus , daß der Organismus bereits Krankheitssymptome aufweist, die dann plötzlich in Erscheinung treten. Eine echte Krankheit ist die sogenannte Wetterfühligkeit nicht. Doch viele Menschen reagieren auf Wetterprozesse — sie haben einen siebten Sinn: Wetterfühligkeit.

Dieser physische, pathologische und psychische Einfluß des Wetters auf unseren Organismus wird wiederholt bei großen Personengruppen beobachtet. In Anbetracht der Komplexität des Körpers mit all seinen Funktionen liegt es auf der Hand, daß hier eine Vielzahl von Angriffspunkten existiert.

Doch zu behaupten, das Wetter wirke auf den Organismus, ist nicht so einfach zu beweisen. Auch hier gibt es eine Menge von physikalischen und chemischen Faktoren, die unser Wetter bedingen. Erst die Summe aller meteorologischen Einzelgrößen und ihre Wechselwirkung gestalten das Wetter. Somit haben wir zwei außerordentlich schwierig zu fassende und zu beschreibende Komplexe.

Das Wetter macht uns zwar nicht krank, kann aber unseren Körper so beeinflussen, daß Krankheitsbilder auftreten. Daher ist es auch nicht verwunderlich, daß der Wettereinfluß in der sogenannten klassischen Schulmedizin Berücksichtigung findet und in die medizinische Praxis Eingang gefunden hat.

Aber — und hier seien wir einmal ganz ehrlich — benützen wir nicht manchmal das Wetter als Ausrede für irgendein Fehlverhalten im Alltag? Man schiebt gerne die Schuld für eigene Fehler auf andere, und wenn das nicht geht, auf das Wetter!

Oft sind es physisch und psychisch labile Menschen, die alles auf den Wettereinfluß zurückführen wollen. Ja, man kann in einigen Fällen sogar von Wetterhypochondern und Wetterneurosen sprechen, die bis zu Angstkomplexen führen können.

Da wir nun einmal ununterbrochen irgendeinem Wettereinfluß ausgesetzt sind, ist es unumgänglich, sich mit diesem Problemkreis zu beschäftigen. Auch wenn man selbst nicht unmittelbar unter dem Wetter zu leiden glaubt, ist die Beschäftigung mit der Wetterfühligkeit notwendig, denn manche unserer Mitmenschen sind eben wetterfühlig, und hierfür sollten wir Verständnis aufbringen.

Der Wettereinfluß auf den Organismus ist ein Faktum, das medizinisch volle Berücksichtigung verdient, aber keinesfalls pauschal als Ursache für sämtliche Mängel unseres Ichs verantwortlich gemacht werden darf.

Wetterfühligkeit ist ein Zustand erhöhter Ansprechbarkeit und Empfindlichkeit gegenüber Änderungen umweltspezifischer Einflüsse. Sie ist ein individuelles Problem, das mit ärztlicher Hilfe behandelt werden kann, wie die meisten Krankheiten.

Denn, auch wenn bis heute keine eindeutige Erklärung der Wetterfühligkeit vorliegt, so ist medizinische Hilfe trotzdem möglich.

Der ärztliche Weg ist auch hier gegeben: Wetterfühligkeit — Anamnese, Diagnose, Therapie.

Medizinmeteorologie: ein ganzheitsmedizinisches Problem

Die Schwierigkeit medizinmeteorologischer Forschung liegt in dem Versuch der Kombination zweier Wissenschaften. Im Bereich der Naturwissenschaften haben beide Disziplinen einen Anflug von Unexaktheit: Die Arbeitsweise der Meteorologie ist ein Teil der angewandten Physik unter Hinzuziehung mathematischer Methoden, womit sie exakt definierten naturwissenschaftlichen Gesetzmäßigkeiten unterworfen ist; die Medizin wiederum beruht auf der Kenntnis der Abläufe physikalischer und chemischer Reaktionen. Dennoch: Trotz exakt definierter Methoden bleibt immer wieder die Möglichkeit einer unerwarteten Entwicklung innerhalb des programmierten Ablaufes, sei es im **Wettergeschehen**, sei es im **Krankheitsbild des Menschen.**

Die Wahrscheinlichkeit einer richtig vorhergesagten Entwicklung ist relativ hoch: Die Quote von falschen Wetterprognosen oder Diagnosen ist niedrig. So sagen zum Beispiel die Meteorologen die Entwicklung des Wetters für 24 Stunden zu etwa 85 Prozent richtig voraus, von hundert Prognosen sind also fünfzehn falsch. Dennoch ist man der (falschen) Ansicht, daß diese Prozentzahl falscher Vorhersagen wesentlich höher ist. Und auch allzugern ist man bereit, an einer Diagnose zu zweifeln, obwohl man weiß, daß eine falsche Beurteilung außerordentlich selten vorkommt.

Sowohl in der Meteorologie als auch in der Medizin gibt es Fehlschläge. Versucht man nun, beide Disziplinen zu vereinen, so könnte dies zu einer Summierung dieses negativen Effektes führen. Die Erfahrungswerte medizinmeteorologischer Forschung haben diesen Umstand aber keineswegs bestätigt. Ganz im Gegenteil! In der Bundesrepublik Deutschland zeigte eine Untersuchung, daß sogenannte Bioprognosen, eine wesentlich höhere Trefferquote aufweisen als normale Wetterprognosen: Lediglich fünf Prozent haben sich als falsch herausgestellt. Der Grund dafür liegt im Modus dieser Bioprognosen, denn in ihnen wird lediglich gesagt, ob sich das zu erwartende Wetter biotrop negativ oder biotrop positiv auswirken wird, d.h., ob der Wettereinfluß auf den Organismus gut oder schlecht sein wird. Diese Aussage ist aber aufgrund bereits zahlreich vorliegender Arbeiten als durchaus zufriedenstellend anzusehen.

John van Neumann, einer der Väter der elektronischen Datenverarbeitungsanlagen, sagte einmal, daß das schwierigste Problem der Welt für ihn die Vorhersage des menschlichen Verhaltens sei, danach komme aber gleich die Vorhersage des Wetters. Es darf sich daher niemand wundern, wenn immer wieder Rückschläge eintreten. Da nun aber die Medizinmeteorologie in beide Wissenschaften hineinreicht, nimmt diese Grenzwissenschaft eine Zwitterstellung ein. Und da Fehlschläge auf diesem Gebiet möglich und eindeutige Ergebnisse nur schwer zu erarbeiten sind, findet die Medizinmeteorologie nicht überall Anklang. Aber kein ernstzunehmender Arzt oder Meteorologe wird die Notwendigkeit einschlägiger Forschungen anzweifeln, und das Interesse für dieses Grenzgebiet wird zunehmend größer, ein Umstand, der wesentlich zur Bereicherung und Verbesserung solcher Arbeiten beiträgt.

Ein Umstand macht den Medizinmeteorologen in vielen Fällen zu schaffen: das Auftreten von negativen Ergebnissen in der Statistik. Erforschte Zusammenhänge zwischen Wettergeschehen und physischen, pathologischen psychischen Erscheinungsformen sind nicht von allgemeiner Gültigkeit. Vielmehr weiß man, daß Menschen individuell verschieden auf bestimmtes Wettergeschehen reagieren. Man darf also keineswegs verallgemeinern und voreilige Schlüsse ziehen; die meisten Ergebnisse bedürfen weiterer Untersuchungen. Vor allem das Klima muß detailliert analysiert werden, um das Ursache-Wirkung-Prinzip herauszufiltern.

Der Mensch ist seit jeher bestrebt, Klassifizierungen durchzuführen, so auch die Medizinmeteorologie. Wissenschaftlich wird dieses Forschungsgebiet der Biometeorologie zugeordnet, die sich auch noch aus Agrar- und Veterinärbiometeorologie zusammensetzt. Die Fachdisziplin Biometeorologie beschäftigt sich also mit dem Leben schlechthin: Sie untersucht den Einfluß des Wetters und Klimas auf Pflanze, Tier und Mensch.

Die phytologische Biometeorologie untersucht die meteorologisch bedingten Auswirkungen auf die Entwicklung und Verbreitung von Pflanzen. Das ist vor allem für die Land- und Forstwirtschaft von großer Bedeutung. Denn hier können neben den positiven Voraussetzungen für den Pflanzenbau und Pflanzenwuchs auch die Ursachen für bestimmte krankhafte Entwicklungen und das Auftreten von Schädlingen studiert werden. Daß diese Untersuchungen unmittelbaren wirtschaftlichen Nutzen bringen, ist klar. Doch solche Erkenntnisse dienen auch agrarwirtschaftlichen Projekten, zum Beispiel in Ländern der Dritten Welt, und sind somit für die Zukunft von großer Bedeutung.

Die zoologische Biometeorologie ist in manchen Fällen schwer von der Pflanzen-Biometeorologie zu trennen. Zu sehr sind diese Fachdisziplinen miteinander verwoben.

Studien über den Einfluß des Wetters und Klimas auf die Tierwelt im allgemeinen treten gegenüber spezifischen Studien zugunsten wirtschaftlicher Interessen stark in den Hintergrund. Wichtige Zusammenhänge konnten bereits geklärt werden, so zum Beispiel der Einfluß des Wetters auf die Milch- und Fleischproduktion, auf die Legekapazität von Hühnern, auf die Fehlentwicklung, auf den Fortpflanzungsrhythmus usw. Biometeorologische Aussagen über die physiologischen Aktivitäten und die Entwicklung von Insekten können landwirtschaftliche Schäden verringern oder ganz verhindern. Zum Beispiel sind riesige Heuschreckenschwärme imstande, die Feldfrucht großer Anbauflächen in kurzer Zeit zu vernichten. Kennt man aber nun die meteorologischen Voraussetzungen für die Brut- und Flugzeit dieser Tiere, kann der Mensch gezielt eingreifen. Das ist natürlich auch für die Humanmedizin von Bedeutung, denn das Auftreten und die Entwicklung von Krankheitsüberträgern (z. B. Malariamücken) kann oft epidemische Folgen haben. Auch hier wird der Mensch durch die Erkenntnisse der zoologischen Biometeorologie in die Lage versetzt, zum eigenen Wohl in die Umwelt einzugreifen, ohne der Natur Schaden zuzufügen.

Biometeorologische Erkentnisse machen sich erst recht positiv bemerkbar, sobald sie auf den Menschen selbst Anwendung finden. Damit beschäftigt sich die Human-Biometeorologie oder Medizinmeteorologie. Ihr Aufgabenbereich ist bereits durch den Begriff selbst definiert: Der Einfluß des Wetters und Klimas auf den Menschen wird untersucht, egal ob dieser gesund oder krank ist.

Weitgehende Anwendung finden solche Daten in der Vorsorgemedizin und bei Kurativmaßnahmen. Denn neben den geographischen und klimatologisch verschiedenen

Voraussetzungen für Rehabilitationsvorgänge bzw. für den Erholungswert schlechthin sind medizinmeteorologische Kenntnisse bei der Anwendung der verschiedenen Klimatherapien unbedingt notwendig, da jeder Kuraufenthalt von meteorologischen Faktoren geprägt wird.

Eine Bedeutung der Medizinmeteorologie stieg auch durch die zunehmende Umweltverschmutzung, unter der vor allem die Großstadtbewohner leiden. Durch Heizung, Verkehr und Industrie haben die Schadstoffe in der Atmosphäre in den letzten Jahrzehnten so stark zugenommen, daß inzwischen einschneidende Maßnahmen (wie z. B. Filteranlagen) notwendig sind. Neben der Belastung der Luft durch anorganische Partikeln ist auch die Belastung durch organische Teilchen zu erwähnen, die für den relativ großen Personenkreis der Allergiker zum Problem geworden ist. Pollen- und Sporenflugwarndienste können hier bereits Linderung schaffen. Auch diese Arbeiten sind ein Teilaspekt medizinmeteorologischer Forschung.

Doch damit nicht genug. Denken wir nur an den Einfluß von Gebäuden und Städten auf das Klima, an die Auswirkung von Stadtplanung und Architektur. Hier liegt eine Wechselwirkung vor: Einerseits beeinflußt der Mensch durch seine Bauweise die Umwelt, das Wetter und das Klima, andererseits üben nun diese bereits modifizierten Faktoren ihrerseits einen Einfluß auf den Menschen aus. Daß dies ein Teufelskreis ist, dürfte langsam allen bewußt werden. Doch ziehen wir aus dieser Erkenntnis auch Konsequenzen?

Nicht nur die Stadtklimatologie gehört zur Biometeorologie, sondern auch die kosmische oder Raum-Biometeorologie. Vor allem bei der Raumfahrt ist die Kenntnis der Umweltbedingungen und der biologischen Effekte, die aus dem Mikroklima in Raumfahrzeugen resultieren, lebensnotwendig: So wäre ohne medizinmeteorologische Untersuchungen der Flug zum Mond nicht möglich gewesen.

Die Klimaforschung ermöglicht neben zukunftsweisenden Entwicklungen auch Rückschlüsse auf die Vergangenheit. So haben über Jahrmillionen hinweg bis heute klimatische Bedingungen die Entwicklung und Verteilung aller Lebewesen beeinflußt.

Historischer Rückblick

Das Problem der Wetterfühligkeit ist uralt. Die ersten Zeugnisse dafür finden sich bereits bei den Babyloniern im dritten vorchristlichen Jahrtausend und im Buch Hiob des Alten Testamentes.

»Man sei besonders auf der Hut vor Wetterwechseln und vermeide während dieser Zeit den Aderlaß, das Ausbrennen und die Anwendung des Messers«, riet der griechische Arzt HIPPOKRATES um 400 v. Chr. Er beobachtete, daß unter Tropiklufteinfluß Allergien und Entzündungen verstärkt wurden und unter Polarlufteinfluß Krämpfe und Koliken häufiger auftraten. Jede Krankheitsbeschreibung in seinen sieben Büchern über epidemische Krankheiten leitete er mit einer Witterungsbeschreibung ein, für die er regelmäßig Wetterbeobachtungen durchführte und mit Meteorologen und Astrologen in engem Kontakt stand.

Die enge Verknüpfung von Wetter und Krankheiten führte zur Entwicklung einer eigenen Theorie, der Humoraltheorie, nach welcher die Körpersäfte (»Humores«) im Gleichgewicht zum Kosmos stehen müssen.

Man glaubte, daß vier Grundelemente den Kosmos bestimmen, nämlich Luft, Feuer, Erde und Wasser. Aus diesen vier Elementen erklärte ARISTOTELES das Wettergeschehen, wie wir in seinen meteorologischen Lehrbüchern nachlesen können.

Heute scheint es ein glücklicher Zufall zu sein, daß zwei große Lehrmeister der Naturwissenschaften in zeitlich enger Aufeinanderfolge wirkten: Hippokrates als Vater der Medizin und Aristoteles als Vater der Meteorologie. Bereits damals konnten wissenschaftliche Arbeiten nur in enger Zusammenarbeit verschiedener wissenschaftlicher Disziplinen erfolgen. Auch heute stehen hinter medizinmeteorologischen Forschungsarbeiten Teams von Ärzten, Physikern, Meteorologen und Biologen.

Bevor Hippokrates einen Menschen nach seiner Krankheit beurteilte, prüfte er dessen Lebensraum, Wind- und Sonnenverhältnisse, und berücksichtigte die Jahreszeit. Heute würde man sagen: Er analysierte die Umweltfaktoren. Gegenwärtig wird wieder die ganzheitliche Betrachtung von Mensch und Natur angestrebt, was seinen Ausdruck in der starken Bewegung hin zur Naturheilkunde findet. Hippokrates kann somit als Vorläufer der Medizinmeteorologie betrachtet werden. Von ihm soll auch der Ausspruch stammen, daß jeder Medizinstudent zuvor Meteorologie studieren sollte.

Der römische Leibarzt der Aristokratie, ASKLEPIADES (um 100 v. Chr.) vertrat die Ansicht, daß das Klima und die Landschaft bei Aderlässen zu berücksichtigen seien. AULUS CORNELIUS CELSUS empfahl Klimawechsel bei bestimmten Krankheiten, und GALENUS, ein in Rom lebender griechischer Arzt, setzte die »Klimatherapie« bereits gezielt ein: So riet er Lungenkranken zu einem Aufenthalt im Höhen- und Wüstenklima. Siebzehn Jahrhunderte später erkannte man erneut die Bedeutung des Höhenklimas für den Organismus.

Im Mittelalter wurden medizinmeteorologische Kenntnisse in Mitteleuropa von den Mönchen gesammelt, wobei vorwiegend die Erfahrungen der Griechen, Römer und Araber berücksichtigt wurden. Im 5. und 10. Jahrhundert beschränkte sich die Heilkunde des Abendlandes auf diese »Mönchsmedizin«.

Das Mittelalter erwies sich fallweise auch als recht sozial. So wurde im 9. Jahrhundert in der Lex Frisionum festgelegt, daß das Zufügen einer Wunde dem Verursacher ein höheres Strafmaß einbrachte, wenn sie eine wetterempfindliche Narbe hinterließ. Auch in einigen handschriftlich überlieferten Gesetzen aus dem 13. und 14. Jahrhundert sind ähnliche Bestimmungen enthalten.

Bioklimatische Beobachtungen kennen wir auch von PARACELSUS, Anfang des 16. Jahrhunderts.

Mit dem Problem der Wetterfühligkeit beschäftigten sich aber nicht nur Ärzte, sondern auch Philosophen und Dichter. So forderte der Polyhistor GOTTFRIED WILHELM LEIBNIZ eine statistische Erfassung wetterbedingter Gesundheitsstörungen.

Ausgesprochen wetterfühlige Dichter waren LENAU, HEINE, HERDER, MÖRIKE, RILKE, STIFTER und GOETHE. Letzterer hat unter anderem einen »Versuch einer Witterungslehre« verfaßt und mit SCHILLER einen Briefwechsel über den Einfluß des Wetters auf die geistige Schaffenskraft geführt, sicherlich auch deshalb, weil er von sich sagte: »So arbeite ich bei hohem Barometerstande leichter als bei tiefem; da ich nun dieses weiß, so suche ich bei tiefen Barometerstand durch größere Anstrengung die nachteilige Einwirkung aufzuheben, und es gelingt mir.«

Damit sprach Goethe aus, was auch heute noch ein Mittel gegen Wetterfühligkeit ist, nämlich Eigenbeobachtung. Doch davon in einem späteren Kapitel.

Wie sehr der Zusammenhang zwischen Wetter und Organismus in der Goetheschen Zeit Berücksichtigung fand, zeigt ein Erlaß des Preußischen Innenministeriums. Im Jahre 1847 wurde bei der Einführung amtlicher Wetterbeobachtungen angeordnet, daß diese Beobachtungen durch die Kreisärzte erfolgen müßten und das Meßnetz der Medizinalabteilung des Innenministeriums unterstehen sollte. In der amtlichen Beobachtungsanleitung wurde auf den Zusammenhang zwischen Wetter und Befinden des Menschen ausdrücklich hingewiesen.

1844 prägte ALEXANDER VON HUMBOLDT in seinem Werk »Kosmos« die viel zitierte Deutung des Klimabegriffes, die auch heute noch für die Bioklimatologie Gültigkeit hat: »Das Klima umfaßt alle Veränderungen in der Atmosphäre, die unsere Sinne merklich reizen, nämlich Temperatur, Feuchtigkeit, Veränderungen des barometrischen Luftdruckes, Wind, die Größe der elektrischen Spannung, die Reinheit der Atmosphäre oder ihre Vermengung mit mehr oder minder schädlichen gasförmigen Exhalationen, endlich der Grad habitueller Durchsichtigkeit und die Heiterkeit des Himmels, die nicht bloß wichtig sind für die vermehrte Wärmeeinstrahlung des Bodens, die organische Entwicklung der Gewächse und die Reifung der Früchte, sondern für die Gefühle und die ganze Seelenstimmung des Menschen.«

In dieser Zeit wurden viele naturwissenschaftlich exakte Meßmethoden eingeführt, die eine Intensivierung der medizinmeteorologischen Forschung zur Folge hatten. Eine systematische Untersuchung der Ursachen von Wetter- und Klimaeinfluß auf den Menschen begann in Europa aber erst im 20. Jahrhundert. Zahlreiche und umfangreiche Arbeiten wurden verfaßt, und viele Zusammenhänge zwischen Wetter und Organismus konnten bereits aufgezeigt werden.

Aus der Fülle der Publikationen darf jedoch keinesfalls der voreilige Schluß gezogen werden, daß die Wissenschaft Medizinmeteorologie bereits vollständig erforscht sei.

Gerade wegen der Vielzahl einschlägiger Publikationen liegen Ergebnisse mit widersprüchlichen Aussagen vor. Derart komplexe Bereiche wie Organismus und Wetter sind nicht einfach in den Griff zu bekommen, zu viele Details müssen berücksichtigt werden.

Da aber das Wetter alle Menschen betrifft, Gesunde und Kranke, ist es verständlich, daß in jüngster Zeit unter Einsatz aller technischen Hilfsmittel die Erforschung dieses Grenzgebietes zwischen Medizin und Meteorologie in vielen Ländern mit großem Nachdruck vorangetrieben wird: in Kanada, Japan, Österreich, der Schweiz, Slowakei, Tschechien und vor allem in Deutschland. Hier wurde auf der Grundlage des Gesetzes über den Deutschen Wetterdienst im Jahre 1952, wonach dieser unter anderem auch die meteorologischen Erfordernisse auf dem Gebiet des Gesundheitswesens zu berücksichtigen hat, ein Medizinmeteorologischer Dienst eingerichtet. Auch die meteorologischen Institute anderer Länder beschäftigen sich mit diesen Aufgaben.

Ein Meilenstein der Medizinmeteorologie wurde erstmals 1987 in Wien gesetzt: Eine eigene Gesundheitsberatungsstelle für Wetterfühlige und Pollenallergiker wurde im Wiener Gesundheitsamt gegründet. 1992 eröffnete das Gesundheitsamt in Graz nach Wiener Vorbild ebenfalls eine Wetterfühligkeitsberatung (in Zusammenarbeit mit der Merkur Versicherung).

Ein interdisziplinäres Team von Ärzten, Meteorologen, Psychologen und Biologen steht dem Wetterfühligen zur Verfügung, um Hilfe zu leisten. Hier wird aufgrund einer umfangreichen Anamnese, also einer möglichst exakten Erfassung des Gesundheitszustandes des Patienten einschließlich psychischer Umfeldanalyse, die Wetterfühligkeit objektiv diagnostiziert und der wetterfühlige Patient zur Behandlung weitergeleitet.

Rund 2000 Jahre hat es also gedauert, bis das subjektive Empfinden Wetterfühligkeit objektiviert und medizinisch behandelt werden konnte.

Wetterfühligkeit: eine Krankheit?

Jeder von uns kennt sicherlich irgendeine Anekdote, in der die Klage über Wetterfühligkeit mit einem Scherz abgetan wird. »Wer den Schaden hat, braucht für den Spott nicht zu sorgen« — solche und ähnliche Sprüche treffen leider nur allzuoft auf Wetterfühlige zu. Es ist ja auch manchmal schwer zu verstehen, wenn der eine über Beschwerden klagt, die er auf Wettereinflüsse zurückführt, während der andere, der ja genau denselben Einflüssen unterliegt, keinerlei Reaktion zeigt. So wird in vielen Fällen die Wetterfühligkeit als »Spinnerei« oder »Einbildung« abqualifiziert.

Wetterfühligkeit ist keine Krankheit. Die meteorologischen Faktoren sind selbstverständlich für alle Menschen eines bestimmten Gebietes dieselben, wobei nur der Standort (geschützt oder exponiert) Unterschiede bedingt. Unter dem Begriff »Wetterfühligkeit« versteht man nicht offensichtliche Erscheinungen wie Regen, Sturm, Kälte usw., sondern eine unsichtbare Einwirkung, die sich auch in geschlossenen Räumen zeigt. Die Praxis lehrt, daß gar nicht so viele Menschen auf markante Wettererscheinungen oder Wetteränderungen reagieren, sondern vielmehr bei ruhiger Wetterlage oder Schönwetter beeinflußt werden. Es sind nicht meteorologische Einzelgrößen, sondern die Summe aller Wetterfaktoren, die den Organismus belasten. So gesehen ist der Ausdruck »Wetterfühligkeit« richtig gewählt, da der gesamte Wetterkomplex den Menschen eben negativ oder positiv beeinflussen kann.

Da das Wettergeschehen für alle Menschen in einem räumlich begrenzten Gebiet gleichzeitig abläuft, aber nur ein bestimmter Personenkreis Reaktionen zeigt, muß die Erklärung für die Wetterfühligkeit mancher Menschen im medizinischen Bereich zu finden sein. Einige weisen übereinstimmende Symptome auf, bei anderen wieder treten (bei vergleichbarem Wetter) verschiedene körperliche oder psychische Reaktionen auf. Das bedeutet, daß die Wetterfühligkeit nicht verallgemeinert werden darf. Es gibt verschiedene »Wettertypen«, das heißt Menschen mit spezifischen Reaktionen auf bestimmte Wetterverhältnisse.

Leider ist die Medizinmeteorologie heute noch nicht in der Lage, diese Wettertypen generell festzulegen. Diesbezüglich steckt die Forschung noch in den Kinderschuhen. Ansätze zur Erfassung und Klassifizierung des vorliegenden Materiales gibt es zwar schon längere Zeit, aber bisher haben sich alle Systeme als zu grobmaschig erwiesen.

Die Gruppe der Wetterfühligen ist groß. Eine Umfrage in der Bundesrepublik Deutschland hat gezeigt, daß jeder dritte wetterfühlig ist, also rund zwanzig Millionen. Legt man dies prozentual auf Österreich um, ergibt dies dort über zwei Millionen Wetterfühlige. In seinem Bekanntenkreis wird man in vielen Fällen diese Prozentzahlen bestätigt, vielleicht sogar übertroffen finden.

Wetterfühlige sind Menschen mit erhöhter Ansprechbarkeit bzw. verringerter Reizschwelle des Nervensystems. Eine solch niedrige Reizschwelle des vegetativen Nervensystems kann bei Witterungsreizen verschiedene Symptome hervorrufen, angefangen von Ermüdungserscheinungen, Nervosität, Kopfschmerzen, Schwindelgefühl bis zur Auslösung oder Verstärkung von Krankheiten. Sogar Selbstmorde und kriminelle Delikte werden häufig auf das Wetter als auslösenden Faktor zurückgeführt.

Daß Wetterfühligkeit nach Alter, Geschlecht und Sozialstruktur spezifiziert werden kann, wußte bereits Johann Wolfgang von Goethe, der meinte: »Die feinsten Köpfe leiden am meisten von den schädlichen Wirkungen der Luft.« Bedenkt man, daß Goethe selbst überaus wetterfühlig war, so ist diese Formulierung vielleicht einer gewissen Überheblichkeit entsprungen.

Aber unabhängig von der sozialen Stellung der Betroffenen spielt das Alter eine große Rolle.

In den ersten beiden Lebensjahrzehnten ist die Wetterfühligkeit zwar vorhanden, aber sie macht sich nur bei jedem fünften bemerkbar. Angaben für das Säuglingsalter liegen nicht vor, da man keine Aussagen über individuelle Empfindungen aufgrund von Fremdbeobachtungen machen kann. Mit zunehmendem Alter steigert sich die Wetterfühligkeit. So leidet in den mittleren Lebensjahren bereits jeder dritte unter meteorologischen Einflüssen.

In den sogenannten Wechseljahren weisen bereits 50 Prozent der Menschen wetterbedingte Symptome auf. Vom 60. Lebensjahr an, nimmt diese Zahl wieder ab, so daß dann wieder nur mehr jeder dritte wetterfühlig ist. Es stimmt also nicht, daß nur ältere Menschen unter dem Wetter leiden. Doch sind sie stärker krankheitsanfällig und nehmen daher solche körperliche Reaktionen intensiver wahr als junge Menschen.

Spricht man von Wetterfühligkeit, so muß man wissen, daß man auf das Wetter auch anders ansprechen kann als über die erniedrigte Reizschwelle des Nervensystems. Man bezeichnet diese Wetterwahrnehmung durch den Organismus dann als wetterreagierend und als wetterempfindlich.

Wetterreagierend ist jeder Mensch, denn jedes Lebewesen reagiert auf seine Umwelt.

Wetterempfindlich hingegen wird man erst im Laufe der Zeit. Tritt zum Beispiel an irgendeinem Organ oder Körperteil eine Schwäche auf, so wird in manchen Fällen eine Neigung zu erhöhter Reizbeantwortung auftreten. So sind Amputations- oder andere Narben oft wetterempfindlich, und bei bestimmten Wettersituationen tritt ein erhöhtes Schmerzempfinden auf.

In diesem Zusammenhang muß auch die sogenannte Wettervorfühligkeit diskutiert werden. Im medizinmeteorologischen Sinn existiert sie zwar nicht. Doch viele Menschen spüren einen nahenden Wetterumschwung Stunden, ja manchmal schon ein bis zwei Tage vorher.

Zu behaupten, solche prognostischen Fähigkeiten seien auf Inspiration zurückzuführen, ist falsch. Denn diese Personen reagieren auf eine bereits eingetretene Wetteränderung, die zwar von den meisten noch nicht wahrzunehmen, aber meßbar und daher real vorhanden ist. Solche Wetteränderungen können zum Beispiel in der freien Atmosphäre schon etliche Tage, ehe sie sich in der bodennahen Luftschicht bemerkbar machen, ablaufen. Denken wir nur an Warmluftmassen, die vielleicht in 2 bis 4 km Höhe über kalter Bodenluft aufgleiten können, oder Absinkbewegung in der Atmosphäre oder an den Abbau von Hochdruckgebieten, wobei man unmerklich in den Rand des Hochdruckgebietes gerät. All diese meteorologischen Vorgänge sind mit bloßem Auge nicht wahrnehmbar, aber bereits vorhanden. Und darauf reagiert manchmal unser Körper.

Wie kann man nun erklären, daß ein Drittel der Bevölkerung unter Wetterfühligkeit leidet? Jeder Organismus ist dem Einfluß des Wetters in gleichem Maße ausgesetzt, und nur wer völlig gesund ist, kann diese Reize neutralisieren. Diese Regulation wird nicht bewußt wahrgenommen, und daher wird das Befinden nicht beeinträchtigt. Ist diese Reizregulierung durch irgendwelche Umstände gestört, sei es durch Erbanlagen, Krankheit, den Alterungsprozeß und die damit verbundenen Abnutzungserscheinungen oder auch durch Zivilisationsschäden wie z. B. Streß, so kann sich das auf den Gesamtorganismus abträglich auswirken: man ist oder wird wetterfühlig.

Je kürzer die Dauer des Wettereinflusses ist, desto geringer wird seine Wirkung für Wetterfühlige sein. So bewirken stunden- und tagelang dauernde Wettereinflüsse nur kurzfristige körperliche Reaktionen.

Ist der Witterungseinfluß von längerer Dauer, so können die Folgen vor allem wirtschaftlich fatal sein. Lang anhaltende Trockenheit in der Landwirtschaft kann genausoviel Unheil anrichten wie Dauerregen. Ebenso lassen große Hitzewellen unter Umständen die Sterblichkeitsrate einer Bevölkerung in die Höhe schnellen. Die Geschichte bietet zahlreiche Beispiele für solche Katastrophen. Auch die Luftverschmutzung kann bei bestimmten Wetterlagen vermehrt Krankheiten und Todesfälle verursachen. So forderte 1930 ein fünf Tage lang über dem Maastal in der Gegend von Lüttich liegender Smog 63 Todesopfer und führte zu zahlreichen Krankheiten. Am 5. Dezember 1952 verursachte eine ähnliche Wetterlage in London noch Schlimmeres: Ein noch nie dagewesener Smog hüllte mehrere Tage die englische Hauptstadt ein. Über 4000 Menschen starben innerhalb von drei bis vier Tagen. Die Ursachen für solche Katastrophen sind Schadgasansammlung über Städten bei windschwacher Wetterlage.

Die Witterung über einen langen Zeitraum wird als Klima bezeichnet. Hier können signifikante Umweltveränderungen eintreten. Ein Zeugnis dafür sind die Gletscherschwankungen und Eiszeiten.

Das Klima bewirkt langfristig eine Zonierung der Pflanzen- und Tierwelt, also eine Beschränkung verschiedener Rassen, Arten und Gesellschaftsformen auf bestimmte Klimagebiete.

Neben dem Zeitfaktor hat aber auch der Raumfaktor in bezug auf die Auswirkungen des Wetters für den Menschen seine Bedeutung. So erzeugt ein Großraumklima spezifische Ökosysteme, wozu natürlich auch der Mensch gehört. Das Kleinklima führt zu einer Standortbeschränkung der Lebewesen. Man kann das in jedem Landstrich beobachten: Beispielsweise findet man auf bestimmten Talseiten im Gebirge wärme- und feuchtigkeitsliebende Pflanzen, die in der kalten Talsohle nicht vorkommen. Jeder, der einmal im Wald spazieren gegangen ist, kennt die Pflanzenzonierung am Waldrand. Je kleiner der Raum eines bestimmten Klimas ist, desto feiner strukturiert sind auch die Auswirkungen. Ein gutes Beispiel dafür ist der Moosbewuchs an Steinen und Bäumen.

Ursache und Wirkung.
Wie wirkt das Wetter auf den Organismus?

Unsere Sinnesorgane sind einer Vielzahl von Umweltreizen ausgesetzt. Diese Reize rufen eine Veränderung unserer Umweltbedingungen hervor und diese wiederum eine Änderung energetischer Zustände.

Solche Änderungen können mechanischer, akustischer, optischer, elektrischer, thermischer und chemischer Art sein. Alle diese Umweltreize werden von unserem Organismus wahrgenommen: Die Sinnesorgane und Sinneszellen dienen dabei als Empfangsstationen und leiten die Signale weiter, was zu spezifischen Reaktionen führt.

Im Sinne von GALILEO GALILEI müßte man versuchen, »alles was meßbar ist, zu messen, und alles, was nicht meßbar ist, meßbar zu machen.« Das Laborexperiment ermöglicht der Medizinmeteorologie, den Ursachen der Wetterfühligkeit zu Leibe zu rücken.

Dabei dürfen nicht nur physikalische und chemische Messungen und Untersuchungen vorgenommen werden, sondern die Zusammenhänge müssen erst durch statistische Vergleiche sichtbar gemacht und so wissenschaftlich dokumentiert werden.

Grundsätzlich muß bei einem solchen Vorgehen zwischen unmittelbarem und mittelbarem Einfluß unterschieden werden. Während sich der mittelbare Wettereinfluß auf Lebensgewohnheiten und -verhältnisse auswirkt und so indirekt zu Krankheitssymptomen führen kann, wirkt sich der unmittelbare Wettereinfluß direkt auf den Organismus aus. Letzteres ist auch der Hauptgegenstand der Untersuchungen in der medizinmeteorologischen Forschung.

Man versucht, die Abhängigkeit des Körpers vom Wettergeschehen aufzuzeigen, das heißt, man stellt ein komplexes System mit einem anderen in Wechselbeziehung. Es hat sich hierbei der Weg von der Analyse zur Synthese als der effektivere herausgestellt, denn auf Grund zahlreicher Detailforschungen liegen viele Teilergebnisse vor, die erst eine Gesamtschau ermöglichen.

Sowohl in der Medizin als auch in der Meteorologie besteht das jeweilige Gesamtsystem aus zahlreichen Einzelgrößen, die untersucht und miteinander verglichen werden müssen, um auf die Gesamtheit schließen zu können. Da diese Einzelgrößen aber auch kombiniert auftreten und wirken, eröffnet sich damit ein weiterer Forschungsweg.

Der erste Weg, die Wirkung des Wetters auf den Organismus zu untersuchen, ist der, die einzelnen Größen zueinander in Beziehung zu setzen. So kann zum Beispiel das Minutenvolumen des Herzens in Abhängigkeit zur Lufttemperatur oder Luftfeuchtigkeit gesetzt werden.
Die Frage der Hautdurchblutung bei verschiedenen Temperaturen wurde auf diese Weise geklärt. Bei starker Erwärmung erweitern sich die Hautgefäße, was einen verstärkten Bluttransport bewirkt. Bei niedrigen Temperaturen tritt der entgegengesetzte Effekt ein.

Der Vergleich der Summenwirkung eines meteorologischen Zustandes mit einzelnen Lebensfunktionen bietet eine weitere Untersuchungsmöglichkeit, wie zum Beispiel die Änderung der Blutzusammensetzung in Abhängigkeit von den Jahreszeiten oder das Verhalten des Blutdruckes bei Föhn zeigt.

Die dritte Möglichkeit besteht in der Beobachtung des Verhaltens des gesamten Organismus in bezug auf einzelne Wetterelemente. Diese Vorgangsweise ist vor allem in der Tropen- und Arbeitsmedizin wichtig, wenn Fragen der Hitze- und Kältewirkung und der optimalen Arbeitsleistung in Abhängigkeit von raumklimatischen Gegebenheiten beantwortet werden sollen.

Schließlich besteht auch noch die Möglichkeit, beide Komplexe — Krankheit und Wetter bzw. Klima — miteinander in Beziehung zu setzen. Jede dieser Methoden hat ihre Vor- und Nachteile, und bei jeder besteht die Gefahr der Fehlinterpretation.

Einer der Hauptgründe, warum die Auswertung von Einzelfaktoren zu Irrtümern führen kann, liegt in deren Wechselwirkung. Man darf die Funktionen des Organismus und das Wettergeschehen nicht einfach als Summe der einzelnen Meßgrößen betrachten und diese Summe dann dem jeweiligen Wettervorgang oder der Reizwirkung auf den Organismus gleichsetzen. So einfach laufen biologische und meteorologische Prozesse nicht ab.

Zwei Beispiele mögen dies illustrieren:

Früher führte man wetterbedingte Gelenkschmerzen auf den Luftdruck zurück. Als Ursache gab man die Be- oder Entlastung der Gelenksteile je nach den herrschenden Druckverhältnissen an. Doch der Gegenbeweis konnte bei Druckkammerversuchen in Deutschland erbracht werden, bei denen sich keinerlei Zusammenhang ergab. Diesen Versuch kann man auch selbst leicht durchführen: Man braucht nur in einer Seilbahn einen großen Höhenunterschied in kurzer Zeit zu überwinden, doch der unterschiedliche Luftdruck im Tal und auf dem Berg hat keinen Einfluß auf solche Beschwerden. Solche Druckdifferenzen werden sogar im normalen Wetterablauf nie erreicht.

Oft hört man auch, daß Narben bei zunehmender Luftfeuchtigkeit zu schmerzen beginnen. Man nimmt an, daß das Narbengewebe quillt, was als Schmerz registriert wird. Auch zu dieser Behauptung ist der Gegenbeweis zu erbringen: Man braucht die vernarbte Stelle ja nur in Wasser zu tauchen oder mit einer feuchtwarmen Binde zu umwickeln und wird trotzdem keine (zusätzlichen) Schmerzen verspüren.

Die Ursachen der Wetterfühligkeit

Selten ist ein körperliches Unbehagen oder eine Krankheit so schwierig nach den Ursachen zu definieren wie die Wetterfühligkeit. Bei den meisten auftretenden physischen und psychischen Veränderungen kennt die moderne Medizin die auslösenden Momente. Das ermöglichte auch den großen Erfolg in der Bekämpfung der Krankheiten, denn wer die »Krankheitserreger«, also die Ursachen kennt, weiß oft auch, wie sie zu bekämpfen sind.

Kennt man nun auch die Ursachen für die auftretenden Symptome?

Die Bedeutung der Atmosphäre für unser körperliches Befinden kann gar nicht hoch genug eingeschätzt werden. Wie bereits erwähnt, wirken verschiedene Außenreize, die unter dem Begriff »Wetter« zusammengefaßt werden, auf unseren Organismus ein. Ein gesunder Körper reagiert darauf ohne auffällige Veränderungen, er reguliert; ein kranker oder krankheitsanfälliger Körper hingegen spricht in den meisten Fällen darauf an, ohne irgendeinen Ausgleich zu schaffen. Bei einem sensiblen Nervensystem können dann Symptome der Wetterfühligkeit auftreten. Worin bestehen aber nun diese Außenreize, die eine solche Wirkung haben können?

Um diese Frage zu beantworten, ist es notwendig, den Begriff »Wetter« zu klären. Denn jeder versteht unter »Wetter« etwas anderes. Ein Maler z.B. stellt eine für ihn interessante Wettersituation bildlich dar. Denken wir dabei nur an Breughel, der oft verschneite und vereiste Landschaften als Hintergrund für seine Bilder wählte, während zum Beispiel El Greco in einer Symphonie von Farben eine Gewitterstimmung in seinem Gemälde »Gewitter über Toledo« festgehalten hat. Je nach Epoche und Kunststil finden wir in dieser Hinsicht verschiedene Ausdrucksformen.

In der Tonkunst werden mit Vorliebe Gewitter musikalisch dargestellt, wie im 4. Satz von Beethovens VI. Symphonie und im 2. Akt von Rossinis »Barbier von Sevilla«. Aber auch andere Wettererscheinungen tauchen in Kompositionen auf: der Regenbogen in »Rheingold« von Wagner, der Hurrican in »Aufstieg und Fall der Stadt Mahagonny« von Weill, eine Sturmflut in »Frau ohne Schatten« von Strauss und viele andere mehr.

Sucht man die Ursachen der Wetterfühligkeit zu erfassen, so ist es also zunächst notwendig, den meteorologischen Wetterbegriff zu definieren. Die Wissenschaft versteht unter »Wetter« die Summe aller meteorologischen Elemente, die miteinander in Beziehung stehen. Der Theoretiker verwendet sieben Größen, die in der Physik in exakte mathematische Gleichungen eingehen.

Diese Größen sind Luftdruck, Lufttemperatur, Luftfeuchte, Luftdichte und der dreidimensionale Wind mit seinen drei Komponenten: horizontale Windrichtung, horizontale Windstärke und Vertikalbewegung (Aufsteigen und Absinken).

Neben diesen Größen gibt es aber noch eine Vielzahl von weiteren meteorologischen Elementen, die zur Definition des Wetters gehören. Die wichtigsten sind Wolken, Niederschlagsformen, optische und luftelektrische Erscheinungen. Diese Größen können nun leider nicht mehr so einfach im physikalischen Modell berücksichtigt werden, was die Untersuchung des Wetterkomplexes sehr erschwert.

Viele Vorgänge, die man aus der Erfahrung kennt, sind daher im Experiment kaum nachzuvollziehen. Die atmosphärischen Prozesse stellen Meteorologen und Physiker vor große Probleme, wodurch immer wieder Fehlbeurteilungen auftreten.

Man könnte nun annehmen, daß die Gesamtheit aller meteorologischen Faktoren auf den Organismus immer gleich einwirkt. Zum Teil ist das natürlich richtig, da ja das Wetter ständig und überall vorhanden ist.

Es gibt aber Situationen, in denen sich nur ein Wetterelement sehr negativ auswirken kann. Ein Beispiel soll das illustrieren, nämlich das früher erwähnte Verhältnis von Temperatur- und Blutdruckregulierung in den Hautgefäßen: Hohe Lufttemperatur bewirkt über eine Temperaturregelung des Körpers eine Erweiterung der Hautgefäße, gleichzeitig aber über die Blutdruckregelung eine Verengung. Da aber nun der Organismus einen der beiden Regelmechanismen bevorzugt, überwiegt die Temperaturregelung, das heißt, der Blutdruck fällt. Das kann bei extrem heißem Wetter zu einem Hitzekollaps führen.

Medizinmeteorologisch gesehen heißt das, daß sehr wohl auch einzelne Wetterelemente zur Wirkung kommen können, aber nur dann, wenn extreme Wettersituationen eintreten, wie in diesem Fall große Hitze. Aus Erfahrung wissen wir aber, daß Wetterfühligkeit sehr häufig auftritt und nicht nur bei extremen Wetterlagen.

Schon seit geraumer Zeit weiß man, daß die Suche nach einem einzigen Wetterfaktor als reaktionsauslösender Umstand sinnlos ist. Die dafür in Frage kommende Zahl ist zu groß. Man muß daher alle möglichen Kombinationen und Summen von meteorologischen Elementen studieren und deren physische und psychische Wirkung untersuchen.
Solche Umweltfaktoren nennen die Medizinmeteorologen **»biotrope«** oder **»meteorotrope«** Faktoren; sie meinen damit Faktoren, die die Aktivität ständig vorhandener Krankheitserreger durch physikalische, chemische und meteorologische Einwirkung auslösen.

Die große Anzahl meteorologischer Elemente macht es notwendig, diese nach medizinmeteorologischen Gesichtspunkten zu gliedern.

Verschiedene Systeme wurden dafür erstellt, wobei man jeweils die große Komplexität des atmosphärischen Einflusses berücksichtigen mußte. Wieweit alle insgesamt möglichen Außenreize in Betracht gezogen wurden, zeigt ein älteres Ordnungssystem der biotropen Faktoren, das drei Hauptgruppen unterscheidet: tellurische, solare und kosmische Faktoren.

Zu den tellurischen biotropen Faktoren wurden nahezu sämtliche meteorologischen Größen gerechnet. Dabei wurde zwischen Einzelgrößen und komplexen Größen unterschieden; aber auch großräumige Faktoren wie Hoch- und Tiefdruckgebiete, Luftmassen und Fronten wurden erfaßt.

Zu den meteorologischen komplexen Größen rechnete man Gewitter, Föhn, Schwüle, Naßkälte. Bei den Einzelgrößen unterschied man zwischen thermischen (meteorologische Grundelemente wie Temperatur, Druck, Feuchtigkeit, Wind), chemischen (Spurenstoffe, Staub, Ionen) und luftelektrischen Größen, wobei besonderes Augenmerk der Potentialdifferenz, der Leitfähigkeit der Luft, und der Radioaktivität geschenkt wurde.

Unter solaren Faktoren verstand man alle Strahlenarten der Sonne, aber auch das Auftreten von Sonnenenergiestürmen und Sonnenflecken. Letztlich berücksichtigte man noch die Teilchenstrahlung als biotropen Wirkungsfaktor kosmischen Ursprungs.

Die moderne Medizinmeteorologie hat im wesentlichen alle diese Komponenten übernommen, wobei allerdings nicht mehr nach deren Ursprung unterschieden wird. Einige Größen sind dabei auch als biotrop unwirksam weggefallen.

Heute unterscheidet man fünf große Komplexe, da man weiß, daß die in Wechselbeziehung zueinander stehenden meteorologischen Größen primär zusammenwirken. Man bezeichnet diese biotrope Wirkung der medizinmeteorologischen Komplexe auch als »Akkordwirkung«.

Diese fünf großen Komplexe sind:

- Strahlungs-Wirkungskomplex oder photoaktiner Komplex,
- thermischer Wirkungskomplex,
- luftchemischer Wirkungskomplex,
- luftelektrischer Wirkungskomplex,
- synoptischer Wirkungskomplex.

Der **photoaktine Wirkungskomplex** umfaßt das gesamte Strahlenspektrum der Sonne, wobei der Teil der Sonnenstrahlen, die den Erdboden erreichen, nur ein Bruchteil der Strahlung ist, die unser Erdball empfängt, denn in der Atmosphäre werden große Anteile der Strahlung herausgefiltert.

Jeder weiß um die schädigende Wirkung von zuviel Sonnenstrahlung im Hochgebirge auf die Haut, wenn diese nicht geschützt ist. Hier wirkt sich die bereits relativ dünn gewordene Luftschicht aus. Berücksichtigt man, daß wir in ungefähr 5 km Höhe nur noch den halben Luftdruck im Vergleich zum Meeresniveau haben, so kann man die Gefahr einer zu intensiven Sonnenstrahlung, wie sie in dieser Höhe herrscht, richtig einschätzen.

Unsere Atmosphäre hat aber auch noch eine andere Wirkung; man spricht hier vom »Treibhauseffekt«. Die Lufthülle hat nämlich die Eigenschaft, kurzwellige Sonnenstrahlung durchzulassen, aber langwellige, also Wärmestrahlung nur reduziert wieder austreten zu lassen. Dadurch wird eine nächtliche Abkühlung der Erde verhindert, die ohne die Atmosphäre infolge der fehlenden Sonneneinstrahlung eintreten müßte. So aber ist der nächtliche Wärmeverlust relativ klein.

Zum **thermischen Wirkungskomplex** gehört der Wärmehaushalt von Mensch und Tier, wobei der Wasserdampfgehalt der Atmosphäre, die Lufttemperatur und der Wind von ausschlaggebender Bedeutung sind. Auch aus der Kombination der meteorologischen Elemente ergeben sich bioklimatische Größen, die über den Wärmeverlust bzw. den Wärmegewinn des Körpers über die Haut Aufschluß geben. Für die Wärmebilanz des Organismus sind natürlich die Wärmezufuhr von außen durch Sonnenstrahlung und die Wärmeabgabe des Körpers durch Abstrahlung, Verdunstung und Atmung in einem gewissen Gleichgewicht notwendig. Tritt eine Störung dieses Gleichgewichts ein, so ändert sich die Körpertemperatur, die normalerweise um 36,5 Grad C beträgt.

Wir alle wissen, daß wir uns nur bei bestimmten Wetterbedingungen wohl fühlen, und jede Änderung zu einer Dissonanz in unserem Organismus führt.

Der **luftchemische Wirkungskomplex** hat die möglichen Auswirkungen der Luftzusammensetzung auf den Organismus zum Inhalt. Das Verhältnis von Stickstoff zu Sauerstoff hat sich durch die von den Menschen zusätzlich verursachten Schadgase kaum verändert. Die Luft setzt sich nach wie vor aus 78 % Stickstoff, 21 % Sauerstoff und 1 % Edelgasen, Wasserdampf und Kohlendioxid zusammen. Auch die natürlichen Quellen für nicht luftspezifische Bestandteile, wie Waldbrände, Vulkanausbrüche und Wasseroberflächen sind weitgehend gleichgeblieben. Das gilt aber nicht für die künstlichen Verursacher, wie Hausbrand, Verkehr und Industrie. Hier ist in den letzten Jahrzehnten ein deutlicher Anstieg zu vermerken.

Der **luftelektrische Wirkungskomplex** war und ist der am meisten durch medizinmeteorologische Spekulationen charakterisierte. Während die anderen Akkordwirkungskomplexe physikalisch-chemische Vorgänge mit mathematisch-statistischen Ergebnissen beinhalten, liegt hier nur wenig Gesichertes vor. Es ist außerordentlich schwierig, das jeweilige luftelektrische Klima zu bestimmen, da dieses ja ständigen zeitlichen und räumlichen Schwankungen unterworfen ist. Selbst bei natürlichen Bedingungen können keine allgemein gültigen Aussagen getroffen werden.

Weitgehend gesichert ist, daß keine statischen Felder, sondern vielmehr elektrische Wechsel- und Magnetfelder reizauslösend wirken.

Der **synoptische Wirkungskomplex** umfaßt letztlich alle Wettervorgänge in Bodennähe. Darunter sind alle jene meteorologischen Faktoren zu verstehen, die unser tägliches Wetter ausmachen, wobei eine Wechselwirkung mit den anderen medizinmeteorologischen Faktoren besteht. Dieser Komplex ist es auch, der am häufigsten untersucht wird, da sich hier die Wirkungsfaktoren am deutlichsten, wenn auch nicht einfach meßbar, ausdrücken.

Sonnenstrahlung

Die Sonne sendet ununterbrochen eine riesige Strahlungsenergie in den Weltraum hinaus, von der auf die Erde nur ein Bruchteil trifft. Dabei muß man zwischen zwei Strahlungsarten unterscheiden, die den menschlichen Organismus beeinflussen: einerseits der sogenannten Globalstrahlung, die aus direkter Sonnenstrahlung und diffus reflektierter Himmelsstrahlung (also Sonnenstrahlung, die aus der Reflexstrahlung des Erdbodens, der Reflexstrahlung der Atmosphäre und der Wärmestrahlung von Gegenständen im Freien und in geschlossenene Räumen) besteht und andererseits der langwelligen Gegenstrahlung (Ausstrahlung). Der wesentliche Unterschied zwischen den beiden Strahlungsarten liegt in der Wärmewirkung, aus der hauptsächlich die Gegenstrahlung besteht.

Auf dem Weg durch die Atmosphäre wird die Sonnenstrahlung durch verschiedene Vorgänge geschwächt bzw. umgewandelt. Staub, Dunst, Wolken absorbieren und reflektieren einen großen Teil der Sonnenstrahlen und halten sie somit vom Erdboden ab.
Der »sichtbare« Sonneneinstrahlungsbereich liegt zwischen 380 und 780 nm. Diese Strahlung wird hauptsächlich an den Molekülen der Luft und deren Beimengungen gestreut. Dabei wird allerdings nicht jeder Strahlungsanteil in der Atmosphäre gleich stark verändert.

Der kurzwellige Strahlungsanteil, der in Wellenlängen zwischen 100 und 380 Nanometern (1 nm = 0,000 000 001 m) anzusetzen ist und Ultraviolett (UV) genannt wird, wird hauptsächlich durch Ozon absorbiert, ein Gas, das den Erdball in der unteren Schicht der Atmosphäre umgibt. Gleichzeitig wird die UV-Strahlung stark an den Luftmolekülen gestreut.

Der dritte Sonnenstrahlungsanteil ist die Wärmestrahlung oder das Infrarot (IR). Es hat eine Wellenlänge von über 780 nm und wird durch den in der Luft vorhandenen Wasserdampf teilweise absorbiert.

Die Auswirkungen dieser drei Strahlungsarten für den Menschen sind: UV = photochemische und destruktive, IR = thermische und meist physische durch das sichtbare Licht auf das Auge.

Da die biotrope Wirkung der Sonnenstrahlung weitgehend bekannt ist, hat sie bereits seit geraumer Zeit Eingang in die Therapie gefunden. Wichtig für den gezielten Einsatz der Strahlung ist neben der Strahlungsart auch die Strahlungsdosis. Der Körper reagiert auf Bestrahlung verschieden.

Daher ist die Energiemenge, die dem Körper zugeführt wird, genau zu dosieren, das heißt die Bestrahlungsstärke mit der Einwirkungsdauer, je nach gewünschtem Effekt, abzustimmen.

Wichtig dabei ist auch zu wissen, daß nicht jede Strahlungsart gleich intensiv wirkt. Die menschliche Haut verhält sich hierbei wie ein Schutzschild und läßt nicht jede Strahlung gleich tief eindringen. Die zweifellos auffälligste Wirkung auf den Organismus hat die ultraviolette Strahlung. Während kurzwellige Strahlen nur einige Zehntelmillimeter eindringen können, und somit nur auf die Horn- und Keimschicht der Haut wirken, kann die Infrarotstrahlung tief in das Unterhautgewebe vordringen.

Der sichtbare Sonnenlichtanteil wird in der Lederhaut absorbiert und gelangt somit nicht tiefer als 3 mm in die Haut. Diese verschiedenen Eindringtiefen haben natürlich spezifische Auswirkungen auf den Organismus. Dieser Umstand wird in der Heilklimatherapie genutzt.

Bei der UV-Strahlung muß zwischen zellzerstörenden und photochemischen Wirkungen unterschieden werden. Der zellzerstörende Einfluß von UV entsteht durch die direkte Einwirkung der Strahlung auf Eiweißkörper des Protoplasmas und des Zellkerns.

Die Proteinkörper reagieren sehr empfindlich: Je nach Dosierung der UV-Bestrahlung wird der Eiweißkörper denaturiert, das freigewordene Eiweiß verbindet sich mit Lösungsmitteln, was zum Ausflocken des Eiweißes führt.

Die wichtigste Nutzung dieses Effekts findet in der Bakterienbekämpfung statt, da die UV-Strahlung auf Mikroorganismen dieselbe zersetzende Wirkung hat. Durch die Strahlungsdosis kann dieser Effekt gesteuert werden. Bei einer genügend großen UV-Dosis kann das bis zum Absterben der Zelle führen.

Dabei muß aber die erst jüngst gewonnene Erkenntnis berücksichtigt werden, daß UV auch eine stimulierende Wirkung auf den Stoffwechsel hat. Die therapeutische Wirkung der UV-Strahlung liegt also in der Abtötung von Zellen in der Epidermis.

Neben der Zellschädigung bzw. Zellzerstörung tritt noch eine Reihe von Effekten auf, die für den Organismus wichtig sind, nämlich photochemische Reaktionen, die als unmittelbare Folge von Strahlungsaufnahme verschiedener Substanzen auftreten. Dabei verändern sich biologisch aktive Gewebssubstanzen, die über den Kreislauf der Körperflüssigkeiten eine physische Wirkung zeigen.

Die wohl offensichtlichste Wirkung der kurzwelligen Strahlung besteht in der Erythem- und Pigmentbildung der Haut. Darunter versteht man die so begehrte Hautbräunung.

UV-Strahlen erweitern die Hautkapillaren auf der Basis der chemischen Bildung von Histamin: Die Haut rötet sich (Erythembildung). Wir alle kennen die Hautrötung, die auch dann auftritt, wenn wir nach starker Kälte einen geheizten Raum betreten haben: Die Hautkapillaren weiten sich, was zu einer raschen Durchblutung der Haut führt.

Diese Erythembildung durch Wärme tritt sofort ein, während eine Rötung der Haut durch UV-Strahlung oft erst nach mehreren Stunden sichtbar wird. Ist die Strahlendosis groß, wie z.B. im Gebirge, so rötet sich die Haut viel schneller als im Flachland bei wenig UV-Strahlung. Bei einer zu großen Strahlendosis kann die starke Hautrötung mit der Bildung von Ödemen verbunden sein, die schließlich zu Brandblasen, dem gefürchteten Sonnenbrand, führen.

Ein Sonnenbad ist daher immer mit Vorsicht zu genießen. Man sollte sich nie zu lange der direkten Sonnenstrahlung aussetzen. Besonders gefährlich wird es, wenn man dabei einschläft. Sehr oft gibt es dann ein böses Erwachen im Krankenhaus.

Es ist auch nicht egal, welcher Körperteil der Sonne direkt ausgesetzt wird: Die Brust ist am lichtempfindlichsten, dann kommen Bauch, Rücken, Gesicht; am unempfindlichsten sind die Hände und die Unterarme. So beträgt z.B. die Lichtempfindlichkeit des Halses im Vergleich zur Brust nur 50 % und die des Gesichtes lediglich 25 %.

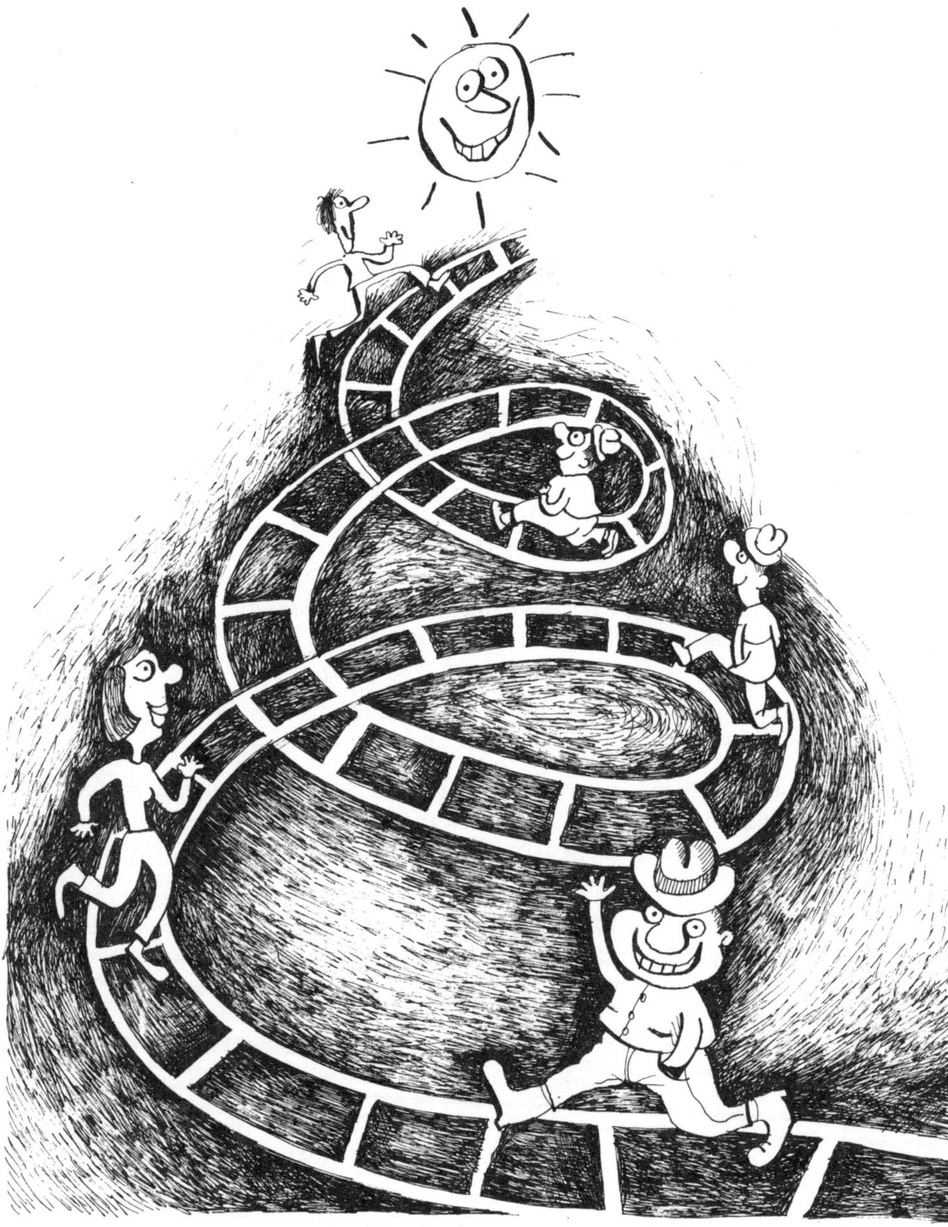

Es ist auch nicht gleich, zu welcher Jahreszeit man sich der Sonne aussetzt. Der Grund dafür ist neben der verschieden starken Strahlungsintensität auch die Ultraviolettempfindlichkeit der Haut, die im Frühjahr am größten und im Sommer am geringsten ist. Dieser Jahresgang ist an den Hormonhaushalt, vor allem an die Tätigkeit der Schilddrüse, der Nebennierenrinde und der Hypophyse gekoppelt.

Von den meisten Urlaubern wird eine Bräunung angestrebt, wenn möglich ohne vorhergehende Rötung. Also setzt man sich lange in die Sonne und nimmt ohne weiteres einen kleinen Sonnenbrand in Kauf. Die gewünschte Bräune, die ja längere Zeit anhält, entsteht nach stärkerer Rötung und ist als deren Fortsetzung anzusehen. Die Pigmentierung der Haut beruht auf der Bildung von Melaninkörperchen infolge Strahlung. Sie geht im Verlauf von wenigen Wochen durch Hautabschuppung zurück.

Es gibt aber auch Menschen, die bei der Bräunung die Rötung überspringen. Dieser Hauttyp bekommt eine rötlichbraune Färbung, die nicht durch das Emporsteigen von Pigmentteilchen an die Hautoberfläche entsteht, sondern auf einer stärkeren Färbung der bereits vorhandenen Pigmentteilchen beruht. Um diese Direktpigmentierung zu ermöglichen, ist Blutsauerstoff notwendig.

Es ist leicht festzustellen, ob man diesem Hauttyp angehört: Man braucht dabei nur eine Hautstelle leicht einzudrücken; wird dabei die Hautdurchblutung sichtbar behindert, verliert sie also zeitweise an Farbe, so ist keine Direktpigmentierung möglich.

Die individuelle Art der Pigmentierung ist von verschiedenen Faktoren abhängig. Den entscheidendsten Einfluß hat hier wohl die Rassenzugehörigkeit. Der weißhäutige Mitteleuropäer ist ca. um 10 % ultraviolettempfindlicher als der Neger. Dunkelhaarige Mitteleuropäer sind in dieser Hinsicht wieder mit Japanern zu vergleichen. Aber auch Lebensalter und Geschlecht spielen eine große Rolle.

Versucht man, die Mitteleuropäer nach ihrer Lichtempfindlichkeit einzuteilen, so ergeben sich drei Gruppen: 79 % reagieren mit Rötung und nachfolgender Pigmentbildung, man könnte diesen Typus als normalhäutig bezeichnen. 12 % weisen eine Direktpigmentierung ohne Rötung auf, das ist der Typus mit stark pigmentierter oder lederartiger Haut. 9 % zeigen keinerlei Pigmentierung, sondern bleiben im Rötungsstadium, dazu gehören Personen mit rotblondem Haar und Sommersprossen.

Neben diesem sichtbaren Effekt der UV-Strahlung gibt es noch eine Reihe von weiteren biologischen Auswirkungen, die für den Organismus von Bedeutung sind, zum Beispiel die Bildung von Vitamin D_3 aus Provitaminen der menschlichen Haut. Diese Vitamin-D_3-Produktion in der Haut hat besondere therapeutische Wirkung, da verschiedene Krankheiten dadurch geheilt werden können, beispielsweise Rachitis.

Die kurzwellige Sonnenstrahlung ist nicht nur für kranke, sondern auch für gesunde Menschen von Bedeutung, da sie eine Reihe von positiven Steigerungen der Organfunktionen bewirkt.
Die Atemzüge werden tiefer, womit eine verbesserte Sauerstoffausnutzung gewährleistet ist.

Der gesamte Stoffwechsel wird durch vermehrten Eiweißabbau intensiviert. Auch der Blutkreislauf und die Blutbeschaffenheit werden von UV-Strahlung positiv beeinflußt, denn bei gleichzeitiger Blutdrucksenkung steigt die Erythrozytenzahl und der Hämoglobingehalt.

Kurz gesagt, UV-Strahlung wirkt sich auch positiv auf den allgemeinen Gesundheitszustand aus, was sich in einer erhöhten Gripperesistenz oder in einer allgemeinen Steigerung der Leistungsfähigkeit äußern kann.

Diese biotrop günstige Wirkung des kurzwelligen Strahlenanteils fordert natürlich eine gezielte Wahl des jeweils günstigsten UV-Klimas, sei es zur Genesung oder zur Erholung.
In den Tropen ist der Anteil der Ultraviolettstrahlung am größten, während er mit zunehmender geographischer Breite infolge der abnehmenden Mittagssonnenhöhe zurückgeht. Natürlich hängt die Intensität der kurzwelligen Strahlen auch von der Seehöhe, der Jahres- und der Tageszeit ab.

Zwar verringert ein bewölkter Himmel die UV-Strahlen ganz beträchtlich, aber nach einer Bergwanderung zeigt sich trotzdem ihre Wirkung in der Bräunung des Gesichtes.

Die Großstadtluft absorbiert sehr viel Strahlung. So hat die Umgebung einer Stadt im Sommer um 20 % mehr UV-Strahlung als die Stadt selbst. Auch Wasser, enge Straßen und Höfe verringern diesen Strahlungsanteil. Eis und Schnee reflektieren die Strahlung stark, wodurch eine größere UV-Wirkung eintritt, im Gegensatz zu Wasser und Land.

Ganz im Gegensatz zur biologischen Wirkung der UV-Strahlung zeigt der langwellige Spektralanteil, die Infrarotstrahlung (IR), keine oder fast keine Wirkung. Für photochemische Reaktionen ist der IR-Anteil zu klein, und so bleibt die Erwärmung der Haut, da die Wärmestrahlung sehr tief eindringen kann. Deshalb wird sie auch therapeutisch genutzt.

Es kommt ebenfalls zur Rötung und fast gleichzeitig zu erhöhter Wärmezufuhr. Dadurch verstärkt sich die Strömung des Blutes, was eine Umkehrung des natürlichen Blutgefälles in der Haut bewirkt. In weiterer Folge wird der Wärmeregulierungsmechanismus des Körpers angeregt, was Blutkreislauf, Atmung und die Funktion der inneren Organe, insbesondere des Magens und des Darms, beeinflußt.

Durch die verstärkte Durchblutung wird die Ernährung der Zellen und Organe verbessert und eine beschleunigte Ableitung von Ausscheidungen aus erkrankten Körperteilen ermöglicht.
Das bedeutet aber wiederum eine entzündungshemmende Wirkung und infolge der arteriellen Durchblutung ein Nachlassen von Schmerzempfindungen. In vielen Fällen werden therapeutische Infrarot- und Ultraviolettbestrahlungen in kombinierter Form verabreicht.

Der letzte Anteil des photoaktinen Wirkungskomplexes besteht aus dem sichtbaren Strahlenspektrum. Hier ist die Wärmewirkung sehr gering, aber dafür die Lichtwirkung umso größer. Bemerkenswert dabei ist auch die Reaktivierung diverser Mikroorganismen, die durch UV-Strahlung geschädigt wurden. Diesbezügliche Wirkungen sind aus dem Tierreich bestens bekannt, beim Menschen allerdings in diesem Ausmaß noch nicht.

Ein psychischer Einfluß von Farben, die ja erst durch Licht entstehen, ist zweifellos vorhanden. Denn neben Hell und Dunkel wirken sich auch die Farbschattierungen über unser Auge aus. Sie spielen eine große Rolle für unser Wohlbefinden.

Lichteinfall wirkt auf den Organismus anregend, Dunkelheit wirkt lähmend. Das bedeutet, daß die meisten Lebensfunktionen durch Helligkeit gesteigert und durch die Dunkelheit verringert werden. Ausnahmen hierbei stellen lediglich die Dämmerungs- und Nachtlebewesen sowie das Sexualverhalten des Menschen dar.

Licht und Dunkel wirken auf den Gesamtorganismus - so werden z.B. auch Blinde während der winterlichen Polardunkelheit blutarm. Hierbei spielt neben der Helligkeit des Lichtes auch dessen Farbe eine große Rolle. Blendendes Licht ertragen wir nur kurze Zeit, außerdem verlangt unser Organismus einen Wechsel der Intensität, also einen Wechsel zwischen Schatten, Dunkelheit und Licht.

Temperatur, Feuchte, Wind

Viele Wetterfühlige glauben, unter Änderungen der Lufttemperatur und der Luftfeuchtigkeit zu leiden, sprechen auf Windeinbruch an oder vertragen schwüles Wetter sehr schlecht. Dies sind nur einige Beispiele, wie sich der thermische Wirkungskomplex biotrop auswirken kann. Er ist mit Recht als der größte Reizaktivator anzusehen, der den Organismus beeinflußt. Aus der Kombination der hier angeführten meteorologischen Größen ergibt sich die Ursache der Wetterfühligkeit.

Aber auch hier ist es nicht leicht, die eindeutige und allgemein gültige biotrope Wetterwirkung aufzuzeigen. Die Einzelgrößen, wie Temperatur, Feuchte, Wind, Sonnenstrahlung, sind zwar meßbar, aber deren Wechselwirkung ist nicht leicht zu bestimmen. Wieder sind es Art und Intensität des Reizes und dessen zeitliche Änderung, die die Interpretation der Reizwirkung des thermischen Komplexes komplizieren. Vor allem spielen auch hier wieder die individuell verschiedene Reizempfindlichkeit des Organismus und die unterschiedlichen Rezeptoren des Nervensystems eine Rolle.

Trotz dieser Schwierigkeiten konnten medizinmeteorologische Ergebnisse erarbeitet werden, die einerseits über die biologische Wirkungsweise des thermischen Reizes Aufschluß geben und andererseits das Verständnis für den Wärmehaushalt des Körpers und dessen Energiebildung wesentlich vertiefen.

Man könnte den Körper mit einem Verbrennungsmotor vergleichen, dessen Wirkungsgrad relativ klein ist. Der größte Teil der Energie dient zur Heizung des Körpers und nur ein geringer Teil für mechanische Arbeiten.

Diese Engergiebildung im Organismus hängt im wesentlichen von den unten angeführten Faktoren ab. Ein wichtiger Bestandteil davon sind die meteorologischen Elemente, denn das thermische Milieu, in dem sich der Körper befindet, ist von großer Bedeutung für die innere Wärmeproduktion. Aber nicht nur die Sonnenstrahlung ist dafür verantwortlich, sondern auch die engere Umgebung, also das Raumklima und die Kleidung.
Auch die Nahrungsaufnahme, zum Teil noch zusätzlich in Form von warmen Speisen und Getränken, und deren Oxidierung mit Hilfe des eingeatmeten Sauerstoffs, aber auch die erhöhte Wärmeproduktion infolge köperlicher Arbeit bestimmen in großem Ausmaß die Wärme- und Energiebilanz des Organismus.

Vor allem Oxidations- oder Verbrennungsprozesse innerhalb des Körpers und die Aufnahme der Sonnenstrahlung sind für die ständige Körpertemperatur von 36,5 Grad C verantwortlich. Der Körper regelt diese Grundtemperatur mittels innerer chemischer Reaktionen. Erfolgt nun von außen infolge hoher Lufttemperatur eine zusätzliche Wärmezufuhr, so kann der Wärmeregulierungsmechanismus seiner Aufgabe nur noch schlecht oder gar nicht nachkommen.

Die Höhe der Körpertemperatur hängt keineswegs von der Belastung des Körpers ab. Auch ohne zusätzliche Muskelarbeiten bleibt die Körpertemperatur konstant, da auch bei völliger körperlicher Entspannung die Skelettmuskulatur ununterbrochen kleine Bewegungen ausführt.

Der Wärmehaushalt des Körpers muß als Bilanz angesehen werden, in der die Faktoren der Wärmebildung denen der Entwärmung das Gleichgewicht halten. Neben

Alter, Geschlecht, Nahrungsaufnahme, Körpergröße, Aktivität und der Funktion der innersekretorischen Drüsen ist die Lufttemperatur von großer Bedeutung, denn sie beeinflußt den Wärmehaushalt sowohl direkt als auch indirekt.

Die indirekte Beeinflussung erfolgt über die Temperaturregelung und bewirkt einen Ausgleich von Temperatur und Wärmebildung, d.h. bei hoher Lufttemperatur wird die Wärmebildung gedrosselt, bei niedriger Lufttemperatur steigt die innere Wärmeproduktion.

Der direkte Temperatureinfluß macht sich bei extremen Temperaturen bemerkbar, denn dann kann die Körpertemperatur nicht mehr geregelt werden. Mit sinkender Lufttemperatur wird der Stoffwechsel angeregt, und die Wärmeproduktion steigt. Bei einem bestimmten Schwellenwert aber steigt zwar die Wärmeproduktion weiter an, jedoch die Körpertemperatur beginnt rasch zu sinken. Sie nimmt aber jetzt parallel zu den Energiereserven ab, die sich schnell erschöpfen. Der Organismus erleidet den Kältetod.

Der gegenteilige Effekt ergibt sich bei extremen Temperaturanstiegen. Auch hier wird ein Schwellenwert erreicht, bei dem die Wärmeregulation die Kerntemperatur des Körpers nicht mehr konstant halten kann. Die Körpertemperatur steigt dann rasch an, bis schließlich der Wärmetod eintritt.

Obwohl diese Wärmeregulation von der individuellen Konstitution abhängig ist, kann man einige Gesetzmäßigkeiten ableiten. Je kleiner der Organismus und je geringer die Wärmeisolation vom Körper zur Umgebung ist, desto früher beginnt die Wärmeregulation zu arbeiten. Bei hohen Temperaturen hängt die Wärmebildung von weiteren meteorologischen Größen, wie Luftfeuchtigkeit, Verdunstung, Luftströmung ab.

Die Stoffwechselsteigerung und die zusätzliche Wärmeproduktion beginnen beim unbekleideten Menschen bei Windstille bei einer Außentemperatur von 15 Grad bis 20 Grad C. Das hängt natürlich auch von der Konstitution und der Luftfeuchtigkeit ab.

Die Wärmeproduktion ist geschlechtsspezifisch. Da Frauen im Durchschnitt über mehr Fettgewebe unter der Haut verfügen, ist ihre Wärmeproduktion wegen der besseren Wärmeisolierung wesentlich geringer.

Die Lufttemperatur ist maßgeblich für die Wärmeabgabe des Körpers. Aber auch die Luftströmung und Feuchtigkeit spielen eine große Rolle. Hinzu kommen noch einige physischen Faktoren, wie z. B. die Feuchtigkeit und Oberflächentemperatur der Haut, welche die Wärmehaushaltsbilanz bestimmen.
So werden 42 % der Wärme durch die Abstrahlung des Körpers bei niedrigerer Umgebungstemperatur abgegeben, 26 % durch Leitung und Luftströmung an der Grenzschicht Haut-Luft, 18 % durch Verdunstung an der Hautoberfläche und 14 % durch Verdunstung über die Lunge bei der Atmung. Während die Wärmeleitung vom Körperinneren zur umgebenden Luft stattfindet und somit das gesamte Muskelgewebe betrifft, ist allein die Haut für den Wärmeverlust durch Konvektion, Strahlung und Verdunstung verantwortlich.

Leider kann man diesen Faktor nicht verallgemeinern, da verschiedene Umstände den Erwärmungsvorgang ändern. Dieser ist nämlich auch von der körperlichen Konstitution, der Körperhaltung, der Hautdurchblutung, der Hautverdunstung und der Schleimhautdurchblutung der Luftwege abhängig. Daher ist es außerordentlich schwierig, die Wärmebilanz des Körpers zu bestimmen, und man kann sich durch das Studium der einzelnen Faktoren nur näherungsweise ein Bild darüber machen.

Die Energiebilanz des Organismus beruht auf Verbrennungsvorgängen im Körper. Die aufgenommene Nahrung wird in verbrennbare Körpersubstanzen umgewandelt, die dann durch das sauerstoffreiche arterielle Blut oxidieren. Die Endprodukte davon sind Wasser und Kohlendioxid, die wieder mit dem venösen Blut zur Lunge zurückgeführt und ausgeatmet werden.

Der Verbrennungswert der einzelnen Nahrungsmittel ist in den meisten Fällen bekannt. 1 Gramm Fett hat einen Energiegehalt von 9,4 kcal, 1 Gramm Kohlenhydrate von 4,2 kcal und 1 Gramm Eiweiß von 4,3 kcal. Der Wärmeverlust eines erwachsenen Menschen kann z. B. mit 1 g Fett für 2 bis 7 Minuten ausgeglichen werden. Da nun 1 Liter Sauerstoff einen Verbrennungswert von ungefähr 5 kcal hat, kann man nun die Energiebilanz berechnen. Ein Temperaturanstieg von 1 Grad C innerhalb einer Stunde bedeutet demzufolge eine Energiespeicherung von 0,8 kcal/min bei einem 60 kg schweren Menschen. Da aber der Wärmegrundumsatz bei demselben in Ruhestellung ca. 2,0 kcal/min ausmacht, ginge davon bereits die Hälfte für Speicherung weg.

Setzt man sich der Sonne aus, so muß für die Wärmespeicherung die Körperfläche berücksichtigt werden. Beim liegenden Menschen werden 40 % der Körperoberfläche von der Sonne bestrahlt, beim stehenden hingegen bereits 80 %. Aber auch diese Werte hängen von verschiedenen Faktoren wie z. B der Behaarung ab.

In den Körpergeweben wird durch Verbrennung Wärme frei, die ständig von innen nach außen wandert. Der Wärmetransport erfolgt über den Blutkreislauf, wobei das warme Blut vom Herzen zu den äußeren Körperschichten fließt und dort über die zahllosen Verästelungen der Blutgefäße in einem Wärmeaustausch mit der Umgebungsluft steht. Dabei sind die Eigenschaften der Haut von großer Bedeutung, denn die physikalischen Vorgänge in und auf der Haut bestimmen den Wärmeumsatz an dieser Grenzschicht.

Der Blutstrom dringt bis unter die Oberhaut vor, wobei die im Körperinnern gespeicherte Wärme an die Oberfläche geleitet wird. Hier wird die Wärme durch den engen Kontakt an die Gewebe abgegeben, solange die Temperatur der umgebenden Luft niedriger als die Körpertemperatur ist; sind aber die Lufttemperatur oder die Oberhauttemperatur höher, so kehrt sich die Richtung des Wärmestromes um.

Die Steigerung der Durchblutung und die Wärmeleitung sind von größter Bedeutung für den Wärmehaushalt und stellten einen hervorragenden Regelmechanismus dar, der sich, wenn er nicht gestört wird, optimal auf die meteorologischen Einflüsse einstellen kann.

Bei niedriger Lufttemperatur kühlt sich die Außenhaut stark ab, wodurch das Temperaturgefälle zwischen Haut und Körperinneren vergrößert wird. Ohne Temperaturregelmechanismus würde der Körper jetzt rasch abkühlen. So aber werden die Blutgefäße verengt, was den Wärmetransport infolge der geringeren Durchblutung verringert.

Das kann so weit gehen, daß jede Blutströmung mit Ausnahme des Leitungsstromes gedrosselt ist, wodurch die Körperkerntemperatur gehalten werden kann.

Somit wirkt auf die Haut jedes Wettergeschehen ein, das sie auf nervös-reflektorischem Weg weiterleitet. Dabei hat die Haut neben einer Schutzfunktion vor mechanischen, chemischen, elektrischen und thermischen Reizen auch eine Reflexionswirkung und kann somit verschiedene physische Vorgänge direkt steuern.

Die mittlere Hauttemperatur beträgt beim liegenden, unbekleideten Menschen im Freien ca. 33, 5 Grad C, in einem geschlossenen Raum 32 bis 32,5 Grad C. Bei dieser Hauttemperatur verspürt der Mensch Behaglichkeit. Doch schon bei einer Hauttemperatur von 26,5 Grad C setzt das Kältezittern ein, bei 34,5 Grad C Oberflächenhauttemperatur sichtbares Transpirieren. Während die Körperkerntemperatur von 36,5 Grad C nahezu konstant bleibt, unterliegt die Hauttemperatur also großen Schwankungen. Bei Messungen an lebenden Organismen wurden Hauttemperaturen zwischen 0 Grad C und 40 Grad C festgestellt. Im Mittel schwankt die Hauttemperatur zwischen 22 Grad C und 40 Grad C. Man muß allerdings berücksichtigen, daß bei solchen Angaben auch die lokalen Gegebenheiten beachtet werden müssen: Die Temperatur der Stirn weist höhere und meist konstantere Werte auf als die Zehentemperatur, bei der die niedrigsten Werte mit der größten Schwankungsbreite registriert wurden.

Selbstverständlich beeinflussen die meteorologischen Bedingungen in großem Ausmaß die Hauttemperatur. Hier konnten Messungen in Klimakammern Erkenntnisse über die Abhängigkeit der Hauttemperatur von Luftemperaturen zeigen. Die Haut zeigt die größte Reaktion bei Temperaturwechsel; 30 bis 60 Minuten danach wird ein Ausgleichswert angestrebt. Bei relativ hohen Windgeschwindigkeiten kühlt die Haut rascher ab als bei schwachem Wind oder Windstille.

Diese thermischen Umweltgrößen benützt man in der Medizinmeteorologie für eine formelmäßige Erfassung des körperlichen Wohlbefindens. Aufgrund der gemeinsamen Wirkung von Sonnenstrahlung, Lufttemperatur, Luftfeuchtigkeit und Wind wurden bioklimatische Größen entwickelt, die den Einfluß des Wetters auf den Organismus beschreiben.

Als grundlegendes Maß wurde die »Abkühlungsgröße« definiert, die jene Wärmemenge angibt, die ein physikalischer Körper (Tonkugel) in einer bestimmten Zeiteinheit an die umgebende Luft abgibt. Diese im Freien aufgestellte und somit dem Wettergeschehen ausgesetzte Tonkugel soll die menschliche Haut simulieren.

Es ist außerordentlich schwierig, bei Simulationen und Näherungsangaben die natürlichen Prozesse exakt zu beschreiben. Auch wenn Lufttemperatur, Luftfeuchte, Strahlung und Luftströmung berücksichtigt werden, kann man die physischen Komponenten des Körpers nur vereinfacht berücksichtigen. So wird z.B. die Verdampfung über die Haut bei der Abkühlungsgröße überhaupt nicht einbezogen, obwohl auch sie von Umweltfaktoren abhängt.

Bei der Verdampfung über die Haut sind drei Formen zu unterscheiden: Die erste Form, perspiratio insensibilis, ist von der Hauttemperatur und der Luftfeuchtigkeit abhängig, wobei diese Art der Verdampfung durch Diffusion, ohne sichtbare Schweißabsonderung, zu erklären ist. Die zweite Verdampfungsform, perspiratio sensibilis, ist bereits ein Transpirationsvorgang, bei dem von der Haut aktiv Sekrete abgesondert werden. Diese Art des Schwitzens befeuchtet bereits Teile der Haut, während andere noch trocken sind. Sobald 70 % der Haut naß sind, empfindet man

das Wetter als schwül, bei 100 % Hautbenetzung als unerträglich; dieses Temperatur-Feuchte-Milieu kann bereits gesundheitsschädlich sein. Liegt die Lufttemperatur über 40 Grad C bei geringer Luftfeuchtigkeit und trockenheißen Wüstenwinden, so haben wir die dritte Art, das Dampfschwitzen. Dabei trocknet die Haut unter Hinterlassung einer Salzkruste. Die Verdunstung ist wesentlich größer als der Wassernachschub.

Treten nun im Wasser- und Wärmehaushalt starke Störungen auf, so kann es zum vollständigen Zusammenbruch der Organfunktionen kommen. Hier unterscheidet die Medizin zwischen zwei Folgen der Hitzeeinwirkung: dem Hitzekrampf, bei dem eine Störung der Wasser- und Salzbildung im Körper vorliegt, und dem Hitzschlag, für den ein Versagen der Wärmeregulation die Ursache ist. Sowohl beim Hitzekrampf als auch beim Hitzschlag steigt die Körpertemperatur über 43 Grad C an, und es kommt zu Auswirkungen auf das Zentralnervensystem (Gehirn — Hirnschlag).

Kälteschäden treten bei Körpertemperaturen von 10 Grad C und darunter auf, da die Wärmeleitfähigkeit des Wassers wesentlich größer als die der Luft ist. Der Organismus verfügt über eine Vielzahl von Thermorezeptoren, also Sinneszellen, die Kälte und Wärme wahrnehmen und dementsprechende Reaktionen auslösen.

Diese »Empfangsstellen« bestehen aus Nervenfasern oder -netzen, die in bestimmten Hautschichten unterhalb der Oberhaut liegen. Die Kälterezeptoren liegen wesentlich dichter als die Wärmerezeptoren. Daraus könnte man schließen, daß für den Körper die Kälteabwehr wichtiger ist als der Schutz gegen Wärme.

Die Skala unserer Temperaturempfindungen reicht von eisig bis heiß. Beide Extreme werden als schmerzhaft empfunden, wobei die Einwirkungsdauer des Reizes ebenfalls sehr ins Gewicht fällt. Hierbei ist bei Temperaturänderungen die Anpassungsfähigkeit des Körpers ausschlaggebend. Ist nämlich die Ausgangstemperatur bereits relativ niedrig, so sind dementsprechend große Wärmesprünge nach unten notwendig, um ein Kältegefühl auszulösen. Eine dauernde Kälteempfindung wird aber schon durch kleine Kältesprünge erreicht.

Die Behaglichkeitszone des nackten Körpers liegt zwischen 27 Grad C und 32 Grad C. In diesem Temperaturbereich befinden sich Parasympathicus und Sympathicus in einem Zustand geringster Spannung. Die Thermoregulation hängt auch vom Alter ab.

Bei Neugeborenen und Kleinkindern ist die Wärmeproduktion wesentlich größer als bei Erwachsenen, der Wärmeverlust dementsprechend auch. Das bedeutet nichts anderes, als daß bei einer von Erwachsenen als angenehm empfundenen Lufttemperatur beim Kind die Thermoregulation bereits maximal belastet ist.

Bei kranken Menschen und im Alter ist die Thermoregulation herabgesetzt. Dies stellte man durch Vergleichsmessungen fest. Man maß die Hauttemperatur der Hand und dann die Zeit, die benötigt wurde, um die Ausgangstemperatur nach einem Abkühlungsprozeß wieder zu erreichen. Dieser Zeitraum beträgt bei gesunden Menschen sechs Minuten, bei kranken Menschen 15 Minuten.

Aus diesen physischen Änderungen kann nun der Schluß gezogen werden, daß ältere und kränkliche Menschen mehr unter Hitze und Kälte leiden als junge und gesunde.

Der Blutdruck steigt bei älteren Leuten nicht so rasch an, und das Schwitzen tritt ebenfalls mit einer zeitlichen Verzögerung ein. Arteriosklerotische Veränderungen und niederer Blutdruck bewirken eine wesentlich erhöhte Hitzeempfindung und somit eine verstärkte Kollapsneigung.

Luftmasseänderungen wirken auf die Temperaturverhältnisse und üben so eine große Reizwirkung auf den Organismus aus. Vor allem ältere Menschen können besonders darunter leiden. Eine schädigende Wirkung muß aber durch solch einen Wetterreiz nicht unbedingt ausgelöst werden, denn einerseits wird als Reaktion wesentlich mehr Adrenalin produziert, was zu einer Verengung der Gefäße bzw. Kapillaren führt, wodurch wieder die Verdampfung über die Haut verringert wird. Andererseits aber wird eine Gegenregulation bewirkt und der Wärmeeffekt dadurch ausgeglichen.

Es kann sogar zu einem Hormonüberschuß führen, was vielfach als angenehm empfunden wird. Die Sekretionsbereitschaft aber ist eindeutig abhängig vom Lebensalter, was bis zur Nebennierenerschöpfung bei einem alten Menschen gehen kann. Der damit verbundene Mangel an Adrenalin und Noradrenalin verursacht eine Erschlaffung und damit eine herabgesetze Regulierungsfähigkeit in bezug auf Wetterreize.

Die Behaglichkeit des Körpers hängt unter anderem auch von der Luftfeuchtigkeit ab, wobei vor allem der Begriff der Schwüle als Kombination verschiedener Wetterelemente anzusehen ist. Ein Maß für die Behaglichkeit ist die sogenannte Äquivalenttemperatur, die sich aus der Lufttemperatur (T) und dem doppelten Dampfdruck (e) der Luft als Feuchtigkeitsmaß zusammensetzt: $TÄ = T + 2e$. Als obere Grenze dieser Maßzahl gilt der Wert von 56: Alles darunter wird im allgemeinen als angenehm und alles darüber als unangenehm empfunden. Wichtig für diese Empfindungen sind noch folgende Faktoren, deren exakte Erfassung sehr schwierig ist: der Einfluß des Windes, sowie der sichtbaren und unsichtbaren Wärmestrahlung der Sonne und die Wirkung körperlicher Arbeit. Beträgt die Windgeschwindigkeit mehr als 8 m/sec, so übt sie keinen wesentlichen Einfluß auf die Empfindungscharakteristiken der Äquivalenttemperatur aus. Niedrigere Windgeschwindigkeiten aber bewirken eine Erleichterung bei Schwüleempfinden.

Es ist einfach, sich eine eigene Empfindungstabelle aufzustellen, sofern man über ein Thermometer und ein Hygrometer verfügt. Denn aus der einfachen Beziehung Lufttemperatur plus 2 mal Dampfdruck hat man eine medizinmeteorologische Einteilung des Behaglichkeitsgrades. Ein Blick auf die meteorologischen Instrumente, eine kleine Rechnung — und schon weiß man, welches Ausmaß an Behaglichkeit man zu erwarten hat. Dazu muß man nur die Schwellenwerte der Empfindungsdefinition kennen:

Äquivalenttemperatur:

größer als 60	=	schwül
55 bis 60	=	etwas schwül
40 bis 54	=	behaglich
35 bis 39	=	etwas kühl
25 bis 34	=	kühl
15 bis 24	=	sehr kühl
kleiner als 15	=	kalt

Berücksichtigt man nun diese Skala, so kann man sich bereits etwas vor dem Wetter schützen, und zwar nicht nur durch die Kleidung, sondern auch durch sein gesamtes Verhalten.

Wichtig dabei ist selbstversändlich die körperliche Arbeit, die man an bestimmten Tagen verrichten will oder soll. Man muß nämlich die individuelle Leistungsfähigkeit richtig einschätzen können, um nicht außer unter körperlichem Streß auch noch unter Streß durch das Wetter zu leiden.

Die obere Erträglichkeitsgrenze des thermischen Wirkungskomplexes liegt bei 50 Grad C bei einer Luftfeuchtigkeit von 50 % oder 40 Grad C und 70 % relativer Luftfeuchtigkeit. Grundsätzlich wird der thermische Behaglichkeitsschwellenwert bei körperlicher Arbeit herabgesetzt — eine Erfahrung, die wir alle schon gemacht haben: körperliche Arbeit kann man besser bei niedrigeren Lufttemperaturen verrichten.

Unsere Atemluft

Die Atmosphäre setzt sich aus Bestandteilen zusammen,die sowohl einzeln als auch insgesamt auf den Organismus wirken. Dabei muß bedacht werden, daß neben negativen auch biotrop positive Einflüsse auftreten können.

Für alle Organismen ist bekanntlich der Sauerstoff lebensnotwendig. Mit einer Verminderung des Luftdruckes, der auf Meeresniveau als Normalwert 760 mm Quecksilbersäule oder 1013 Millibar (Hektopascal) bei 0 Grad C beträgt, ist unweigerlich auch eine Abnahme des Sauerstoffpartialdruckes verbunden. Im Gegensatz zur Abnahme des Partialdruckes der Gasgemische nimmt der Sauerstoffgehalt der Luft erst in einer Höhe von 30 km ab. Bis dorthin bleibt er gleich. So haben wir in Bodennähe 20,95 Volumenprozent und in 30 km Höhe 20,39 Prozent Sauerstoffanteil. Diese geringe Änderung ist natürlich keinesfalls als Ursache für die Höhenkrankeit anzusehen.

Hingegen übt der abnehmende Sauerstoffpartialdruck einen unmittelbaren Einfluß auf den Organismus aus. Die Sauerstoffsättigung des Blutfarbstoffes Hämoglobin, dessen Aufgabe es ist, den bei der Atmung in die Lungenalveolen eingebrachten Sauerstoff zu binden und ihn über den Blutkreislauf weiterzutransportieren, ist vom Sauerstoffpartialdruck abhängig.

So beträgt die Sauerstoffsättigung des Hämoglobins auf Meereshöhe 96 % bei einem Sauerstoffpartialdruck von 150 mm Quecksilber.

In 3000 m Höhe liegt dieser Wert bereits bei 90 % und der des Sauerstoffpartialdrukkes bei 104 mm Quecksilber. Und in 7 km Höhe, wo sich Menschen noch ohne künstliche Sauerstoffzufuhr aufhalten können, beträgt der Sauerstoffpartialdruck nur noch 39 mm Quecksilber, das einer Sauerstoffsättigung des Hämoglobins von 75 % entspricht. Eine hundertprozentige Sättigung wird bei Einatmung von reinem Sauerstoff erzielt. Daraus ergibt sich ein eindeutiger Zusammenhang zwischen Zellgewebe und Sauerstoffangebot.

Wann wird man höhenkrank?

Bereits geringe Schwankungen der Sauerstoffsättigung des Hämoglobins lösen eine Reaktion des Organismus aus. Das beginnt bereits in einer Höhe von 1000 m über Meeresniveau. Dabei spricht man von Höhenreiz.

Dieser Höhenreiz beeinflußt den Organismus über das vegetative Nervensystem. Je größer die Höhe, desto stärker die Reizwirkung. Wenn ein Aufenthalt in großer Höhe vorgesehen ist, so benötigt der Körper eine gewisse Zeit, um sich an die geänderten Verhältnisse anzupassen. Das berücksichtigen auch Expeditionsteilnehmer bei Aufenthalten in hochgelegenen Gebieten. Die Anpassungszeit dauert ungefähr zehn Tage bei Höhen um 3000 Meter. Mit zunehmender Höhe vergrößert sich auch dieser Zeitraum: fünf bis sechs Wochen bei einem Aufenthalt in 6000 m Höhe. In Höhen über 7000 m vermag sich der menschliche Organismus nicht mehr anzupassen.

Jeder Organismus reagiert auf verringerten Sauerstoffpartialdruck individuell verschieden. Die akute Höhenkrankheit beim Überwinden mittlerer Höhen macht sich zuerst in Atembeschwerden bemerkbar.

Schon bei geringer körperlicher Anstrengung beginnt man rasch und kurz zu atmen, was sonst in tiefen Lagen nur bei schwerer körperlicher Arbeit der Fall ist. Dieser Atmungsänderung folgen dann Schläfrigkeit, Mattigkeit, Schwindelgefühle. Oft treten Schmerzen auf, und Kälte wird wesentlich stärker empfunden. Diese plötzliche Höhenkrankheit kann sich letzlich auch in Ohnmachtsanfällen äußern.

Der Höhenreiz kann sich aber auch positiv bemerkbar machen. In der Mehrzahl der Fälle tritt eine Steigerung des Muskeltonus auf, was eine allgemeine körperliche Belebung zur Folge hat.
Im wesentlichen hat der Höhenreiz folgende physische Auswirkungen: Herabsetzung der Reizschwelle aller Sinnesfunktionen, Verkürzung der Reflexzeit, Erhöhung der Herzfrequenz und des Herzminutenvolumens, Zunahme der Gesamtblutmenge im Kreislaufsystem, Erhöhung der Atemfrequenz, hingegen Herabsetzung der Magensekretion.

Mit zunehmender Höhe steigen die Anzahl der roten Blutkörperchen und der Blutfarbstoffgehalt.

All diese physischen Veränderungen treten in den meisten Fällen in den ersten Tagen eines Höhenaufenthaltes auf, sind aber nach einer bestimmten Zeitspanne wieder rückläufig. Der Körper paßt sich den geänderten Umweltbedingungen an. Er gewöhnt sich an die Höhe.

Interessant und für alle wichtig, die auf Berggipfel steigen, ist die Akklimatisationsdauer, also die Zeit für die Anpassung des Körpers an die Höhe, die von der Zeit zur Erreichung der Höhendifferenz abhängig und maßgebend für die physischen Reaktionen ist.

Überwindet man nämlich in kurzer Zeit einen großen Höhenunterschied, zum Beispiel in einer Seilbahn, so äußert sich der Höhenreiz bereits in niedrigeren Lagen als bei einem langsamen Aufstieg. Expedititonen ins Himalayagebiet richten sich danach und bewältigen große Höhenunterschiede innerhalb eines langen Zeitraumes.

Die rasche Höhenüberwindung mit der Seilbahn oder im Flugzeug ohne Druckkabine kann zu krankhaften Erscheinungen mit oft tödlichen Folgen führen: Höhen- oder Bergkrankheit und Druckfallkrankheit.

Die Höhenkrankheit wird durch den niedrigen Sauerstoffpartialdruck hervorgerufen, wobei in bestimmten Höhen entsprechende Krankheitssymptome auftreten. Man nennt diese Zonen auch die Schwelle der biologischen Höhenwirkung: Bis 3000 m treten keine nennenswerten physischen Änderungen auf.

Die 3000 m Höhengrenze ist die Reaktionsschwelle, bei der erstmalig Veränderungen der Körperfunktionen auftreten.

Zwischen 3000 und 4500 m versucht der Körper, den Sauerstoffmangel auszugleichen, wobei aber bei 4500 m Funktionsstörungen des Organismus nicht mehr zu verhindern sind.

In den Höhen von 4500 m bis 6000 m ist der Kreislauf bereits schwer belastet, das Denkvermögen ist in vielen Fällen herabgesetzt, und die gesamte Leistungsfähigkeit läßt rasch nach. Ein Ausgleich der Körperfunktionen gegenüber diesen von außen verursachten Störungen ist nicht mehr möglich.

Über 6000 m können lebensbedrohende Zustände auftreten, die je nach den physischen Voraussetzungen bis zum Höhentod führen können.
Die Druckfallkrankheit (Taucherkrankheit) tritt bei Unterdruck auf und besteht in einer Störung des Druckausgleichs zwischen den im Blut gelösten und den im Gewebe vorhandenen Gasen. Bei rascher Druckabnahme bilden sich Stickstoffblasen im Blut und in den Geweben, wobei der vorhandene Sauerstoff nicht ins Gewicht fällt.

Im Gegensatz zum atmosphärischen Sauerstoff spielen die übrigen Bestandteile der in der Luft natürlich vorkommenden Gase in biologischer Hinsicht nur eine unbedeutende Rolle. So sind Stickstoff, Wasserstoff, Argon, Xenon, Neon, Krypton, Helium biotrop unwirksam. Wasserdampf, Kohlendioxid und Ozon beeinflussen den Organismus indirekt über die zum Erdboden gelangende Sonnenstrahlung (siehe Kapitel »Sonnenstrahlung« S 26 ff.).

Ganz anders liegen die Verhältnisse bei den künstlich erzeugten Schadgasen. Biotrop wirksam sind auch noch sogenannte Aerosole, das sind kleine und kleinste Schwebeteilchen, die sich in der Luft befinden. Sie sind entweder von fester oder flüssiger Form und werden teilweise in der Luft gelöst. Sie haben die Eigenschaft, Feuchtigkeit anzuziehen — das heißt, sie sind hygroskopisch.

Je nach Art und Menge der auftretenden Aerosole wirken sie sich auf den Organismus aus und können dabei verschiedene Erkrankungen auslösen. So können zum Beispiel durch Staub verursachte Schäden des Kreislaufes, des Magen-Darm-Traktes und der Haut auftreten.

Am größten ist ihr Einfluß auf die Lunge, da sie ja bei der Atmung in den Körper eindringen und je nach ihrer Größe wieder ausgeatmet oder zurückgehalten werden. Als besonders schädlich gelten Staub mit freier kristalliner Kieselsäure, Kieselgur, Talk, Aluminium sowie Giftstoffe wie Cyansalze, Morphium, Nikotin etc.

Zu diesen anorganischen Stoffen kommt noch eine Vielzahl organischer Substanzen und Mikroorganismen wie Bakterien, Viren, Milben und pflanzliche Organismen, wie Pollen, Blütenstaub und Pilzsporen. Vor allem die pflanzlichen Schwebstoffe in der Luft wirken sich oft negativ auf den menschlichen Organismus aus.

Aufgrund von Messungen pro Kubikzentimeter Luft wurde eine lufthygienische Landschaftsbewertung durchgeführt, die eine hygienische Bewertung der Luft auf quantitativer Basis ermöglicht. Heuschnupfen ist dabei nur eines der vielen Symptome, die durch Allergene in der Luft ausgelöst werden.
Ein eigens für Pollenallergiker eingerichteter Pollenflugwarndienst trägt diesem Umstand Rechnung.

Maßgeblich für die Lufthygiene ist neben der qualitativen und quantitativen Verteilung von Staub auch der Rauchgehalt, egal ob im Freien oder in geschlossenen Räumen. Hier wirkt eine Vielzahl von Faktoren. Allen voran stehen Art, Größe und Beschaffenheit der luftverunreinigenden Stoffe sowie ihr Ursprung. Denn kennt man ihn, so kann man auch die Verteilung dieser Verunreinigungen bestimmen.

Natürlich spielt auch hier wieder der Wetterkomplex eine große Rolle, denn das Auftreten und die Verbreitung von Luftverunreinigungen hängen in erster Linie von der Windgeschwindigkeit und der Windrichtung, von der Turbulenz und vom Vertikalaustausch ab.

Die folgende Tabelle gibt einen Überblick dieser luftchemischen Beurteilung:

Lufthygienische Bewertung	Kondensationskernzahl pro cm^3 Luft	Landschaftsbewertung
völlig rein	unter 1 000	Hochgebirge, Kammlagen der Mittelgebirge, über Meer- und Küstengebieten, Schneelandschaften der Arktis
vorwiegend rein	1 000 bis 5 000	in siedlungsarmen Binnenländern mit Vegetation
gering verunreinigt	5 000 bis 10 000	kleine Ortschaften, Stadtrandgebiete
mäßig verunreinigt	10 000 bis 25 000	kleine Ortschaften, Stadtrandgebiete
verunreinigt	25 000 bis 50 000	mittlere Städte, allerdings mit wenig Industrie
stark verunreinigt	50 000 bis 100 000	Großstädte mit mittlerer Industrie
sehr stark verunreinigt	100 000 bis 250 000	Gegenden mit Großindustrie
hochgradig verunreinigt	250 000 bis 500 000	Großstädte mit starker Industrie bei Wetterlagen mit starker Luftstagnation
sehr stark verschmutzt	500 000 bis 1 000 000	selten in Großstädten, meist nur in Zentren der chemischen Großindustrie

Auf die Schädlichkeit von Industriegasen muß hier wohl nicht näher eingegangen werden. Es wird immer wieder auf den Schadstoff Schwefeldioxid hingewiesen, der bereits auf Giftigkeit untersucht wurde.

Schwefeldioxid wirkt durch Reizung des Atmungstraktes, was eine Änderung der Lungenfunktion nach sich zieht. Aufgrund klinischer Beobachtungen hat man herausgefunden, daß Patienten mit Bronchialasthma unter den Auswirkungen der Luftverschmutzung besonders leiden. Durch Messungen an Versuchspersonen ergab sich, daß die meisten Personen bereits 0,002 mg SO_2/Liter Luft unangenehm empfinden.

Bei 0,008 mg/l macht sich ein stechender Hustenreiz bemerkbar. Mengen von 1,4 bis 1,7 mg SO_2/l, die über 30 bis 60 Minuten hinweg eingeatmet werden, können bereits tödlich sein. Solche Werte treten in der Natur und im allgemeinen auch an Arbeitsplätzen nicht auf. Auch kann man sich bis zu einem gewissen Grade selbst schützen, da man bei Nasenatmung bis zu 98 % aller Schadstoffe im oberen Atemweg ausfiltert und damit die Lunge davor bewahrt. Mehrere Luftverschmutzungskatastrophen, die eine erhöhte Sterblichkeit der Bevölkerung verursachten, waren der Anlaß für epidemiologische Untersuchungen über Schwefeldioxid. Wichtig dabei ist, daß auch Folgeerscheinungen studiert werden können. Man untersucht dabei große Gebiete mit hoher Bevölkerungszahl und kann auf der Basis dieser Ergebnisse einen Schadstoffalarmplan ausarbeiten.

Die erste Umweltkatastrophe dieser Art, die genau untersucht wurde, ereignete sich zwischen dem 1. und 5. Dezember 1930 im Maastal in Belgien. Hunderte erkrankten an den Atemwegen, und 62 Menschen starben. Man schätzt, daß ein Gesamtwert von 25 mg Schwefeldioxid pro Kubikmeter Luft erreicht wurde.

Nach dieser Katastrophe und leider auch späteren Ereignissen (Luftverschmutzungskatastrophen in Donosa 1948 und in London 1952) fand man in Untersuchungen heraus, daß die Menschen an Erkrankungen des Atmungstraktes und des Herz-Kreislauf-Systems starben. Es starben ältere und vor allem kränkelnde Menschen. Personen, die an Erkrankungen des Herzens und der Lunge leiden, sprechen auf Wetterlagen, bei denen die Luftschadstoffe sich in Bodennähe häufen, besonders negativ an.

Bei Katastrophen dieser Art wurden auch gesundheitsschädliche Langzeitwirkungen registriert. Man nimmt an, daß für Arbeitsausfälle durch Bronchitis eine nur geringe So_2-Steigerung von 0,1 auf 0,2 mg / m^3 im Halbjahr verantwortlich ist.

Schwefeldioxid darf aber nicht als einzige epidemiologische Ursache angesehen werden. Es treten auch diverse kombinierte Wirkungen verschiedener Schadgase auf.

Zu diesen Schadgasen gehört auch das Kohlenmonoxid (CO), das unter anderem in den Auspuffgasen der Verbrennungsmotoren enthalten ist. Bioklimatisch gesehen ist Kohlenmonoxid schon in geringen Konzentrationen gesundheitsschädlich, da sich die roten Blutkörperchen 250mal leichter mit CO als mit Sauerstoff verbinden. Es gibt aber auch zahlreiche Luftbestandteile, die eine positive Wirkung auf den Organismus haben und daher therapeutisch genutzt werden. Hiervon sind Jod und Radium medizinmeteorologisch bedeutsam.

Jod gibt es in der Atmosphäre nur in sehr kleiner Konzentration, 0,000 000 003 Volumenprozent. Jod entsteht vorwiegend bei Seetangverschmelzung und nur in einem geringen Ausmaß aus dem Meer selbst. Mitteleuropa bezieht seinen Luftjodgehalt auf dem Wege des Luftmassentransportes, wenn die Luft aus West- oder Nordwesteuropa herbeigeführt wird.

Jod beeinflußt den Stoffwechsel und das Hormonsystem des Menschen und verhindert die Kropfbildung. Es ist ein bioklimatisches Phänomen, daß in jodarmen Gegenden gehäuft Kropfbildungen auftreten. Sie werden im Küstenland wesentich seltener registriert, da die Luft bei maritimen Einfluß 20 bis 30 % mehr Jod enthält.

Radium kommt in der Atmosphäre als Edelgas nur in überaus kleinen Mengen vor. Es entsteht durch Radiumzerfall und entstammt hauptsächlich dem Erdinneren, von wo es mittels Bodenatmung in die Luft kommt. Radium wird als therapeutisches Mittel in den Bäder- und Inhalationsbehandlungen angewendet, wobei durch das Ionisierungsvermögen der Alphastrahlen und die dadurch entstehende beträchtliche Energie das lebende Gewebe beeinflußt und Zellfunktionen wieder angeregt werden.

Radium, das in der Atmosphäre selbst vorhanden ist, weist eine zu geringe Konzentration auf, um wirksam sein zu können, sodaß es für medizinische Zwecke größerer Mengen bedarf.

Ein weiters atmosphärisches Gas ist noch erwähnenswert, nämlich das Ozon. Da es sehr leicht oxidiert, wird ihm eine starke luftreinigende Wirkung zugeschrieben. In größeren Mengen eingeatmet ist Ozon allerdings giftig!

Die Medizinmeteorologie rechnet zum luftchemischen Wirkungskomplex auch noch Radioaktivität, wobei zwischen künstlicher und natürlicher Radioaktivität unterschieden wird.

In der Natur tritt Radioaktivität recht häufig auf. In das Gletschereis gelangt die Radioaktivität durch Regen- und Schneefälle und wird dort oft jahrzehntelang gespeichert, bis die radioaktiven Stoffe weitgehend zerfallen sind. Radioaktivität tritt aber auch als kosmische Strahlung in der Atmosphäre auf.

Die Hauptquelle aber liegt im Boden, worin uran- und thoriumhältige Gesteine (wie z. B. Granitlinien) hohe, hingegen Sedimentgesteine (wie Kreide und Kalk) nur geringe Radioaktivität aufweisen.

Die aus dem Boden stammenden Radionukleide werden über die Nahrungskette Pflanze-Tier-Mensch oder auch gasförmig vom menschlichen Organismus aufgenommen. Zählt man die Durchschnittswerte der natürlichen radioaktiven Strahlung zusammen, so kommt man auf eine Strahlungsdosis von rund 179 Millirem im Jahr für den Mitteleuropäer, was keine gesundheitliche Schädigung zur Folge hat. Weltweite Bobachtungen ergaben eine jährliche Schwankungsbreite der Strahlung von 122 bis 280 Millirem.

Es gibt international festgesetzte Grenzwerte für die Wirkung der radioaktiven Strahlung auf den Organismus.
Folgende Grenzwerte wurden von der Internationalen Kommission für Strahlenschutz festgesetzt: für die Keimdrüsen 20 rem/Jahr, für die Augenlinsen 30 rem/Jahr, für die Brust 33 rem/Jahr, für das rote Knochenmark 42 rem/Jahr, für die Lunge ebenfalls 42 rem/Jahr, für Haut, Schilddrüsen und Knochen 50 rem/Jahr. Kein Körperteil darf mehr als 50 rem/Jahr aufnehmen. Solche Werte treten aber im allgemeinen nicht auf.

In der Bundesrepublik Deutschland wurden im Umkreis von kerntechnischen Anlagen im Jahr 1975 weniger als 0,1 mrem/Jahr registriert. Das ist weniger als ein Tausendstel der mittleren natürlichen Strahlungsbelastung.

Die vom Gesetzgeber zugelassenen Höchstwerte der zusätzlichen Strahlungsbelastung in der unmittelbaren Umgebung von Kernkraftwerken sind wesentlich kleiner als die hohen Schwankungen der natürlichen Strahlungsbelastung.

Die radioaktive Strahlung hat auf den Organismus unterschiedliche Auswirkungen. Die gravierendste ist wohl die Zellschädigung. Die Folgen der Atombombenabwürfe gegen Ende des Zweiten Weltkrieges sind heute wohlbekannt.

In der Medizin werden aber auch hohe Strahlungsdosen eingesetzt, die bei gezielter Organbehandlung ohne negative Nebenwirkungen bleiben, da nicht der ganze Körper, sondern nur kleine Teile desselben bestrahlt werden.

In der Diagnostik verwendet man ionisierende Strahlen zur sicheren Erkenntnis einer Krankheit sowie zur Überprüfung von Organfunktionen und Funktionen des Stoffwechsels. Die Strahlentherapie wird in erster Linie zur Bekämpfung von bösartigen Geschwülsten, aber auch bei anderen Krankheiten eingesetzt.

Vor allem nach der Katastrophe von Tschernobyl ist die Diskussion um die Radioaktivität und die Gesundheitsschädlichkeit radioaktiver Strahlen neu aufgeflammt. Sicherlich bedeutet ein Atomkraftwerk wegen seiner riesigen Energieproduktion durch Kernspaltung eine Gefahr für die Umwelt.

Von großen Katastrophen abgesehen, sind kleine Austritte radioaktiven Materials immer möglich und können als sogenannte heiße Teilchen zu Gewebsschädigungen führen. So lassen sich zum Beispiel kleine undichte Stellen im Rohrsystem nie ganz vermeiden: Es können auch vereinzelt Schäden an Brennstoffhüllen auftreten.

Gewitter, Ionen, elektromagnetische Felder

In der Atmosphäre laufen ständig elektrische und elektromagnetische Prozesse ab. Direkt können wir dies aber nur bei Blitzentladungen während eines Gewitters beobachten. Die Erde ist stets von einem luftelektrischen Feld umgeben, das durch Gewitter, die immer irgendwo auftreten, aufrechterhalten wird. Diese Gewitter wirken wie ein Generator, der die Erde negativ auflädt.

Die Atmosphärenphysik kennt eine Vielzahl von Größen, die zur Beschreibung der Luftelektrizität dienen: Feldstärke, Ionenkonzentration, Ionenbeweglichkeit, elektrische Leitfähigkeit der Luft, die von Blitzen und anderen elektrischen Entladungen in der Atmosphäre ausgehen.

Diese luftelektrischen Faktoren sind abhängig von den natürlichen Bedingungen. Daher ist es nahezu unmöglich, ein »luftelektrisches Klima« zu definieren. Auf diesem Gebiet hat Reinhold Reiter, Leiter des Institutes für atmosphärische Umweltforschung der Fraunhofer-Gesellschaft in Garmisch-Partenkirchen, wertvolle Arbeit geleistet.

Der Gedanke an eine biologische Wirkung des luftelektrischen Komplexes liegt natürlich nahe, wenn man berücksichtigt, daß auch in unserem Organismus zahlreiche elektrische Vorgänge ablaufen.

So treten im Zusammenhang mit Nerven- und Muskeltätigkeit elektrische Ströme auf. Denken wir dabei nur an die Elektroenzephalogramme, mittels deren Gerhirnströme registriert werden.

Doch unser Körper besitzt für den Empfang luftelektrischer Größen keine Rezeptoren, die direkt auf solche Reize reagieren. Berücksichtigt man dabei noch, daß luftelektrische Vorgänge und Änderungen in der Natur immer nur gemeinsam mit bestimmten Wettervorgängen auftreten und niemals unabhängig existieren können, so wird klar, daß auch der luftelektrische Komplex nicht allein auf den Organismus wirken kann.

Wenn man die eventuelle biologische Wirkung luftelektrischer Größen untersuchen will, scheiden von Anfang an gewisse Faktoren aus, so zum Beispiel statische Felder, da diese ja von den Umweltbedingungen bestimmt werden. In geschlossenen Räumen treten statische elektrische Felder überhaupt nicht auf, da sie von allen in der Natur vorkommenden flüssigen und festen Stoffen abgeschirmt werden.

Würde man daher eine biologische Wirkung statischer luftelektrischer Felder annehmen, so müßte diese in geschlossenen Räumen sofort verschwinden. Dieser Umstand müßte auch im Wald, im Wasser, in engen Gassen oder in Autos auftreten. Im Gegensatz dazu müßte an exponierten Stellen, wie z.B. Berggipfeln, Türmen, Balkonen usw., eine verstärkte Wirkung auftreten. Dafür aber fehlt jeglicher Beweis.

Elektrische Wechselfelder, die zeitliche Veränderungen aufweisen, dringen hingegen in Räume ein und können auch im Gewebe des Organismus wirken.

Dadurch werden die Zellmembranen beeinflußt, wobei der Frequenzbereich zwischen 2 kHz und 20 kHz am wirksamsten ist. Aus Untersuchungen geht hervor, daß elektrische Wechselfelder keinerlei negative Wirkung haben.

Daher fehlt auch der Nachweis für die Behauptung, daß Hochspannungsleitungen eine biologische Gefahr darstellen.

Bemerkenswert ist in diesem Zusammenhang eine Untersuchung, die auf die Rhythmik des Menschen Bezug nimmt. Es wurde nämlich gezeigt, daß ein schwaches elektrisches Wechselfeld von 10 Hz den Organismus zu einem Tagesrhythmus veranlaßt, selbst wenn alle übrigen Einflußfaktoren wie Licht, Temperatur, Geräusche, usw. ausgeschaltet werden. Bei Eingewöhnung der Versuchspersonen wurde ohne Wechselfeld eine 26,6-Stunden-Rhythmik erreicht. Bei Einschaltungen eines elektrischen Wechselfeldes fiel aber diese Zeitdehnung weg.

Auch Magnetfeldern werden biologische Wirkungen zugesprochen. In jüngster Zeit konnte ein möglicher Einfluß auf den Organismus beobachtet werden, was allerdings noch nicht als absolut erwiesen gilt. So sollen bei Magnetfeldern zwischen 4 und 12 Hz Heilerfolge auftreten, während zwischen 10 und 60 Hz keine Wirkung zu erkennen ist.

Es gibt eine luftelektrische Komponente, die immer wieder spektakulär in den Vordergrund aller medizinmeteorologischen Komplexe gestellt wird: Ionen bzw. elektrische Ladungen, die an Aerosolteilchen angelagert sind. In der Luft werden ständig Ionen gebildet. Diese beweglichen elektrischen Ladungen sind überall vorhanden, wobei die Ionenzahl von meteorologischen Faktoren sowie von der Reinheit der Luft abhängt. Da hierbei die Teilchen sich an irgendwelche in der Atmosphäre vorhandenen Moleküle einlagern, existieren verschieden große Ionen. Man unterscheidet daher zwischen Klein- und Großionen.

Für eine biologische Wirkung dieser geladenen Teilchen kommen nur die größeren, also die Großionen, in Frage, da ein Nachweis der Wirkung von Kleinionen nicht erbracht werden kann.

Untersuchungen über die biologische Wirkung von Ionen gibt es seit mehreren Jahrzehnten. Eine große Zahl von Ionengeneratoren, die eine postitive Wirkung auf den Organismus haben sollen, ist im Handel. Mit solchen Ionenerzeugern werden aber gleichzeitig auch Spurenstoffe produziert, z.B. Ozon und nitrose Gase, die nicht genau bekannte biotrope Nebenwirkungen haben. Das heißt, die meisten Ionengeneratoren erzeugen Ionen und für den Organismus schädliche Gase — und von beiden weiß man nicht gesichert, wie sie wirken. Eine positive Beeinflussung konnte bis heute nicht nachgewiesen werden.

Bei der Ionen- oder Elektro-Aerosol-Therapie liegen die Verhältnisse ganz anders. Denn hier werden Ionen verabreicht, die in der freien Natur nicht vorkommen. Die positiven Auswirkungen solcher Ionenkonzentrationen auf den Organismus sind nicht von der Hand zu weisen. Eine Einwirkung der Ionen über den Atemtrakt, aber auch durch die Haut als Ionenrezeptor kommt in Betracht.

Der luftelektrische Wirkungskomplex weist noch eine Größe auf, die vom theoretischen Standpunkt aus noch am ehesten eine biologische Wirkung hat: die atmosphärische Impulsstrahlung oder Sferics.

Diese elektromagnetischen Impulse werden bei atmosphärischen elektrischen Entladungen mit einer Frequenz zwischen einigen Kilohertz und einigen hundert Kilohertz ausgesandt.

Die Frequenzen zwischen 10 kHz und 30 kHz haben sich als biologisch wirksam erwiesen, und zwar wird bei dieser Impulsstrahlung die Neigung zur Verklumpung der Thrombozyten wesentlich verstärkt.

Es gibt eine Eigenschaft der Sferics, die ausschlaggebend für eine biologische Wirksamkeit sein könnte. Sie vermögen nämlich, tief in den Organismus einzudringen und können so eventuell Reaktionen in Teilen des Nervensystems auslösen.

Sfercis zählen somit zu den wenigen meteorologischen Faktoren, die auch in geschlossenen Räumen wirksam sein können. Selbst ein Faradaykäfig schirmt diese Impulse nicht vollständig ab. So dringen in einen großmaschigen Faradaykäfig und in ein Auto noch mehr als 50 % der vorhandenen Sferics ein, in ein Steinhaus 95 %, in ein Stahlhaus immerhin noch 8 % einer Impulsstrahlung von 10 kHz.

Außerdem spricht noch ein Umstand für die biologische Wirksamkeit dieser Wellen: Sie stehen in einer engen Verbindung zum Wetterkomplex und sind eindeutig von der Wetterlage abhängig, sodaß die Sferics ebenfalls zu den medizinmeteorologischen Faktoren gehören, die den gesamten Wirkungskomplex der Wetterfühligkeit ausmachen.

Heutzutage ist die Meinung sehr verbreitet,daß luftelektrische Felder unseren Organismus eindeutig beeinflussen. Man glaubt daher, Räume durch ein künstliches Elektroklima für den Menschen angenehmer, »gesünder« machen zu können.

Sicher geht von einem solchen Phänomen eine gewisse Faszination aus, daher auch das große Handelsangebot an verschiedenen Klimageräten für ein »gesundes Leben«. Verschiedene physikalische, chemische und medizinische Überprüfungen konnten aber bisher noch keinen wissenschaftlich gesicherten Einfluß des luftelektrischen Wirkungskomplexes nachweisen. Mit dem Kauf eines solchen Klimagerätes ist die Bekämpfung der Wetterfühligkeit nicht möglich.

Hoch - Tief; Wetterfronten

Spricht man von Wetterfühligkeit und nicht von vermutetem Wettereinfluß irgendwelcher Elemente, so kommt dem meteorologischen Wirkungskomplex das größte Augenmerk zu. Denn dieser Komplex umfaßt jene meteorologischen Elemente, die am auffallendsten sind.
Die Wetterwirkung ist als eine Verkettung der Reaktionsfähigkeit des Organismus mit den Wetterimpulsen anzusehen. Diese Wetterimpulse werden im meteorologischen Wirkungskomplex diskutiert. Dabei darf man natürlich nicht die Einzelgrößen auf ihre biotrope Wirkung untersuchen, sondern muß auch hier wieder die Komplexwirkung studieren.

Man bedient sich hier der Analyse des Wettergeschehens nach verschiedenen Methoden, und zwar unter einer großräumigen und gleichzeitigen Betrachtungsweise. Man betrachtet also das Wettergeschehen an einem Ort nicht in zeitlicher Reihenfolge, sonderen versucht, einen Überblick über das zu einem fixen Zeitpunkt herrschende Wettergeschehen zu gewinnen, um daraus auf Veränderungen innerhalb der nächsten Stunden zu schließen.

Der Wetterablauf unterliegt einer Grundform, die oft von Störungen überlagert wird. Diese Grundform weist eine rhythmische Bewegung auf und zeigt im Vergleich mit dem Organismus viele Übereinstimmungen, denn auch der biologische Ablauf erfolgt in einem 24stündigen Rhythmus.

Für den meteorologischen Bereich ist es die Sonne, die den Wetterablauf prägt. So weisen nahezu alle meteorologischen Elemente einen periodischen Ablauf auf: Temperatur, Strahlung, Feuchte, Luftdruck, Wind. Vielfach wird aber die Rhythmik von verschiedenen Einflüssen gestört, da zum Beispiel die Großwetterlage die kleinräumige Witterung bestimmt.

Es gibt daher auch eine Anzahl nicht periodischer meteorologischer Schwankungen, die nicht in unmittelbarem Zusammenhang mit der Sonnenstrahlung stehen. Dazu gehören Wolkenbildung durch Vertikalbewegung in der Atmosphäre, das Heranführen warmer Luftmassen, sogenannte Advektionsvorgänge (Zufuhr von Luftmassen in horizontaler Richtung) usw.

Sowohl periodisch schwankende als auch rhythmische Wetterelemente bestimmen nun in gleichem Maß den meteorologischen Wirkungskomplex.

Um aber ein System in diesen riesigen Komplex zu bringen, haben Medizinmeteorologen das Wettergeschehen in sogenannte Wetterschemata gegliedert, wobei prinzipiell immer der Wetterablauf von schönem über schlechtes zu schönem Wetter beschrieben wird.

Dazu definierte man Wetterphasenschemata, die den zeitlichen Wetterablauf für einen bestimmten Ort zum Ausdruck bringen.

Man geht dabei vom Vorhandensein eines Hochdruck- und eines Tiefdruckgebietes aus und ordnet die typischen räumlichen Abschnitte einer zeitlichen Abfolge zu.

Man läßt das Wettergeschehen über einen festgesetzten Ort hinwegziehen und kann daher bestimmte meteorologische Abschnitte unterscheiden.

Das einfachste Wetterphasenschema stammt von UNGEHEUER, der sechs Wetterphasen unterscheidet.
Diese Gliederung wird bis heute für medizinmeteorologische Untersuchungen verwendet. In diesem Schema ist ein idealtypischer Wetterablauf festgehalten, der in der Natur jedoch verschiedenen Abweichungen unterworfen ist.

Wetterphase 1

Wetterphase 1 entwickelt sich meist aus Wetterphase 6 und geht in Wetterphase 2, seltener 3 über; mäßige Erhaltungstendenz.

a) Wettereindruck: durchschnittlich Schönwetter

b) Bewölkung, Sonnenschein: wolkig bis heiter. Wechselnde Wolkenfelder in Auflösung; im Sommer meist flache Quellbewölkung. Sonnenscheindauer 40 — 50 % der jahreszeitlich möglichen Dauer.

c) Sicht, Helligkeit: Bei mäßigem bis starkem Dunst vormittags schlechte Sicht, dann ansteigend, aber noch eingeschränkt. Mittlere Tageshelligkeit, weiches Licht.

d) Temperatur-Feuchte-Milieu: im Winter kalt-trocken, im Sommer kühl-trocken. Mäßige Tageserwärmung. Geringe Abweichung von der jahres- und tageszeitlichen Norm.

e) Luftdruck: relativ hoch; periodischer Tagesgang.

f) Boden- und Höhenwind: periodisch wechselnde Lokalwinde, im Winter häufig windstill. Schwache Höhenwinde.

g) Vertikale Temperaturschichtung: stabil, Bodeninversion.

h) Störtätigkeit im elektromagnetischen Langwellenbereich: gering und nur aus dem Fernfeld.

i) Sonstige meteorologische Merkmale: frühmorgens Tau oder Reif; örtlichen Frühnebel, im Winter und Herbst auch Hochnebel, die sich meist bis Mittag auflösen.

Wetterphase 2

Wetterphase 2 entwickelt sich meist aus Wetterphase 1, seltener aus Wetterphase 6 und geht über in Wetterphase 3, manchmal auch unmittelbar in Wetterphase 4. Bei besonderen Wetterlagen ziemlich große Erhaltungstendenz.

a) Wettereindruck: gesteigertes Schönwetter.

b) Bewölkung, Sonnenschein: im Winter oft durchgehend bewölkt, im Sommer anfangs wolkenlos, dann mäßig quellende Bewölkung (Haufenwolken) ohne Gewitterneigung. Sonnenschein 60 — 100 % der jahreszeitlich möglichen Dauer.

c) Sicht, Helligkeit: Frühdunst mit mäßiger Sicht; nachmittags noch schwach dunstig mit mittlerer bis guter Sicht. Hohe Tageshelligkeit, aber noch weiches Licht.

d) Temperatur-Feuchte-Milieu: nach kühler, im Winter kalter Nacht relativ warm-trocken; kräftige Tageserwärmung, abends wieder Abkühlung und im ganzen geringe Abweichungen von der jahres- und tageszeitlichen Norm.

e) Luftdruck: relativ hoch, ausgeprägter periodischer Tagesgang.

f) Boden- und Höhenwind: im Winter geringe Luftbewegung, im Sommer gut ausgeprägter periodischer Lokalwind.
Schwache Höhenwinde.

g) Vertikale Temperaturschichtung: stabil; vormittags Bodeninversion, nachmittags aufgelöst.

h) Störtätigkeit im elektromagnetischen Langwellenbereich: gering und nur aus dem Fernfeld.

i) Sonstige meteorologische Merkmale: starker Tau oder Reif; örtlicher Frühnebel. Hochnebel selten und dann rasch aufgelöst.

Wetterphase 3

Wetterphase 3 entwickelt sich oft aus Wetterphase 2 oder 1, geht über in Wetterphase 4, seltener 5. Bei manchen Wetterlagen große Erhaltungstendenz.

a) Wettereindruck: föhniges Wetter, oft scheinbarer Höhepunkt des schönen Wetters.

b) Bewölkung, Sonnenschein: durchgehend fast wolkenlos oder beginnender Aufzug hoher Wolkenfasern oder -schleier.

Nachmittägliche Quellbewölkung oder vorhandene Wolkenreste zeigen linsenförmige Abschmelzformen. Sonnenscheindauer groß, oft bis 100 % der jahreszeitlich möglichen Dauer.

c) Sicht, Helligkeit: flache Dunstfelder und durchgehend gute bis sehr gute Sicht. Im Gebirge scharfe Konturen mit Blaufärbung der Berge.
Große Tageshelligkeit mit scharfen Kontrasten; hartes Licht.

d) Temperatur-Feuchte-Milieu: relativ zur Jahreszeit (sehr) warm — (sehr) trocken durch unbehinderte Einstrahlung bei zusätzlicher Erwärmung mit Austrocknung durch aus der Höhe absinkende Luft (freier Föhn, Gebirgsföhn).
Starke Abweichungen von der jahres- und tageszeitlichen Norm.

e) Luftdruck: noch relativ hoch, stark ausgeprägter periodischer Tagesgang mit deutlicher überlagerter Falltendenz.

f) Boden- und Höhenwind: im Winter schwache Luftbewegung, im Sommer schwacher bis mäßiger Bodenwind, oft mit Südkomponente.
Höhenwind schwach, jedoch mit der Höhe auffrischend.

g) Vertikale Temperaturschichtung: noch stabil mit warmer Bodenschicht, später von der Höhe her beginnende Labilisierung.
Absinkinversion.

h) Störtätigkeit im elektromagnetischen Langwellenbereich: zunehmend aus dem Fernfeld, im Nahfeld gering.

i) Sonstige meteorologische Merkmale: kein Tau, kein Reif; selten Frühnebel; örtliche Wetterzeichen deuten auf Wetterverschlechterung.

Wetterphase 4

Wetterphase 4 entwickelt sich aus Wetterphase 3, seltener aus Wetterphase 2; geht über in Wetterphase 5 und 6. Geringe Erhaltungstendenz.

a) Wettereindruck: Wetterumschlag; häufig Durchgang einer Front.

b) Bewölkung, Sonnenschein: zunächst Aufzug hoher Wolken, dann Bewölkungszunahme, im Winter häufig Aufgleiten (Schichtbewölkung), im Sommer stark quellend. Späterer Niederschlag, im Winter oft als Schnee beginnend, dann Regen, im Sommer schauerartig mit Gewittern. Sonnenschein unterschiedlich, im Tagesverlauf abnehmend.

c) Sicht, Helligkeit: anfangs kein Dunst und gute Sicht, später zunehmend dunstig. Tageshelligkeit anfangs groß mit hartem Licht, dann abnehmend und weiches Licht.

d) Temperatur-Feuchte-Milieu: relativ zur Jahreszeit (sehr) warm — (sehr) trocken in raschem Übergang zu (sehr) warm — (sehr) feucht oder auch anhaltend warm feucht. Im Winter aufkommendes Tauwetter, im Sommer häufig schwül. Starke Abweichungen von der jahres- und tageszeitlichen Norm.

e) Luftdruck. Zunehmender Luftdruckfall; nach Frontdurchgang oft sprunghafter Anstieg.

f) Boden- und Höhenwind: auffrischender Bodenwind aus Süd bis Südwest, später rechtsdrehend, kräftiger Höhenwind, mit der Höhe noch auffrischend und rechtsdrehend.

g) Vertikale Temperaturschichtung: bei noch warmer Bodenschicht zunehmend labil durch Abkühlung in der Höhe; im Winter manchmal Aufgleitinversion.

h) Störtätigkeit im elektromagnetischen Langwellenbereich: mäßig bis stark aus dem Fernfeld, rasch zunehmend aus dem Nahfeld; oft insgesamt maximale Störtätigkeit.

i) Sonstige meteorologische Merkmale: selten Tau oder Reif; örtliche Wetterzeichen deuten auf baldige Wetterverschlechterung.

Wetterphase 5

Wetterphase 5 entwickelt sich aus Wetterphase 4, seltener unmittelbar aus Wetterphase 3; geht über in Wetterphase 6. Im allgemeinen geringe, nur bei besonderen Wetterlagen größere Erhaltungstendenz.

a) Wettereindruck: ausgeprägtes Schlechtwetter.

b) Bewölkung, Sonnenschein; Meist bedeckt mit dichter Bewölkung, gemischt aus Schicht- und Turbulenzwolken. Fast immer Niederschlag, im Winter Schnee oder Regen, im Sommer am Gebirgsrand länger anhaltender Starkregen, im Flachland Durchzug größerer Regengebiete. Sonnenschein stark eingeschränkt, 0 — 30 % der jahreszeitlich möglichen Dauer.

c) Sicht, Helligkeit: schlechte Sicht durch Dunst, Niederschlag und tiefhängende Wolken. Tageshelligkeit stark vermindert und sehr weiches Licht.

d) Temperatur-Feuchte-Milieu: relativ zur Jahreszeit im Sommer kalt-feucht, im Winter anhaltend warm-feucht (Tauwetter). Bei fast oder ganz unterbundener Einstrahlung keine nennenswerte Tageserwärmung. Mäßige, nachmittags auch starke Abweichungen von der jahres- und tageszeitlichen Norm.

e) Luftdruck: relativ niedrig, unregelmäßig steigend.

f) Boden- und Höhenwind: kräftiger, zeitweise böiger Bodenwind, meist aus West bis Nordwest. Starker bis stürmischer Höhenwind mit Nordkomponente.

g) Vertikale Temperaturschichtung: labil durch starke Abkühlung in der Höhe bei kalter Bodenschicht.

h) Störtätigkeit im elektromagnetischen Langwellenbereich: Die starke Störtätigkeit aus dem Nahfeld überwiegt die Störung aus dem Fernfeld.

i) Sonstige meteorologische Merkmale: kein Tau, kein Reif; Erdboden regennaß oder schneebedeckt.

Wetterphase 6

Wetterphase 6 entwickelt sich aus Wetterphase 5, seltener unmittelbar aus Wetterphase 4; geht über in Wetterphase 1 oder 2; oft große Erhaltungstendenz.

Nicht selten tritt Wetterphase 6 auch ohne Bindung an den Kreislauf der Wetterphasen unregelmäßig auf.

a) Wettereindruck: Wetterberuhigung oder schwach gestörtes Wetter.

b) Bewölkung, Sonnenschein: beginnende Wolkenauflockerung oder wechselnde, meist lockere Wolkenfelder. Abklingende Niederschlagstätigkeit, oft noch leichte Schauertätigkeit oder Strichregen. Sonnenschein 20 — 50 % der jahreszeitlich möglichen Dauer.

c) Sicht, Helligkeit: häufig trüb und dunstig, im Tagesverlauf Sichtbesserung, abends gute Sicht. Tageshelligkeit wechselhaft, oft ziemlich kontrastreiches Licht.

d) Temperatur-Feuchte-Milieu: relativ zur Jahreszeit kalt-trocken. Anfangs starke, später geringere Abweichungen von der Norm oder nahezu normale Verhältnisse mit häufigen, jedoch geringen Schwankungen um die jahres- und tageszeitliche Norm.

e) Luftdruck: regelmäßig steigend oder geringe nicht periodische Schwankungen.

f) Boden- und Höhenwind: Bodenwind unregelmäßig, abflauend. Höhenwind oft noch kräftig, aber in der Höhe abflauend.

g) Vertikale Temperaturschichtung: bei noch kalter Bodenschicht beginnende Stabilisierung von der Höhe her oder uneinheitliche, im ganzen stabile Schichtung.

h) Störtätigkeit im elektromagnetischen Langwellenbereich: gering und überwiegend aus dem Fernfeld oder kurzzeitig aufflackernd aus dem Nahfeld.

i) Sonstige meteorologische Merkmale: selten Tau oder Reif; im Herbst und Winter häufig trockener Nebel oder Hochnebel mit Auflösungstendenz.

Das Wetterphasenschema von UNGEHEUER wurde von BREZOWSKY erweitert, der eine wetterablaufspezifischere Einleitung durchführte. Dieses Wetterphasenschema gibt einen guten Überblick über die wetterbedingten Biotropiefaktoren.

In ihm sind nun alle meteorologischen Elemente und Komplexe enthalten, die eventuell auf den Organismus einwirken können. Mit diesem Schema konnten bereits zum Teil recht brauchbare Ergebnisse erzielt werden.

Es leistet auch heute noch in der Bundesrepublik Deutschland recht gute Dienste bei medizinmeteorologischen Prognosen und Auskünften.

In Österreich ist man von diesem Wetterphasenschema abgegangen, da die Alpen das Wettergeschehen sehr stark verändern, so daß die Wetterphase von Ort zu Ort bereits unterschiedlich ist, was eine medizinmeteorologische Untersuchung sehr erschwert.

Dafür wurde von MACHALEK das sogenannte Biowetter eingeführt, das für einen größeren Raum Gültigkeit hat und vor allem dem Wetterfühligen die Möglichkeit gibt, den Ursachen für seine Wetterfühligkeit auf den Grund zu gehen.

Die Erstellung des Biowetters erfolgt als Checkliste, die täglich ausgefüllt wird und u. a. spezielle meteorologische Größen enthält, die nicht in den Biowetter-Fachbezeichnungen zum Ausdruck kommen, aber für medizinimeteorologische Detailstudien große Bedeutung haben.

Bei der Beurteilung und Definition des Biowetters wird nach folgenden Gesichtspunkten vorgegangen:

- Definition der Großwetterlage,
- Vertikale Bewegungsvorgänge in der Atmosphäre aufgrund von Radiosondenmessungen, d.h. Erfassung der Absink- bzw. Aufgleitprozesse im Zusammenhang mit der vertikalen Temperaturverteilung (labile und stabile Schichtung),
- Erfassung tiefdruckbildender bzw. hochdruckbildender Prozesse mit Meso-Scale aufgrund der Berechnung der Vorticity (Wirbelgröße) und Vorticityzufuhr im 850-hpascal Niveau,
- Charakterisierung der Luftmassen und Berücksichtigung von Temperatur- und Feuchteadvektion im 850-hpas Niveau,
- Berücksichtigung bioklimatischer und luftelektrischer Größen.

Die zur Festlegung des Biowetters notwendigen Charakteristika sind der Biowetter-Checkliste zu entnehmen.

Die Biowetter-Nomenklatur (Fachbezeichnungen) sieht wie folgt aus:

A = Hochdruckwetter (antizyklonal)

B = Flache Druckverteilung, Hochdruckrandlage

C = Tiefdrucklage (zyklonal)

D = Dominante Strömungslage (mit Zusatzbestimmung für die Himmelsrichtung der Strömung)

Hinzu kommen noch folgende Indizes:

1+	=	Warmluftzufuhr in mittleren und höheren Schichten der Atmosphäre
1—	=	Kaltluftzufuhr
2	=	Frontdurchgang oder Frontannäherung
3	=	Föhn, föhnige Effekte

A = Hochdruckwetter

Charakteristikum: antizyklonales Wetter

Hochdruckkern über oder in der Nähe von Mitteleuropa

Dynamik: Absinkbewegung

Luftzufuhr: keine oder gering

Himmelsbild: wolkenlos bis wolkig

schwache Luftbewegung

im Sommer geringe oder mäßige Labilität, Quellwolkenbildung, Gewitter

im Winter stabile Schichtung, Inversion, Hochnebelbildung

B = Flache Druckverteilung

Charakteristikum: Übergangswetter mit schwach fallendem Luftdruck

flache Luftdruckkonfiguration ohne besondere Aktionszentren (Hoch, Tief) in der Nähe von Mitteleuropa

Dynamik: nicht definierbar, schwach

Luftzufuhr: mäßig bis stark

Himmelsbild: wechselnde, meist starke Bewölkung

Niederschlag, vielfach in Schauerform (gering)

meist windschwach

C = Tiefdrucklage

Charakteristikum: zyklonales Wetter

Tief mit Kern über Mitteleuropa

Dynamik: Aufsteigprozesse

Luftzufuhr: mäßig bis stark

Himmelsbild: starke Bewölkung mit Niederschlag

Störungsfronten

D = Dominante Strömungslage

DW, DNW: West- oder Nordwestwetterlage

Charakteristikum: unbeständiges, wechselhaftes Wetter

zonal orientierte Zirkulationsform mit lebhafter Höhenströmung

Dynamik: mäßige bis starke Turbulenz

Luftzufuhr: mäßig, vor allem im Winter

Himmelsbild:zeitlich und räumlich recht unterschiedliche Bewölkung

mäßig bis lebhafte Winde

Störungsfronten

DS, DSW: Süd- oder Südwestwetterlage

Charakteristikum: meridional orientierte Zirkulationsform mit mäßiger bis lebhafter Höhenströmung, eventuell mit Aufgleitvorgängen

Dynamik: mäßige bis starke Turbulenz, vielfach auch Absinkbewegung

Luftzufuhr: mäßig bis stark

Himmelsbild: schichtförmige Bewölkung

Aufgleitregen

mäßige bis lebhafte Winde, im Gebirge Föhn

Störungsfronten

Föhn

Föhn wird meteorologisch als Fallwind definiert. Eine großräumige Luftströmung muß ein Bergmassiv überwinden, das senkrecht zur Strömungsrichtung liegt. Die Luftmassen müssen also aufsteigen, um dieses Hindernis überqueren zu können.

Die Luftmasse, die auf der Leeseite (der dem Wind abgewandten Seite) eines Gebirges wieder zu Tal sinkt, verfügt nur mehr über geringe Luftfeuchtigkeit, weil die ursprünglich vorhandene Feuchtigkeit schon an der windzugewandten Gebirgsseite ausregnete. Gleichzeitig erwärmt sich die vom Gebirge absinkende Luft um 1 Grad pro 100 m, und so kommt sie im Tal als trockene und warme Luft wieder an.

Diese Erwärmung ist ein thermodynamischer Vorgang, die Luftmasse wurde also nicht bereits als Warmluft herangeführt, sondern erst durch das Absinken beim Überströmen des Berges erwärmt.

Die Ansicht, daß im Flachland »warmer Wind« bereits Föhn sei, ist falsch, da Föhn erst durch ein Gebirge entstehen kann. Wenn man zum Beispiel in Wien von Föhn spricht, so handelt es sich lediglich um eine Warmluftmasse, die aus Südeuropa herangeführt wurde. Medizinmeteorologisch gesehen verursacht vor allem die Absinkbewegung die biotrope Wirkung des Föhns.

Der Föhn stellt nur eine Übergangswetterphase dar, die aber verschiedene physische und psychische Reize ausüben kann. Unklar sind die Ursachen der Föhnwirkung.

Die am häufigsten vertretene Föhnwirkungstheorie beruht auf dem luftelektrischen Klärungsversuch. Sfericsregistrierungen zeigten am Tage, bevor Föhneinfluß wirksam wurde, ein Absinken der Impulse und am Tag darauf eine Maximum. Auch die Ionenkonzentrationen unterliegen bei Föhn markanten Abweichungen. Eine endgültige Klärung konnte aber bis heute noch nicht erzielt werden.

Es steht jedoch fest, daß der Föhn auf viele Menschen eine biotrope Reizwirkung ausübt, wobei der Organismus sehr verschiedenen Reaktionen zeigen kann.

Die hauptsächlichen Föhnbeschwerden sind: Migräne, Schwindelgefühl, Kopfschmerzen, Übelkeit, Ermüdung, Flimmern vor den Augen, Schwächeanfälle, Atembeschwerden, Blutdruckabfall, Herz- und Kreislaufstörungen, Blutdruckschwankungen, Verlangsamung der Reaktionszeit, Vergrößerung der Schmerzempfindlichkeit, Entzündungen, Blutungen, Thrombosen. Im Salzhaushalt treten Störungen mit einer Verschiebung im Elektrolytstoffwechsel auf, wovon der Kalzium-, Kalium- und Magnesiumvorrat besonders betroffen sind.

Vor allem psychisch labile und kranke Menschen reagieren auf Föhn. An Föhntagen nimmt die Gereiztheit zu,ebenso Müdigkeit und Arbeitsunlust. Besonders Vierzig- bis Fünfzigjährige leiden unter Depressionszuständen. An solchen Tagen sind bis zu 20 % mehr Selbstmorde zu verzeichnen. Aber auch die Anzahl der Alkohol- und Drogenpatienten nimmt an solchen Tagen zu.

Es ist daraus also klar ersichtlich, daß sich der Föhn unterschiedlich auswirken kann. Für manche Fälle ist es günstiger, seinen Urlaub in einem föhnfreien Gebiet zu verbringen, weil sonst die Erholung in Frage gestellt ist. Die nachfolgende Föhnkarte soll eine solche Entscheidung erleichtern.

Aber nicht nur der Alpenföhn ist biotrop wirksam, sondern auch alle ähnlichen trocken-warmen Fallwinde, die z.B. in Nordafrika, im mittleren Westen der USA und Kanadas, in Neuseeland und Argentinien auftreten können.

Die biotrope Wirkung des Fallwindes ist aber nicht unbedingt Voraussetzung für organische Reaktionen, denn auch in absolut föhnfreien Gegenden leiden Wetterfühlige besonders an Tagen mit Warmluftzufuhr. So können auch trocken-heiße Wüstenwinde körperliche Beschwerden auslösen.

Durch vermehrtes Schwitzen steigt der Natriumverbrauch des Körpers, was aber gleichzeitig eine Kaliumverschiebung bedeutet. Folge davon ist eine ungünstige Auswirkung auf die Muskeltätigkeit, besonders auf den Herzmuskel. Aber auch die Atmung wird beeintächtigt, weil der Sauerstoffpartialdruck in den Lungen und im Blut verringert wird.

Eine weitere Erscheinung bei Warmluftzufuhr ist die sogenannte Frühjahrsmüdigkeit. Sie beruht auf einer Stoffwechseländerung und einer Verschiebung des Hormonhaushaltes. Es muß aber nicht immer ein Warmluftreiz sein, der physische und psychische Reaktionen auslöst. Auch Kaltluft kann biotrop wirksam sein. Die Symptome der Wetterfühligkeit sind keinem klar zu definierenden Wetter zuzuschreiben.

FÖHNKARTE FÜR DEUTSCHLAND-ÖSTERREICH-SCHWEIZ

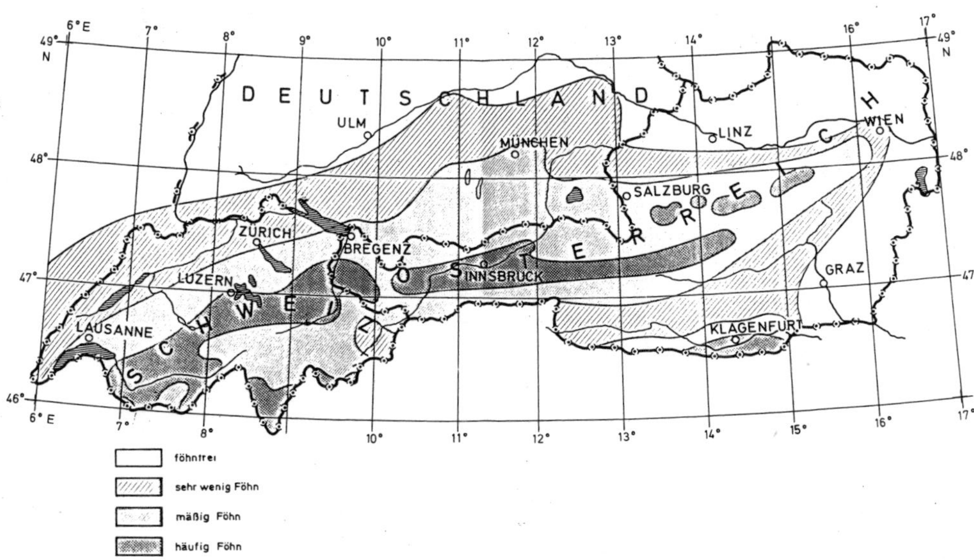

Der Einfluß des Gebirges

Medizinmeteorologische Studien müssen von folgenden Voraussetzungen ausgehen:

1. Das Wetter bzw. Klima übt einen mehr oder weniger großen Einfluß auf den gesunden und kranken menschlichen Organismus aus.
2. Da der Mensch ein äußerst kompliziertes biologisches System und das Wetter ein sehr kompliziertes physikalisches System ist, sind die Wechselwirkungen sehr komplex und im Einzelfall schwer durchschaubar.

Wird der Mensch geänderten Wetter- oder Klimabedingungen ausgesetzt, so kann dies sowohl günstig als auch schädlich auf ihn wirken.

Die Erfassung dieser Problematik wird umso schwieriger, je komplizierter die Wettervorgänge sich gestalten.
Dies trifft vor allem dann zu, wenn noch zusätzlich durch das Landschaftsrelief bedingte Effekte auftreten, wo die lokale Gebundenheit dieser durch die Landschaft veränderten Wettervorgänge von großer Bedeutung sein kann.

Durch ein Gebirgsmassiv können folgende Wettermodifikationen auftreten, die unterschiedliche Effekte hervorrufen: Änderung der Verlagerungsgeschwindigkeit bzw. der Intensität von Fronten, Einfluß auf die Höhenströmung infolge Luv- und Leewirkung, Kondensationsprozesse infolge von Hebungsvorgängen, wolkenauflösende Wirkung durch Absinkbewegungen, Begünstigung lokaler Boden- oder Hochnebelbildung, Stauniederschläge, Ausbildung von Fallwinden im Lee (Föhn) und von Berg- und Talwindsystemen.

Die Bedeutung dieser Effekte bei medizinmeteorologischen Problemen liegt auf der Hand, denn ein und dieselbe Wetterlage muß für verschiedene Orte unterschiedliche, medizinmeteorologische Auswirkungen zeigen, selbst wenn sich diese Vorgänge auf relativ kleinem Raum abspielen.

Wichtig bei medizinmeteorologischen Studien (und das nicht nur in einem Gebirgsland) ist die Tatsache, daß Wettervorgänge nicht nur auf den Organismus kranker, sondern auch auf den gesunder Menschen wirken.

Das ist aber gerade im Gebirge von Bedeutung, wo kleinräumige Effekte zusätzliche Wetterphänomene hervorrufen. Es ist zum Beispiel bekannt, daß der Föhn sich auch auf Psyche und Körper des gesunden Menschen auswirkt.

Und gerade hier müssen medizinmeteorologische Studien sowohl den kranken als auch den gesunden Organismus in Betracht ziehen.

Neben der örtlichen Dimension der Wettererscheinung ist vor allem auch die Dauer der einzelnen Wetterlagen von Bedeutung. Denn der Organismus wird sowohl durch Wetterwechsel als auch durch Dauerhaftigkeit des Wettergeschehens beeinflußt.

Unter diesem Aspekt gewinnt auch das Kurortklima bzw. der Erholungswert verschiedener Klimate eine neue Dimension. Auswirkungen des Wetters werden hierbei von gesunden Menschen registriert.

Der photoaktine Wirkungskomplex

Durch den Gebirgseinfluß wird vor allem die biologische Wirkung des kurzwelligen Spektralbereiches verändert, da ja die Intensität der Strahlung stark von der Seehöhe abhängt.

Die Wirkung destruktiver Art in Form von Zellzerstörung und auch die spezifische Wirkung photochemischer Art durch **ultraviolette Strahlung** hängt eindeutig mit der Höhenlage zusammen, was auf die Abnahme der Luftmasse mit der Höhe und die damit verbundene geringere UV-Absorption der Luft zurückzuführen ist.

Die therapeutische Wirkung von UV im Höhenklima ist nicht nur bei Lungentuberkulose wichtig, sondern liegt auch in der vermehrten Bildung von Vitamin D aus Provitaminen der menschlichen Haut, was etwa bei der Heilung von Rachitis und anderen Krankheiten von Bedeutung ist.

Aber auch der gesunde Mensch erfährt durch die im Gebirge verstärkte UV-Strahlung verschiedene Einflüsse: Vermehrter Grundumsatz des Stoffwechsels sowie des Eiweißabbaus; Vertiefung der Atemzüge und damit eine verbesserte Sauerstoffausnutzung; Regulierung des Blutkreislaufes (Blutdrucksenkung mit ansteigender Seehöhe); Änderung der Blutbeschaffenheit durch Anstieg der Erythrozyten und des Hämoglobingehaltes; Änderung innersekretorischer Funktion, wie zum Beispiel Steigerung der Schilddrüsenfunktion; Besserung des allgemeinen Gesundheitszustandes infolge Steigerung der Leistungsfähigkeit und Herabsetzen der Grippeanfälligkeit.

Die längerwelligen Spektralbereiche erfahren durch das Höhenklima nur wenig Veränderungen und wirken letztlich durch die Gesamtheit aller Bereiche auf den Organismus.

Der luftchemische Wirkungskomplex

Da der Großteil der Schadstoffe in der Atmosphäre durch Hausbrand, Industrie und Verkehr produziert wird, tritt das Maximum der giftigen Stoffe in und um Ballungszentren auf.

Die Gebirgsluft hingegen ist relativ frei von Schadgasen. Wichtig für die Wirkungsweise des luftchemischen Komplexes ist aber in erster Linie die Luftdruckverminderung durch steigende Seehöhe, was eine Abnahme des Sauerstoffpartialdruckes bedeutet.

Dies bedingt unmittelbar eine Abnahme der Sauerstoffsättigung des Blutfarbstoffes Hämoglobin, dessen Aufgabe es ja ist, den bei der Atmung in die Alveolen der Lunge eingebrachten Sauerstoff zu binden und ihn in den Blutkreislauf zu transportieren.

Der Rückgang des Sauerstoffgefälles zwischen Blut und Zellgewebe durch geringe Abweichungen der Sauerstoffsättigung des Hämoglobins löst also schon bei Höhen um 1000 m Reaktionen im Organismus aus (Höhenreiz).

Als der primäre Angriffspunkt des Höhenreizes gilt das vegetative Nervensystem, da die Veränderungen seines Gleichgewichtes bereits Aussagen über das Ausmaß der Höhenwirkung ermöglichen.

Die Wirkung des Höhenklimas auf den Menschen ist unterschiedlich. Im besonderen liegt die Wirkung des Höhenklimas in folgenden Punkten: Herabsetzen der Reizschwelle der Sinnesfunktionen, Verkürzung der Reflexzeiten, Erhöhung der Herzfrequenz und des Herzminutenvolumens, Zunahme der zirkulierenden Gesamtblutmenge durch Mobilisation der Blutdepots, Herabsetzung der Magensekretion, Steigerung der Atemfrequenz.

Hinsichtlich der Veränderung im Blut wird durch das Höhenklima eine Zunahme der Zahl der roten Blutkörperchen, des Blutfarbstoffgehaltes und der Sauerstoffbindungsfähigkeit des Hämoglobins hervorgerufen.

Der Aufenthalt des Menschen im Höhenklima und die dadurch ausgelöste Reaktion des Organismus wird aber meist durch Anpassung ausgeglichen, je nach der Aufenthaltsdauer in diesem Reizklima und je nach individueller Konstitution.

Kann der Organismus sich nicht auf die geänderten Höhenbedingungen umstellen, so wirkt sich dieser Effekt krankmachend aus (Höhenkrankheit, Druckfallkrankheit).

Der luftelektrische Wirkungskomplex

Die luftelektrischen Größen hängen sehr stark von lokalen Bedingungen und Störungseinflüssen ab, wobei die biologische Wirkung dieser Größen auf direktem Weg nicht spürbar oder nachweisbar ist.

Es ist aber anzunehmen, daß rasche Schwankungen des elektrischen Feldes und vor allem elektromagnetische Impulse (Sferics) biologisch wirksam sind.

Eine Abhängigkeit von der Höhe oder durch Geländegegebenheiten (Gebirge) hervorgerufene Effekte können aber dabei nicht eindeutig nachgewiesen werden.

Der meteorologische Wirkungskomplex

Dieser Wirkungskomplex und seine Abhängigkeit von der Höhe sowie durch das Gelände bedingte Veränderungen weisen besondere Schwierigkeiten bei der Untersuchung bezüglich des Organismus auf.

Aber gerade durch Geländegegebenheiten werden die meteorologischen Abläufe derart verändert, daß ein einheitliches Arbeitsschema nur schwer möglich ist. Auslösende Wetterreize sowie die Symptome der Menschen erhalten durch ein Gebirgsmassiv eine erhöhte Unterschiedlichkeit, die bereits auf kleinem Raum voll zur Wirkung kommt.

Erst in den letzten Jahren ist man zur Überzeugung gekommen, daß für die auslösende Wirkung auf den Organismus nicht das Wettergeschehen in den bodennahen Luftschichten von primärer Bedeutung ist, sondern daß man bei meteorologischer Betrachtung die Vorgänge von der Bodenschicht bis in 12 km Höhe ins Kalkül ziehen muß, weil vor allem die vertikalen Vorgänge der Luftströmungen ein weitaus wichtigerer Faktor sein dürften.

Allerdings ist es auch hierbei außerordentlich schwierig, den Zusammenhang zu klären.

Biotrope Wettervorgänge

Wettereinflüsse bewirken meist eine Steigerung der Erregbarkeit. Es gibt einige charakteristische Wettersituationen, die als biotrop schlechthin angesehen werden dürfen.

Die Medizinmeteorologen unterscheiden dabei prinzipiell zwischen drei Wettersituationen mit großräumigen Strömungssystemen und den dazugehörigen Luftmassen: **antizyklonale** Wetterlage mit Kaltluft am Boden, mit und ohne Warmluftzufuhr in der Höhe; **meridionale** Wetterlage mit Kalt- oder Warmluft; **zonale** Wetterlage mit Kalt- oder Warmluft.

Antizyklonale Wetterlage bedeutet Hochdruckwetter und ist vor allem durch Absink- und Abgleitbewegungen in der freien Atmosphäre charakterisiert.

Allerdings können auch Inversionen auftreten, die den senkrechten Austausch der Luftmassen unterbinden, was vor allem in der Heizperiode sehr unangenehme Folgen haben kann.

Unter meridionalen Wetterlagen versteht man Luftströmungen, die vorwiegend von Nord nach Süd Kaltluft nach Mitteleuropa bringen, oder Warmluft von Süd nach Nord.

Unter einer zonalen Strömung versteht man eine Wetterlage mit einer West- oder Ostströmung. An Tagen mit solchen Wetterlagen treten gehäuft verschiedene Symptome bei Wetterfühligen auf.

Antizyklonale Wetterlage mit Warmluftzufuhr (Advektion) in der Höhe:

Erhöhte Schmerzempfindlichkeit
Konzentrationsstörungen
Schlafstörungen
Abgeschlagenheit
Verstärkung von Bronchitis, Asthma
Erkältungserkrankungen
Beschwerden bei chronischen Erkrankungen der Atemwege
Grippale Infekte

Antizyklonale Wetterlage mit Kaltluft am Boden:

Im allgemeinen gutes Befinden und keine wetterbedingten Krankheiten
Unfallhäufigkeit verringert

Antizyklonale Wetterlage ohne Warmluftzufuhr in der Höhe

Bei Wärmebelastung Kreislaufbeschwerden bei niederem Blutdruck
Im Winterhalbjahr bei Inversionswetterlagen infolge Luftverschmutzung Erkrankungen der Atemwege

Meridionale Wetterlage; Zonale Wetterlage mit Warmluft:
(Bei zonaler Strömung sind die Symptome meist weniger stark ausgeprägt.)

Nervöse Unruhe
Kopfschmerzen
erhöhte Schmerzempfindlichkeit
Schlafstörungen
Konzentrationsschwäche
Depressionen
Amputationsbeschwerden
Reaktionen durch niederen Blutdruck
Embolien
Thrombosen
Infarkte
nicht normale Blutgerinnung
Infekte
Verschlechterung für Emphysem-Patienten (Lungenblähung)
Verstärkung der Erkrankung des Nervensystems
Fieberhafte und entzündliche Prozesse
Psychische Fehlleistungen
Erhöhte Unfallgefahr

Meridionale Wetterlage; Zonale Wetterlage mit Kaltluft
(Bei zonaler Strömung sind die Symptome weniger stark ausgeprägt)

Erkrankungen der Herzkranzgefäße
Herzfunktionsschwäche, Herzschwäche
Krämpfe
Schlaganfälle
Rheuma
Migräne
Schleimhautentzündungen
Motorische Unruhe

Diese Aufzählung darf keineswegs als allgemeingültig angesehen werden. Vielmehr stellt sie einen Ansatz für medizinmeteorologische Beschreibungen dar. Außerdem muß berücksichtigt werden, daß diese Aufzählung für den deutschen Raum erstellt wurde.

Wenn man bedenkt, wie groß der Einfluß der Alpen auf das Wettergeschehen ist, so ist wohl klar, daß für die Alpenregionen nicht unbedingt die gleichen Wirkungen zu erwarten sind. Österreichische Studien haben diesbezüglich bereits recht gute Ansatzpunkte geliefert.

Es hat sich bei alpinen medizinmeteorologischen Studien ergeben, daß die meridionalen und zonalen Wetterlagen nicht so stark biotrop wirksam sind wie ursprünglich angenommen. Es sind auch nicht jene Wetterlagen, die dem Nichtmeteorologen als wetterwirksam auffallen wie z.B. rasche Wetterwechsel mit Frontdurchgängen. Es hat sich nämlich herausgestellt, daß große Personengruppen vielmehr auf jene Wetterlagen Reaktionen zeigen, bei denen nichts Spektakuläres geschieht. Das sind häufig sogar sonnige Tage, an denen man annimmt, daß von solch einem »prächtigen Wetter« nur positive Einflüsse ausgehen können.

Die biotropen Wettersituationen sind flache Druckverteilungen und Hochdruckrandlagen. An solchen Tagen existieren keine großen Druckgegensätze, und demzufolge ist es windschwach. Dafür herrscht in vielen Fällen eine starke Absinkbewegung in der freien Atmosphäre, die einen ähnlichen Einfluß auf den Organismus ausübt wie der Föhn.

Wir sind leider auch noch sehr weit von der Klärung dieser komplizierten Zusammenhänge entfernt. Eine allgemein gültige Lösung ist auch in Zukunft nicht zu erwarten. Bis heute basiert ein großer Teil der medizinmeteorologischen Erkenntnisse lediglich auf Erfahrungswerten und subjektiven Beobachtungen, jedoch nicht auf Gesetzmäßigkeiten.

Um diese Problematik zu veranschaulichen, sollen die wesentlichsten Ergebnisse medizinmeteorologischer Studien erläutert werden. Denn erst im Vergleich der Wettereinflußnahme auf Gesunde und physisch und psychisch Kranke kann die Wetterfühligkeit richtig verstanden werden.

Wettereinflüsse auf Gesunde

Vom gesunden Organismus werden die atmosphärischen Schwankungen ohne fühlbare Reaktion wahrgenommen. Er benötigt diese Schwankungen zur Erhaltung seiner Regulationsfähigkeit. Je nachdem, ob nun einzelne Faktoren des Wettergeschehens einen extremen Wert annehmen, ist der Organismus gezwungen, sich für eine Größe zu entscheiden und dafür eine andere unberücksichtigt zu lassen.

Hierbei wird oft das Beispiel des Blutdruckes in Abhängigkeit von der Temperatur angeführt. Bei sehr starker Erwärmung erstrebt die Temperaturregelung eine Erweiterung der Hautgefäße, während die Blutdruckregelung zumindest an einzelnen Stellen eine Verengung der Hautgefäße erfordert. Die Temperaturregelung zeigt sich schließlich als die stärkere, und es kommt zum Abfall des Blutdrucks, bei sehr starker Hitze bzw. Schwüle zum Hitzekollaps.

Das hängt natülich in erster Linie von der Reaktionslage des Organismus ab. Neigt zum Beispiel der Organismus schon zu einer Blutdrucksenkung seiner Gefäße, so können auch schon relativ schwache Umweltreize oder Reizkombinationen nicht mehr unmerklich kompensiert werden, sondern sie werden fühlbar und führen je nach Konstitution des Organismus zu bestimmten krankhaften Erscheinungen. Es gibt auch eine indifferente Wetterlage, bei der der Organismus die geringsten Regulierungsmaßnahmen treffen muß und bei der die normalen physischen Größen des Kreislaufes die für den gesunden Organismus typischen Mittelwerte aufweisen, sofern hier nicht andere Faktoren, z.B. psychischer Natur, einwirken.

Neben dieser Wetterlage mit ihrem ausgeglichenen Tagesrhythmus der Wetterelemente wurde auch schon von einer erschlaffenden und von einer erregenden Wetterphase gesprochen. Man nennt in diesem Zusammenhang auch eine avitalisierende bzw. vitalisierende Phase. Die verschiedenen Wetterelemente kann man extremen Reizphasen zuordnen, die aufgrund ihrer physischen Wirkung definiert sind. Für die Wärmebeanspruchung des Organismus sind die Faktoren hohe Lufttemperatur, Windstille bzw. stagnierende Luft, intensive Wärmestrahlung der Sonne und des Himmels und vor allem auch die Reflexion von Wänden oder aus der Atmosphäre selbst in erster Linie verantwortlich und werden in ihrer Komplexwirkung am besten in der sogenannten Abkühlungsgröße ausgedrückt.

Aufgrund von Experimenten kann man auch annehmen, daß die Schwankung der Lichtintensität über das Auge eine erregende oder erschlaffende Wirkung auf das vegetative Nervensystem ausübt. Dadurch wirken sich die Wetterlagen auf der Vorderseite von Tiefdruckstörungen, die mit Erwärmung verbunden sind, im Winter stärker aus als im Sommer, wo in erster Linie Kaltluftfronten von Bedeutung sind.

Auch die langwellige Impulsstrahlung der Atmosphäre, die vermutlich selektive Reizungen unseres Nervensystems hervorruft, gehört hierher. Zur physischen Wirkung der Reizkombinationen des Wettergeschehens ist grundsätzlich zu sagen, daß atmosphärische Reize auf das vegetative Nervensystem vor allem durch nicht periodische Veränderungen des Wettergeschehens, also beim Übergang von der einen Phase in die andere ausgelöst werden. Aber auch die einzelnen Phasen allein bewirken bestimmte physische Veränderungen im Organismus.

Wettereinflüsse auf Geist und Körper

Über Wetter und Krankheiten liegen wesentlich mehr Untersuchungen vor als über die Beziehung des Wetters zu psychisch Kranken oder zum gesunden Menschen. Meteorotrope Krankheiten werden durch meteorologische oder klimatische Einflüsse ausgelöst bzw. verstärkt. Man unterteilt sie in vier Hauptgruppen:

1. Saisonkrankheiten, also jahreszeitlich bedingt auftretende Krankheiten.
2. Erkrankungen aufgrund von Störungen des Hypothalamus (Teil des Zwischenhirns, Sitz mehrerer vegetativer Regulationszentren) mit den zwei Untergruppen: mäßiger thermischer Streß, worunter auch Bronchitis, Asthma, rheumatische und Herzkrankheiten, gewisse Augenleiden und Gefäßstörungen fallen, und extremer thermischer Streß wie Ödeme, plötzliche Ohnmacht, Frostbeulen, Erfrierungen, Schweißdrüsenstörungen.
3. Krankheiten, die durch UV-Strahlung hervorgerufen werden,
4. Infektionskrankheiten.

Die meteorologischen Faktoren wirken zwar auf den gesamten Organismus, doch kann man hierbei Zentren erkennen. Eines davon ist die Haut, die dreierlei Wirkeffekte zeigt: Sie leitet die Wärme, was auf die Funktion innerer Drüsen wirkt. Ein weiterer Wirkeffekt wird durch UV-Licht hervorgerufen. Drittens beeinflußt die Veränderung des Säuremantels der Haut durch verschiedene Aerosole und Gase die Schweißbildung und Verdunstung und somit das Wohlbefinden des Menschen.
Im weiteren sollen nun die wetterbedingten Einflüsse und die auslösenden meteorologischen Erscheinungen besprochen werden.

Alle nachfolgenden Angaben stammen aus Forschungsarbeiten in Deutschland:

Das **Allgemeinbefinden** verschlechtert sich bei föhnig übersteigertem Schönwetter mit Absinken bzw. Abgleitvorgängen in der Atmosphäre, bei vollzogenem Wetterumschlag bessert es sich. Ein ermattender Effekt tritt bei warmen und feuchten Wetterlagen, ein erfrischender bei kühlen und trockenen ein.

Die **Arbeitslust** bzw. Konzentrationsfähigkeit nimmt bei föhnig übersteigertem Schönwetter ab, ebenso bei aufkommendem Wetterumschlag und im feucht-warmen Milieu. Hingegen erfolgt eine Zunahme bei mildem Klima mit polarer Meeresluft, die dann als erfrischend empfunden wird.

Die **Alkoholwirkung** und der Medikamentenverbrauch sind ebenfalls bei föhnig übersteigertem Schönwetter bzw. bei aufkommendem Wetterumschlag erhöht.

Kopfschmerzen (Migräne) treten gehäuft bei beginnenden Aufgleitvorgängen, atmosphärischer Impulsstrahlung und zyklonalem Wetter auf, weniger hingegen bei Hochdruckwetterlagen ohne starke Absinkbewegungen.

Die **Reaktionszeit** wird bei Tiefdruckwetter und bei Frontendurchgängen verlängert, bei antizyklonalem (schönem) Wetter verkürzt.

Das **Schlafbedürfnis** und die Schlaftiefe sind stark erhöht nach einem Wetterumschlag, hingegen verringert bei föhnig übersteigertem Schönwetter.

Eine zyklonale Wetterlage sowie hochreichende labile Vorgänge und subtropische Aufgleitvorgänge verringern das Schlafbedürfnis. Schwüle macht sich vor allem bei der Schlaftiefe von Säuglingen negativ bemerkbar.

Die **Schmerzempfindlichkeit** ist am größten bei Frontdurchgängen, aber auch bei Wetterlagen, wo es zur Anhäufung von Schadgasen in der Bodenschicht kommt.

Amputationsbeschwerden, die sogenannten Phantomschmerzen, treten hauptsächlich bei hohem Aufgleiten und labilen Vorgängen bzw. bei meridionalen Wetterlagen auf.

Diabetes und **Embolien** werden verstärkt durch Aufgleitprozesse, wiederum bei meridionalen Wetterlagen, d. h. Wetterlagen mit Strömungskomponenten entweder aus südlichen oder nördlichen Richtungen, wobei der tropische Typ besonderes Gewicht erhält.

Erkältungskrankheiten werden durch Inversionswetterlagen begünstigt, bei denen der vertikale und zumeist auch der horizontale Luftaustausch unterbunden ist und somit die Kranhkheitskeime recht stationär bleiben.

Herz- und Kreislaufstörungen treten bei meridionalen Wetterlagen und warmen Westwetterlagen, nach neuesten Untersuchungen in Wien bei sogenannten flachen Druckverteilungen auf.

Wettereinflüsse auf psychisch Kranke

Der Anteil der Psychiatrie an der biometeorologischen Forschung ist außerordentlich gering. Wenn man bedenkt, daß sich jeder dritte klinisch Gesunde für wetterfühlig hält, so müssen wohl psychisch Kranke noch intensiver betroffen sein.

Jeder zweite Depressive, Neurotiker, Psychopath und Drogenabhängige und mehr als jeder dritte Schizophrene klagen über meteorologisch beeinflußte Befindensschwankungen.

Diesbezügliche Untersuchungen wurden von NEUWIRTH und FAUST (Medizin-Meteorologische Forschungsstelle Freiburg und Psychiatrische Nervenklinik der Universität Freiburg) durchgeführt und werden zusammengefaßt wiedergegeben.

Schizophrene begehen häufig im Anfangsstadium ihrer Krankheit Selbstmord. Zeitweise überfällt sie dann eine düstere Ahnung der drohenden Katastrophe, wobei ihr äußeres Verhalten dabei oft als normal empfunden wird.

Die stärksten biotropen Reize bei Psychopathen im weitesten Sinn sind auf der Vorderseite von Tiefdruckgebieten zu erwarten. Hier häufen sich signifikant allgemeine Verschlechterungen des Befindens, depressive Verstimmungen, Herz- und Kreislaufstörungen sowie Herzinfarkte.

In diesem Teil der Tiefdruckgebiete sind die Aufgleitvorgänge mit dem Herannahen von Warmluft in der Höhe verbunden. Bei solchen Wettersituationen häufen sich auch Schlafstörungen, Bronchialasthma, Herzinfarkte und entzündliche Erkrankungen. Beim Übergang zum Tief treten verstärkt Kopfschmerzen auf. Die Rückseite eines Tiefdruckgebietes mit Zufuhr kalter Luftmassen verstärkt die Reizbarkeit sowie

Krämpfe und Koliken. Hingegen treten bei warmen Westwetterlagen im stärkeren Maße Unfälle, Vergiftungen und Gewalttaten auf.

Schizophrene leiden sehr intensiv unter den einzelnen Wetterlagen. Besonders deutlich wird dies bei der unbestimmten Wetterlage, die meist als Übergang von Tief- zu Hochdruckgebieten auftritt. Vor allem reagieren Schizophrene auf Warmlufteinbrüche.

Depressive reagieren vor allem auf Warm- und Kaltlufteinbrüche. Neurotisch Depressive werden besonders durch warme Westwetterlagen irritiert. Hier ist im Alpenraum der Föhn ein nicht zu unterschätzender Faktor.

Bei den übrigen neurotischen Entwicklungen reagieren vor allem Pubertätskrisen und Angstneurosen auf unbestimmte, aber auch auf Wetterlagen mit Kaltlufteinbruch.

Das gleiche gilt für Alkoholiker. Die Ostwetterlage beeinflußt am ehesten Psychopathen, während Drogenabhängige von fast allen Wetterlagen betroffen sind.

Faßt man alle psychisch Kranken zusammen, so haben bei den Wetterlagen die Ost- und warme Westwetterlage den größten Einfluß. Bei den Wettervorgängen sind es sowohl das hohe Aufgleiten der Warmluft als auch die labilen Vorgänge mit Schauern und Gewittern.
Bei der Wetterdynamik sind besonders die warme Seite der Frontalzone und die Region unter dem Starkwindband biotrope Faktoren.

Das bedeutet, daß psychisch Kranke besonders auf Warmluft empfindlich reagieren. Lediglich das Zwischenhochdruckgebiet, das ja vielfach aus Kaltluft gebildet ist, beeinflußt die Reaktionsweise von Schizophrenen.

Ein wichtiges Teilgebiet ist hierbei die Selbstmordforschung. Entgegen landläufiger Meinung steigt die Kurve der Selbstmordrate im Herbst flacher an als im Frühjahr. Sie steigt im März, hat im Juni ihren Gipfel erreicht und fällt dann wieder ab. Eine Erklärung hierfür wurde noch nicht gefunden.

Depressive sind auch in klimatischer Hinsicht eine empfindliche Krankheitsgruppe. Insgesamt erweisen sich vor allem depressive Frauen als besonders gefährdet und erschöpfungsdepressiv bei Warmfronten, also bei Aufgleitprozessen.

Wichtig ist hierbei die Tatsache, daß etwa ein Drittel aller Selbstmordkanditaten über 60 Jahre alt ist. Bei den periodischen Depressionen läßt sich bei den männlichen Patienten eine Reaktion auf Warmfronteinbrüche feststellen.

Bei den typischen neurotischen Entwicklungen (z.B. Angst- und Zwangsneurose) sind Selbstmordhandlungen relativ selten. Pubertätskrisen und Charkaterneurosen scheinen hauptsächlich bei Föhn bzw. Absinkbewegungen in der Atmosphäre vorzukommen, Zwangsneurosen reagieren empfindlich bei Kaltfrontdurchgängen.

Auch Psychopathen gelten in hohem Maße als selbstmordanfällig. Zumeist weibliche Psychopathen leiden unter den meteorologischen Einflüssen. Eine weitere Gruppe mit großer Selbstmordanfälligkeit bilden die Alkoholiker.

Bereits im letzten Jahrhundert vermutete man, daß eine unterschwellige Selbstmordneigung bei entsprechenden Witterungseinflüssen verstärkt werden kann. Heute weiß man das!

Hilfe bei Wetterfühligkeit

An den Zusammenhängen zwischen biologischen Vorgängen und Wettereinflüssen ist nicht zu zweifeln — obwohl die Ursachen nicht eindeutig geklärt sind.

1986 wurde im Wiener Gesundheitsamt eine eigene Beratungsstelle für Wetterfühlige errichtet.

1992 folgte das Grazer Gesundheitsamt, welches das Trainingsangebot der Merkur Versicherung nützt.

Hier findet der Wetterfühlige Information und medizinische Hilfe — eine Weltneuheit!

Beratungsdienste für Wetterfühlige

Das **Gesundheitsamt der Stadt Wien** hat mit 3. November 1986 den medizinmeteorologischen Beratungsdienst eingerichtet, der den Interessierten kostenlos zur Verfügung steht.

Adresse: A-1010 Wien, Neutorgasse 15, Tel.: 0222 / 53114-87639, aus Deutschland: 0043 / 222 / 53114.

Das **Gesundheitsamt der Stadt Graz** führt seit Dezember 1992 ebenfalls eine Wetterfühligkeitsberatung durch (Tel. 0316 / 872-3202).

Medizinmeteorologische Beratungsdienste setzen sich aus folgenden Einrichtungen zusammen:

1. Wetterfühligkeitsberatung
2. Pollenallergieberatung
3. Beratungsstelle für Reisemedizin und Gesundheitstourismus.

Der Beratungsdienst stellt eine Erweiterung der Vorsorgemedizin dar, stützt sich auf nationale und internationale Forschungsarbeiten auf dem interdisziplinären Wissenschaftsgebiet der Medizinmeteorologie und arbeitet mit der Ludwig Boltzmann Forschungsstelle für Biometeorologie zusammen.

Aufgaben der Wetterfühligkeitsberatung:

a) Allgemein

- Individuelle Beratung im Rahmen der Vorsorgemedizin
- Medizin-wissenschaftlicher Informationsaustausch im Rahmen des Spitalwesens (Vorträge, Publikationen)
- Anlaufstelle für medizinisch-umweltbezogene Anfragen im Sinne eines umweltrelevanten Bürgerservices
- Planungshilfe für Rettungs- und Spitaldienste
- Warndienste
- Dokumentation der fachspezifischen Forschungsergebnisse

b) Individuell

Hier wird dem wetterfühligen Menschen die Möglichkeit gegeben, sich seiner wetterbedingten Leiden bewußt zu werden. Wetterbeeinflußte Krankheitsformen und Befindensstörungen liegen für Zentraleuropa vor und stehen somit für die Diagnose zur Verfügung.

- Erstellung der medizinmeteorologischen Anamnese
- Prüfung der Meteorotropie (wetterreagierend, wetterfühlig, wetterleidend)
- Überleitung und Evidenzhaltung der medizinischen Diagnose
- Kooperation mit dem medizinischen Diagnose-Therapie-Block
- Kontrolle der individuellen Wetterfühligkeitsdiagnose
- Kontrolle der patientengerechten Biofeedback-Mechanismen.

WICHTIGE ERGEBNISSE MEDIZINMETEOROLOGISCHER FORSCHUNG

	Wetter Z=zyklonal A=antizyklonal		Aufgleitvorgänge			Labile Vorgänge		Fronten			Absinkvorgänge		
	A	Z	stabil	labil	subtropisch	Grundschicht	hochreichend	WF	KF	Okkl.	Absinken	Abgleiten	Inversion
Konzentrationsfähigkeit	+.	⊘					⊘		⊘		+		
Reaktionszeit	+.	●				○	○	●	●	●	+.	●	●
Verkehrsunfälle	+.	●	+	⊘	⊘	+.	+.	⊘	⊘	⊘	+.	●	
Betriebsunfälle	+.	●			⊘		⊘	⊘	⊘	⊘	+.	●	
Schmerzempfindung	(+)	⊘		⊘	⊘	⊘	⊘	⊘	⊘		+		
Schlafbedürfnis	+	⊘		+ ⊘	+ ⊘		⊘	⊘ +	⊘	+ ⊘	○	+	+
Schlaftiefe	+	⊘	(+)	●	⊘	○	+	●	○	○	M +	●	
Bronchialasthma	+	●	○	○	●	○	●	⊘	●	●	+	+	●
Schlaganfall	+	⊘			●			⊘	●	○			
Angina pectoris	+.	●	+	●	●	+	●	⊘	●	○	+.	+	
Herzinfarkt	+.	●		●	●	⊘	⊘	●	●	●	+.	⊘	○
Herztod	+.	●	○	●				●	●		+.	⊘	
Todesfälle	+.	●	⊘	●	●	+.		●	●	●	+.	⊘	⊘
Embolie	+	⊘	+	⊘	⊘	○	⊘	⊘	⊘	○	+	○	⊘
Nierenkolik	+	⊘			●				●		+.	+	
Gallenkolik	+	⊘			●				●		+	+	
Magenperforation	+	⊘	⊘	⊘	⊘	+	+	⊘	●	⊘	+.	+.	○
Blinddarmentzündung	+	⊘			●		●				+.	+.	○
Vorderkammerblutg.n.Aug.Op.	⊘											⊘	
Glaukom	+	⊘						⊘	⊘	⊘		⊘	
Kopfschmerz	+	⊘			⊘			⊘		⊘			
Selbstmord	+	⊘			⊘				⊘				
Wetterstd. 1955–58 in %	54,5	45,5	9,4	2,3	21,2	1,3	4,3	2,0	3,9	1,1	23,4	31,1	etwa 30% d.Abgleitvorgänge
Grad der Biotropie													
"			mässig bis schwach	stark	sehr stark	schwach	mässig	stark bis mässig	stark bis mässig	stark	indifferent	schwach bis indiffer.	stark bei mehrtäg. tiefliegdr. Invers.unt. 1000 m

Zusammenfassung einiger wichtiger Ergebnisse medizinmeteorologischer Forschung, aufgeteilt nach zyklonalem und antizyklonalem Wetter und nach den einzelnen Wettervorgängen. In der letzten waagerechten Reihe das prozentuale Vorkommen der Wettervorgänge, woraus sich die Bedeutung der einzelnen Wettervorgänge für die verschiedenen Erkrankungen ablesen läßt. + = günstiger Einfluß, +. = statistisch gesicherter günstiger Einfluß, ○ = Einfluß bisher nicht sicher feststellbar, ⊘ = ungünstiger Einfluß, ● = statistisch gesicherter ungünstiger Einfluß (n. Becker u. Ströder)

(aus: Amelung, Bäderhandbuch)

Aufgaben der Pollenallergieberatung

- Anamnese und Sichtung der bereits vorhandenen Diagnosen der Pollenallergie
- Beratung des Allergikers
- Überleitung zur Pollentherapie
- Archivarische Bearbeitung der Pollenallergie-Daten

Aufgaben der Beratungsstelle für Reisemedizin und Gesundheitstourismus

- Wohnortberatung nach bioklimatischen Gesichtspunkten
- Urlaubsberatung unter Berücksichtigung individueller Anpassungsmechanismen
- Information über Akklimatisation
- Beratung über die natürlichen Heilvorkommen in Österreich
- Kurorte- und Heilbäderberatung

Ziele der Beratung

- Kontakthilfen zwischen Biowissenschaften und Menschen
- Bürgerfreundliches Informations- und Dokumentationswesen
- Analyse medizin-umweltmeteorologischer Probleme im Rahmen interdisziplinärer Forschungskonzepte
- Bewußtseins- und Meinungsbildung im Rahmen der umweltbezogenen Vorsorgemedizin.

Sinn und Zweck der medizinmeteorologischen Beratung liegt nicht in medizinischer Behandlung, sondern in der Hilfeleistung bei umweltspezifischen Gesundheitsproblemen.

Zunächst wird daher der Medizinmeteorologe oder ein Pollenfachmann die Beratung durchführen, da ja in den meisten Fällen medizinisch geklärte Symptome vorliegen.

Durchführung der Beratung

In der Regel wird die medizinmeteorologische Beratung für Wetterfühlige folgenden Ablauf nehmen:

1. Datenerfassung

   Der Kanzleidienst (KD) führt die Grunddatenerfassung des Wetterfühligen durch. Karteianlegung mit Stammblatt.

2. Primärinformation

   Der Wetterfühlige teilt dem Medizinmeteorologen (MM) seine Erfahrungen mit. Anlegung des Dekursblattes mit Festhaltung der Symptome, Befunde und Beschwerdenverläufe.

   Je nach medizinischer Abgeklärtheit folgt Pkt. 3 oder Pkt. 4.

MEDIZINMETEOROLOGISCHE BERATUNG FÜR WETTERFÜHLIGE

FLUSSDIAGRAMM

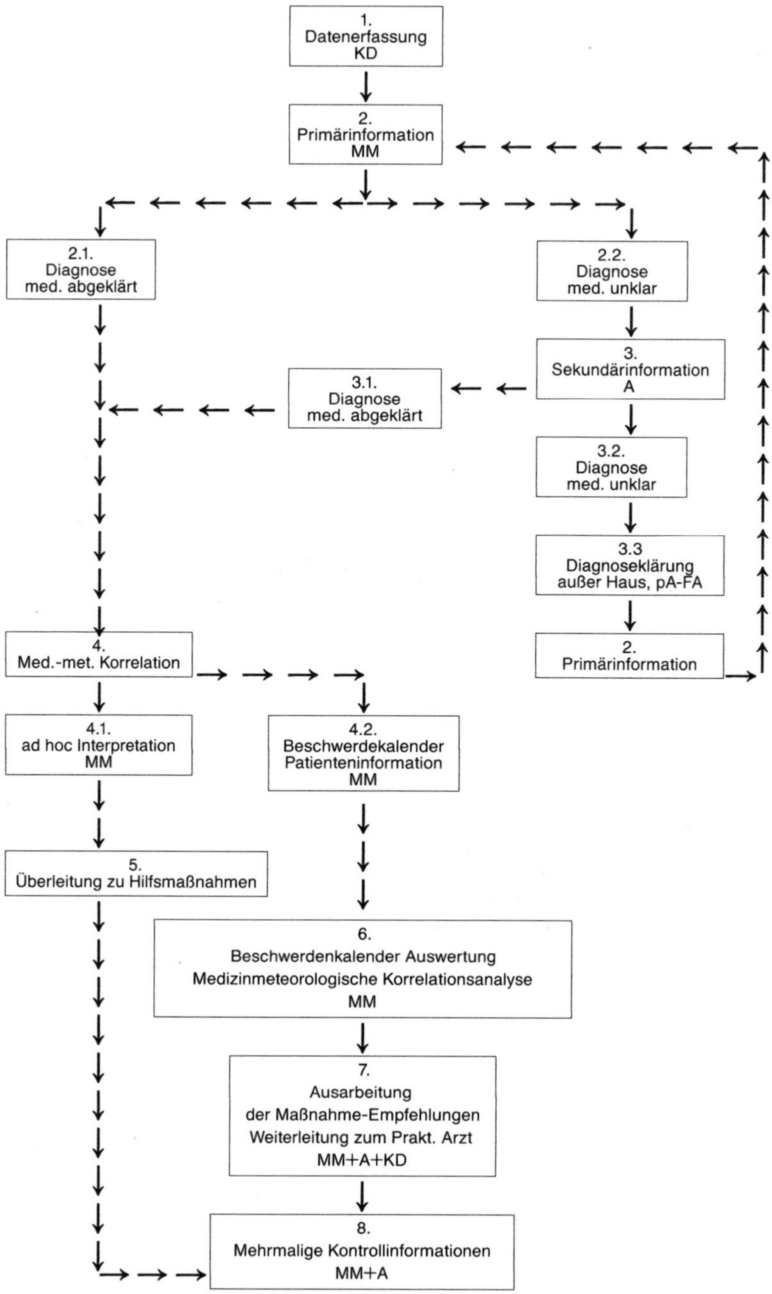

Erklärung: MM = Medizinmeteorologe · A = Arzt · KD = Kanzleidienst

3. Sekundärinformation

   Der anwesende Arzt (A) versucht den Wetterfühligen symptomatisch zu erfassen. Wenn keine Diagnoseerklärung intern möglich ist, so hat externe Klärung zu erfolgen (pA, FA, prakt. Arzt, Facharzt).

4. Medizinmeteorologische Korrelation

   Prüfung der Wetterfühligkeitszusammenhänge und statistische Auswertung.

5. Überleitung

   Gemeinsam mit dem Wetterfühligen soll sein Problem geklärt werden. Verhaltensempfehlung.

6. Auswertung der Beschwerdenkalender

7. Ausarbeitung der Empfehlungen

   Weiterleitung zum praktischen Arzt mit individuell erarbeitetem Verhaltenskonzept.

8. Mehrfachkontrollen

   Mehrfachkontrollen sind nötig, um Verhaltenskorrekturen durchführen zu können.

Wetterfühligkeits-Therapiezentren

Die Arbeit der Wiener Beratungsstelle für Wetterfühlige ermöglichte die wissenschaftlich fundierte Basis zur Schaffung einer Wetterfühligkeits-Therapie, die in Österreich an zwei Kurorten durchgeführt wird. 1988 entstanden die ersten Wetterfühligkeits-Therapiezentren.

Wien-Oberlaa, Kurzentrum

Wetterfühligkeits-Therapiezentrum für Ambulante Behandlung

A-1100 Wien, Kurbadstraße 10, Tel. 0222/681611 (von Deutschland 0043/222/681611).

Das spezifische Kurmittel des Kurzentrums Oberlaa ist die Schwefeltherme. Das Wasser kommt aus 418,5 m Tiefe mit einer Temperatur von 53,8 Grad C. Die Quelle zählt zu den stärksten Schwefelquellen Österreichs und ist für eine therapeutische Anwendung besonders wertvoll.

Am Abhang des Laaerberges zeigt sich bereits die charakteristische pannonische Landschaft mit ihrem milden Klima. Das Milieu der Ruhe und Entspannung unterstützt den Kurerfolg.

Eine Badekur in Oberlaa erzielt mit hohem Wirkungsgrad Heilerfolge bei Erkrankungen des rheumatischen Formenkreises, krankhaften Abnutzungs- und Alterserscheinungen des Bewegungsapparates, bei Neuralgien, bei der Nachbehandlung von Knochenbrüchen und Sportverletzungen, bei peripheren Kreislaufstörungen und bei Wetterfühligkeit.

Harbach, Moorheilbad

Wetterfühligkeits-Therapiezentrum für Stationäre Behandlung

A-3970 Harbach Moorheilbad, Tel. 02858/255 (von Deutschland 0043/2858/255).

Das Moorheilbad Harbach liegt im Waldviertler Oberland zwischen Mandelstein und Nebelstein und verfügt über ein vegetativ stabilisierendes Reizklima. Das Kurmittel ist ein Hochmoortorf in verschiedener Anwendung.

Während des Kuraufenthaltes bietet das Haus beste medizinische Versorgung bei Diabetes mellitus, Fettstoffwechselstörungen, Erkrankungen des rheumatischen Formenkreises und Wetterfühligkeit.

Seit 1988 besteht im Moorheilbad Harbach die Möglichkeit, mit einem speziell auf Wetterfühligkeit abgestimmten Programm die individuell verschiedenen Beschwerden der Wetterfühligkeit zu behandeln:

Medizinische Betreuung (Vor- und Nachuntersuchung) in Form von mehreren ärztlichen Gesprächen, Anamnese, physikalische Durchuntersuchung, diverse Blut- und Harnuntersuchungen sowie spezielle Hormonuntersuchungen im Harn und im Blut.

Folgende Behandlungen werden angeboten:

- Moor- oder Medizinal- oder CO_2-Bäder,
- Heilmassagen oder Reflexzonenmassagen,
- Bürstenmassagen,
- Parafangopackungen,
- Unterwassermassagen,
- Moorwickel,
- Terrainkur,
- autogenes Training.

»MOORWICKEL«

Die »Wetterfühligkeitstherapie nach Marktl-Machalek« findet Anwendung bei wetterbedingtem Ansteigen von Migräne, Herz-Kreislaufstörungen, Rheuma und vegetativer Dystonie.

Bei allen Symptomkomplexen können als ergänzende Therapiemaßnahmen Biofeedback, Akupunktur, Homöopathie und dgl. eingesetzt werden.

Im folgenden werden für vier Beschwerdekreise die Therapiepläne bei einer dreiwöchigen Wetterfühligkeitsbehandlung vorgestellt.

Grundsätzlich muß zu den Therapieplänen festgehalten werden, daß diese als Grundgerüst aufzufassen sind und daß zusätzliche medikamentöse Therapien wie auch physikalische Anwendungen oder sonstige Maßnahmen erst nach der Erstuntersuchung individuell verordnet werden können.

Ablauf der »Wetterfühligkeitstherapie nach Marktl-Machalek«:

HERZ-KREISLAUF-BESCHWERDEN

	VORMITTAGS
1. Tag	CO_2-Bad 10 Min., Ganzmassage, Reflexzonenmassage, Liegekur
2. Tag	Heilgymnastik, Bindegewebsmassage, Liegekur
3. Tag	CO_2-Bad 10 Min., Ganzmassage, Reflexzonenmassage, Liegekur
4. Tag	Heilgymnastik, Bindegewebsmassage, Liegekur
5. Tag	CO_2-Bad 15 Min., Ganzmassage, Reflexzonenmassage, Liegekur
6. Tag	Heilgymnastik, Bindegewebsmassage, Liegekur
7. Tag	therapiefrei
8. Tag	Heilgymnastik, Bindegewebsmassage, Liegekur
9. Tag	CO_2-Bad, Ganzmassage, Bindegewebsmassage, Liegekur
10. Tag	Heilgymnastik, Bindegewebsmassage, Liegekur
11. Tag	CO_2-Bad 20 Min., Ganzmassage, Reflexzonenmassage, Liegekur
12. Tag	Heilgymnastik, Bindegewebsmassage, Liegekur
13. Tag	CO_2-Bad 20 Min., Ganzmassage, Reflexzonenmassage, Liegekur
14. Tag	therapiefrei
15. Tag	CO_2-Bad 20 Min., Ganzmassage, Reflexzonenmassage, Liegekur
16. Tag	Heilgymnastik, Bindegewebsmassage, Liegekur
17. Tag	CO_2-Bad 20 Min., Ganzmassage, Reflexzonenmassage, Liegekur
18. Tag	Heilgymnastik, Reflexzonenmassage, Liegekur
19. Tag	CO_2-Bad 20 Min., Ganzmassage, Reflexzonenmassage, Liegekur
20. Tag	Heilgymnastik, Bindegewebsmassage, Liegekur
21. Tag	therapiefrei

NACHMITTAGS

Täglich Terrainkur, zeitlich + intensitätsmäßig ansteigend (1—3 Stunden Dauer, Intensität der Belastung ansteigend). Alternativ dazu Dauerleistungstraining.

SPÄTNACHMITTAGS

18mal autogenes Training • Raucherentwöhnung.

ABENDS

Sauna und Schwimmen täglich alternierend.

Dieses Therapieprogramm stellt ein Muster dar, als Fixangebot am Vormittag gelten nur die CO_2-Bäder und die Heilgymnastik, die anderen physiotherapeutischen Maßnahmen sollten individuell verordnet werden.

VEGETATIVE DYSTONIE

VORMITTAGS	
1. Tag	Moorvollbad, Gymnastik, Liegekur
2. Tag	Ganzmassage, Medizinalbad, Trockenbürstung Oberkörper
3. Tag	Moorvollbad, Gymnastik, Liegekur
4. Tag	Ganzmassage, Medizinalbad, Trockenbürstung Unterkörper
5. Tag	Moorvollbad, Gymnastik, Liegekur
6. Tag	Ganzmassage, Medizinalbad, Trockenbürstung Oberkörper
7. Tag	therapiefrei
8. Tag	Moorvollbad, Gymnastik, Liegekur
9. Tag	Ganzmassage, Medizinalbad, Trockenbürstung Unterkörper
10. Tag	Moorvollbad, Gymnastik, Liegekur
11. Tag	Ganzmassage, Medizinalbad, Trockenbürstung Oberkörper
12. Tag	Moorvollbad, Gymnastik, Liegekur
13. Tag	Ganzmassage, Medizinalbad, Trockenbürstung Unterkörper
14. Tag	therapiefrei
15. Tag	Moorvollbad, Gymnastik, Liegekur
16. Tag	Ganzmassage, Medizinalbad, Trockenbürstung Oberkörper
17. Tag	Moorvollbad, Gymnastik, Liegekur
18. Tag	Ganzmassage, Medizinalbad, Trockenbürstung Unterkörper
19. Tag	Moorvollbad, Gymnastik, Liegekur
20. Tag	Ganzmassage, Medizinalbad, Trockenbürstung Oberkörper
21. Tag	therapiefrei
NACHMITTAGS Terrainkur bzw. Ausdauertraining.	
SPÄTNACHMITTAGS Autogenes Training · Raucherentwöhnung.	
ABENDS Sauna · Schwimmen · Wassertreten.	
Weitere Anwendungen nach Bedarf.	

BESCHWERDEN AM BEWEGUNGSAPPARAT

VORMITTAGS	
1. Tag	Parafango, Unterwassermassage, Gymnastik
2. Tag	Moorvollbad, Ganzmassage, Gymnastik
3. Tag	Moorwickel, Unterwassergymnastik, Liegekur
4. Tag	Parafango, Unterwassermassage, Gymnastik
5. Tag	Moorvollbad, Ganzmassage, Gymnastik
6. Tag	Moorwickel, Unterwassergymnastik, Liegekur
7. Tag	therapiefrei
8. Tag	Moorvollbad, Ganzmassage, Gymnastik
9. Tag	Moorwickel, Unterwassergymnastik, Liegekur
10. Tag	Parafango, Unterwassermassage, Gymnastik
11. Tag	Moorvollbad, Ganzmassage, Gymnastik
12. Tag	Moorwickel, Unterwassergymnastik, Liegekur
13. Tag	Parafango, Unterwassermassage, Gymnastik
14. Tag	therapiefrei
15. Tag	Moorwickel, Unterwassergymnastik, Gymnastik
16. Tag	Parafango, Unterwassermassage, Gymnastik
17. Tag	Moorvollbad, Ganzmassage, Gymnastik
18. Tag	Moorwickel, Unterwassergymnastik, Liegekur
19. Tag	Parafango, Unterwassermassage, Gymnastik
20. Tag	Moorvollbad, Ganzmassage, Gymnastik
21. Tag	therapiefrei

NACHMITTAGS
Täglich Terrainkur oder alternativ dazu Ausdauertraining.

SPÄTNACHMITTAGS
18mal autogenes Training.

ABENDS
Sauna und Schwimmen alternierend.

MIGRÄNE

VORMITTAGS	
1. Tag	Moorvollbad, Gymnastik, Liegekur
2. Tag	Trockenbürstung Oberkörper, Reflexzonenmassage, Armbad Rosmarin
3. Tag	Moorvollbad, Gymnastik, Liegekur
4. Tag	Trockenbürstung Unterkörper, Reflexzonenmassage, Fichtennadelbad
5. Tag	Moorvollbad, Gymnastik, Liegekur
6. Tag	Trockenbürstung Oberkörper, Reflexzonenmassage, Armbad Rosmarin
7. Tag	therapiefrei
8. Tag	Trockenbürstung Unterkörper, Reflexzonenmassage, Fichtennadelbad
9. Tag	Moorvollbad, Gymnastik, Liegekur
10. Tag	Trockenbürstung Oberkörper, Reflexzonenmassage, Armbad Rosmarin
11. Tag	Moorvollbad, Gymnastik, Liegekur
12. Tag	Trockenbürstung Unterkörper, Reflexzonenmassage, Fichtennadelbad
13. Tag	Moorvollbad, Gymnastik, Liegekur
14. Tag	therapiefrei
15. Tag	Moorvollbad, Gymnastik, Liegekur
16. Tag	Trockenbürstung Unterkörper, Reflexzonenmassage, Fichtennadelbad
17. Tag	Moorvollbad, Gymnastik, Liegekur
18. Tag	Trockenbürstung Oberkörper, Reflexzonenmassage, Armbad Rosmarin
19. Tag	Moorvollbad, Gymnastik, Liegekur
20. Tag	Trockenbürstung Unterkörper, Reflexzonenmassage, Fichtennadelbad
21. Tag	therapiefrei

NACHMITTAGS
Terrainkur täglich oder Ausdauertraining.
SPÄTNACHMITTAGS
Autogenes Training · Raucherentwöhnung.
ABENDS
Sauna · Wassertreten · Schwimmen.

Das Biowetter

Das Biowetter zeigt Zusammenhänge zwischen Gesundheit und Wetter auf. Es umfaßt meteorotrope Erscheinungsformen bei speziellen Wetterlagen, gibt Auskunft über bioklimatische Schwellenwerte, macht Aussagen über Behaglichkeitsklima und Pollenflug. Das Biowetter basiert auf Informationen und Unterlagen der Wetterdienste.

Darüber hinaus werden die primären Wetterdaten in Beziehung zu (z. B. Großwetterlagen, Strömungskonfigurationen, abgeleitete Größen der freien Atmosphäre) physiologischen und psychosomatischen Gegebenheiten gesetzt bzw. medizinmeteorologische Schwellenwerte errechnet, um daraus Hinweise für Wetterfühlige abzuleiten.

Die Biowettererstellung erfolgt auf der Arbeit eines interdisziplinären Wissenschaftlerteams (Mediziner, Meteorologen, Botaniker, Psychologen), die hierfür die eigens aufbereiteten Erfahrungsanalysen, Statistiken und Publikationen heranziehen.

Der Wetterfühlige muß daraufhin selbst aktiv werden, seinen »Wettertypus« selbst erarbeiten, um dann mit Hilfe seines Arztes Therapien durchzuführen. Ein Mißbrauch der Biowetterinformationen bzw. Verstärkung vorhandener Symptome aufgrund von Fehlprognosen ist bis dato nicht aufgetreten und auch wegen der medizinischen Integration kaum möglich.

Derzeit bieten folgende österreichische Medien Biowetterinformationen:

Printmedien:

Kurier, Oberösterreichische Nachrichten, Kleine Zeitung Kärnten,
Kleine Zeitung Steiermark, Täglich Alles,
Bild am Sonntag, Salzburger Nachrichten, Mein Einkauf.

Telefonische internationale Biowetterauskünfte:

0222 / 5332828 bzw. 0222 / 53114 / 87639.

Kurznummer: 1529 (Polleninformationen in Österreich)

Sendungen des ORF-Rundfunks

Biowetter-Nomenklatur (Fachbezeichnungen)

A: Hochdrucklage

B: Wetterlage mit schwachen Luftdruckgegensätzen, flache Druckverteilung

C: Tiefdrucklage

D: dominante Strömungslage (Strömungsindex)

1+/—: Temperaturänderung (1+: Warmluftzufuhr, 1—: Kaltluftzufuhr),

2: Frontdurchgang, Frontannäherung

3: Föhn, föhnige Effekte

Das Museum für Medizinmeteorologie

Die Österreichische Gesellschaft zur Förderung medizinmeteorologischer Forschung konnte aufgrund mehrjähriger Vorarbeiten am 19. Juni 1984 ein eigenes Museum für Wetterfühlige im Dürnhof bei Zwettl in Niederösterreich eröffnen.

Der Dürnhof, in geringer Entfernung vom Stift Zwettl, war ein klösterlicher Meierhof, der um 1200 erbaut wurde. Am 30. 1. 1210 nennt die Bestätigungsurkunde des Papstes Innocenz III. den Dürnhof »macra curia«. Die Kapelle im Dürnhof wurde im Jahre 1294 dem Apostel Paulus geweiht. Im 16. Jhdt. wurde in die Südfront des Bauwerkes eine Renaissance-Loggia und später an der Nordseite eine Freitreppe an den Kapellentrakt gebaut.

Während der acht Jahrhunderte wurde der Dürnhof mehrmals zerstört. Im Jahre 1976 begann die Rettung des durch die letzten Kriegswirren stark beschädigten Dürnhofs. Heute befindet sich das unter Denkmalschutz stehende Gebäude im Eigentum der Republik Österreich.

Das Museum für Medizinmeteorologie zeigt die Entwicklung der interdisziplinären Wissenschaft der Humanbiometeorologie von Hippokrates über Paracelsus und van Swieten bis zum Stand der heutigen Forschung. Wetterfühlige, Allergiker, Gesunde und Kranke erhalten Informationen über die verschiedenen Auswirkungen von Wetter und Klima auf den Organismus, über die Behandlung der Wetterfühligkeit, Klimatherapien, Heilbäder- und Kuraufenthalte und Urlaubsplanung.

Die medizinmeteorologische Geschichte vom vorgeschichtlichen Dämonenglauben und dem Götterglauben bis zu noch heute bestehenden abergläubischen Vorstellungen wird mit wertvollen Exponanten und Leihgaben dokumentiert.

Im Freiraum des Museums sind ein Heilkräuter-Lehrgarten nach mittelalterlichem Vorbild und ein Allergologie-Pflanzenlehrpfad angelegt. In der eigenen Gärtnerei sind Pflanzensamen und wertvolle Sammel- und Setzanweisungen zu erhalten.

Jährlich werden neu gestaltete Sonderausstellungen gezeigt.

Öffnungszeiten: Mai bis Oktober
täglich geöffnet von 10 bis 18 Uhr, Montag Ruhetag

Auskünfte: Dürnhof, A-3910 Zwettl, NÖ
Tel.: 08282 2/31 80, aus Deutschland 0043/2822/31 80
oder 0222/53114-87635.

Wetterfühlig: was tun?

Wenn man mit den Auswirkungen des Wetters auf den Organismus fertig werden will, muß man wissen, in welcher Weise sich das Wetter auf den eigenen Organismus auswirkt. Das kann man auf zwei Arten erfahren: durch Konsultation des Hausarztes und durch Selbstbeobachtung.

Für den Wetterfühligen kommt es dabei darauf an, die jeweiligen Auswirkungen des Wetters genau zu registrieren. Über Telefon (0) 11601 gibt der Deutsche Wetterdienst »medizinmeteorologische Hinweise«. In Österreich wird das »Biowetter« erarbeitet und veröffentlicht für weite Teile Europas, Tel. 0222 / 5332828.

Vor allem ist es wichtig, daß der Arzt eine eventuelle Auswirkung des Wetters bei der Anamnese festhält. Besonders wichtig ist die Frage, ob die Wetterfühligkeit angeboren oder später durch Krankheit oder Operation erworben ist.

In den Fällen, in denen die Voraussagen tatsächlich genutzt werden, hat man bereits beachtliche Erfolge erzielt. So warnen manche Ärzte aufgrund von Bioprognosen (Biowetter) bestimmte Patienten an für sie ungünstigen Tagen. In einigen Kliniken richtet man sich auch schon bei den therapeutischen Maßnahmen nach diesen Vorhersagen.
Z. B. werden in der Curchmannklinik Ostseebad, Timmendorferstrand, die Übungsprogramme der Infarktrehabilitierten nach der Wetterbelastung eingeteilt. Auch in der Sportmedizin nützt man diesen Warndienst.

Am Anfang steht das Erkennen der Ursache der Wetterfühligkeit. Dabei ist zu bedenken, daß Medikamente die Ursache der Wetterbeschwerden nicht beseitigen, sondern lediglich die Symptome reduzieren. Eine Universalpille gegen Wetterfühligkeit gibt es nicht!

Man kann auch selbst einiges tun, um gegen die Wetterfühligkeit zu kämpfen. Zunächst sollte man seine Lebensgewohnheiten überprüfen: Eß-, Schlafgewohnheiten, die tägliche Bewegung, den Konsum von Medikamenten oder Suchtmitteln, die Freizeitgestaltung und den Berufsstreß, das Lösen eigener Probleme und Konflikte.

So werden Wetterbeschwerden z. B. durch Übergewicht begünstigt. Häufigere kleine Mahlzeiten sind wesentlich gesünder als wenige üppige. Auch sollte man auf gesunde Nahrungsmittel achten.

Der tägliche Schlaf richtet sich nach dem Lebensalter, wobei es nur schwer möglich ist, hier allgemeingültige Richtlinien aufzustellen, da jeder Mensch andere Schlafbedürfnisse hat. Durchschnittlich benötigt der Erwachsene ca. sieben bis acht Stunden Schlaf. Mit dem Lebensalter nimmt das Schlafbedürfnis ab.

Das vegetative Nervensystem wird durch den übermäßigen Konsum von Alkohol, Nikotin und Medikamenten geschädigt, was sich wiederum auf die Wetterfühligkeit des Organismus auswirkt.

Die Belastung des Organismus, sei es durch Streß, körperliche Überbeanspruchung oder einen unnatürlichen Lebensrhythmus, wirkt sich ebenfalls schädlich aus, da die »Wetterregulation« nicht mehr voll funktioniert.

SIRU

Wetterfühlige tun auch gut daran, wenn sie ihren Urlaubsort nach klimatischen Gesichtspunkten auswählen. Jeder plötzliche Klimawechsel kann sich bedenklich auswirken. Ein Arzt ist hierbei auf jeden Fall zu Rate zu ziehen.

Entscheidenden Einfluß auf das vegetative Nervensystem und somit auf die Wetterfühligkeit hat nicht zuletzt auch die psychische Verfassung.

Es hängt also hauptsächlich von unseren Gewohnheiten ab, ob oder in welchem Maße wir unter dem Wetter leiden. Der Medizinmeteorologe kann hier lediglich Ratschläge geben, der Arzt kann helfen.

Lernen muß letztlich jeder selbst, wie er mit dem Wetter lebt.

Um gegen Wetterfühligkeit medizinisch etwas tun zu können, ist die Erfassung des gesamten Gesundheitszustandes des Patienten notwendig, um nicht später falsche Schlüsse zu ziehen. Aber genauso wichtig ist die Erfassung des gesamten sozialen Umfeldes (psychische Belastungen) und Verhaltensgewohnheiten.

Das setzt voraus, daß sich der beratende Arzt intensiv mit dem Wetterfühligen beschäftigt.

Der Patient erhält einen **Beschwerdenkalender,** in dem er über eine Mindestzeitgrenze von sechs Wochen täglich (in 6-Stunden-Intervallen) seinen gesundheitlichen Zustand festhalten muß.

Dabei soll er die aktuelle Wettersituation unberücksichtigt lassen. Andere Faktoren, wie private oder berufliche Belastungen, Medikamentenkonsum, überdurchschnittliche Nikotin-, Alkohol-, Ernährungsbelastungen, Aufenthaltswechsel (mehr als ein Tag), Erkrankungen, sollen im Beschwerdenkalender festgehalten werden.

Die vom Arzt ausgewerteten Befunde sowie die Einzeldaten des Beschwerdenkalenders werden mittels Computer verarbeitet und in Korrelation zu den von Meteorologen gelieferten Wetterdaten gesetzt.

EDV-Programme analysieren eventuelle Belastungen des Patienten durch Wetterreize (Biotropie-Analyse). Der Medizinmeteorologe interpretiert die mathematisch-statistischen Ergebnisse und bereitet somit die Unterlagen für den Arzt vor.

Je nach dem Schweregrad des Beschwerdebildes wird nun eine individuelle Wetterfühligkeitstherapie durchgeführt oder werden dem Patienten Empfehlungen gegeben, die er dann im einzelnen mit seinem Hausarzt bespricht.

Grundsätzlich muß zwischen Wettertraining und Wetterfühligkeitstherapie unterschieden werden:

Wettertraining

Der Wetterfühlige erhält Anleitungen zur Selbsthilfe, die auf Trainingsmethoden basieren, die über körpereigene Schutz- und Abwehrmechanismen wirksam werden. Die technische Entwicklung der letzten Jahre hat es ermöglicht, verschiedene Körperfunktionen zu erfassen und durch audio-visuelle Computeranalysen dem Patienten zu veranschaulichen. Ohne Medikamente entsteht ein Trainingsprogramm für Körperreaktionen.

Das Wettertrainings-Paket sieht folgendes vor: Biofeedback, Qi-Gong, autogenes Training, Akupunktur, Diätetik, Hydro- und Phytotherapie. Naturheilverfahren stehen im Vordergrund (z. B.: Kneipp-Anwendungen, Verabreichung von Melissengeist, Atmungsübungen), Anwendung von Kosmodisk bei Wirbelsäulenproblemen.

Wetterfühligkeitstherapie

Zur Unterstützung des Wettertrainings oder als Maßnahme bei wetterabhängigen Beschwerden, wie Rheuma, Herz-Kreislauf-Beschwerden, Migräne und vegetativer Dystonie, können gezielt Therapien eingesetzt werden. Der Wetterfühlige hat die Möglichkeit, die Therapien ambulant während sechs Wochen im Kurzentrum Wien-Oberlaa oder stationär über zwei bis drei Wochen im Moorheilbad Harbach (siehe Seite 80) zu absolvieren.

Medikamente gegen Wetterfühligkeit

Aufgrund der Objektivierung der Wetterfühligkeit kann der Patient gezielt Medikamente erhalten. Arzneien gegen Wetterfühligkeit als solche gibt es nicht!

Nachbehandlung, Nachbetreuung

Nach Absolvierung der Wetterfühligkeitstherapie bleibt der Patient in der Nachbetreuung, wobei in sechs Monatsintervallen sein Zustand kontrolliert wird. Eventuelle Nachtherapien sind dadurch möglich, wodurch die Wetterfühligkeit stark reduziert wird.

Wettertraining — Gesundheitstraining

Experten der Universität Wien, des Gesundheitsamtes der Stadt Wien und der Ludwig Boltzmann Forschungsstelle für Biometeorologie haben neue Trainingsmethoden entwickelt, um hier Hilfe anbieten zu können — für Wetterfühlige, aber auch für Migräne-Patienten, Rheumatiker und für Streßleidende.

Folgende Methoden kommen im Wetterfühligkeitstraining zum Einsatz:

Akupunktur, Akupressur

Die chinesische Medizin kennt Punkte der menschlichen Haut, deren äußere Reizung über die Leitbahnen auf Funktionsstörungen einwirkt. Für die Behandlung einer Störung sind nur wenige, oft nur eine, höchstens vier bis fünf Nadeln gleichzeitig einzusetzen.

Die Akupressur ist die punktuelle Druckausübung entweder mit den Fingerkuppen oder mit dafür vorgesehenen Instrumenten.

Wer das Verfahren erprobt hat, weiß, daß sich damit momentane und oberflächliche Unpäßlichkeiten günstig beeinflussen lassen. Siehe auch Seite 103.

Biofeedback

Mit modernen, technischen Hilfsmitteln ist es möglich, Herzfrequenz, Bauch- und Brustatmung, Hauttemperatur, Hautfeuchtigkeit sowie Muskelverspannungen und Hirnströme zu erfassen und auf Bildschirmen sichtbar zu machen. Die Möglichkeit der Erfassung dieser Körpersignale bietet eine Visualisierung der Bereiche, in denen der Patient körperliche Fehlreaktionen produziert.

Biofeedback-Training stellt einen völlig neuen Weg der Verhaltenstherapie und des Verhaltenstrainings dar. Dieses Programm ermöglicht dem Patienten eine bessere Vorbereitung auf die Belastung durch Umweltreize und daraus resultierend deren bessere Verarbeitung (siehe Seite 99).

Autogenes Training

Das autogene Training wurde aus der Hypnose entwickelt. Durch bewußte geistige Schulung wird eine Beeinflussung aus dem Inneren heraus ermöglicht. Man spricht auch von einer Weckung der Eigenkontrolle zur Selbststeuerung und versteht darunter eine bestmögliche Funktion aller Regelsysteme, um den Organismus allen Belastungen gerecht werden zu lassen.

Dies geschieht beim AT durch ein Versenken in das eigene Ich unter Ausschaltung aller Umwelteinflüsse. Man bedient sich dazu der Ruhetönung, die weiter unten erklärt wird.

Das eigentliche Üben beinhaltet die zwei Grundübungen, nämlich die Schwere- und die Wärmeübung. In logischer Folge schließen die Organübungen an.

Zuerst die Beeinflussung der Herzfunktion, dann der Atmung und der Funktion der Bauchorgane. Den Abschluß bildet die Kühle der Stirn.
Diese Übungen folgen vorgegebenen, aus der Erfahrung stammenden Formeln und können später, nach Gelingen, durch individuell gestaltete formelhafte Vorsätze ergänzt werden.

Letztere werden nach den persönlichen Bedürfnissen ausgewählt und dienen der Bewältigung spezieller Anforderungen.

Nach dem Üben muß zurückgenommen werden, das heißt, man taucht aus der Versenkung wieder in die Realität auf. Das AT erlernt man in Kursen, die u. a. von vielen Kneippvereinen angeboten werden.

Qi-Gong

Der menschliche Körper wird in der traditionellen chinesischen Medizin als integriertes, organisches Ganzes erachtet, wo das Yin-Yang-Prinzip zur Wirkung kommt.

Qi-Gong baut auf dieser Überlegung auf; es ist eine konzentrative Entspannungsübung, die aus mehreren Bewegungsabläufen besteht.

Oft wird Qi-Gong auch als Atmungstherapie bezeichnet, wobei Konzentrationsübungen, Bewegung, Wille und Vorstellung eine Reizung bzw. Aktivierung des gesamten Organismus darstellen. Siehe auch Seite 103.

Physikalische Therapie

Dazu gehören: Massagen, Heilgymnastik, CO_2-Bäder, Kräuterbäder, Medizinalbäder, Peloidbehandlungen, Terrainkuren etc.

Kosmodisk

Meinung österreichischer Ärtze:

»Aus jahrzehntelanger klinischer Erfahrung mit Degenerationsleiden kann der Versuch mit Kosmodisk zur Unterstützung der ärztlichen Behandlung von funktionellen Rückenschmerzen empfohlen werden. Dabei ist auch an die Selbsthilfe bei der Nachbehandlung zu denken.«

Univ. Doz. Dr. O. Bergsmann,
Wiener Internationale Akademie für Ganzheitsmedizin

»Bei Kosmodisk handelte es sich um ein Verfahren, mit Hilfe dessen eine symptomatische Behandlung bei degenerativen Erkrankungen der Wirbelsäule und deren Folgeerscheinungen durchgeführt werden kann. — Ein Einsatz von Kosmodisk bietet sich auch im Zusammenhang mit Kuraufenthalten an, wobei die Anwendung bereits während der Kur zu erproben wäre und nach Ende der Kur zur Sicherung und Verlängerung des erzielten Kureffektes fortzusetzen ist.«

Univ. Doz. Dr. W. Marktl
Institut für Medizinische Physiologie der Universität Wien,
Wissenschaftlicher Leiter des Bäder- und Kurorteverbandes

Funktionsprinzip

Degenerative Erkrankungen des Bewegungsapparates stellen die weitaus größte Gruppe von Gesundheitsstörungen des mittleren und höheren Lebensalters dar. Die Grundlage dieser Erkrankung ist ein Verschleiß, der sich vor allem an den Bandscheiben zeigt. Die mit dieser Erkrankung einhergehenden Schmerzen können vor allem in den Spätstadien durch Quetschung der aus dem Wirbelkanal austretenden Nerven bedingt sein, stehen aber in den früheren Stadien viel eher mit Spannungszunahme und Verkrampfungen der Rückenmuskulatur in Verbindung.

Ein wesentliches Ziel therapeutischer Maßnahmen ist das Bemühen, die abnorm verspannten Muskeln zu beeinflussen. Zur Beeinflussung und Verbesserung der muskulären Verspannung stehen verschiedene therapeutische Verfahren zur Verfügung: medikamentöse und physikotherapeutische Maßnahmen.

Die **Medikamente** sollten der Behandlung akuter Phasen vorbehalten werden, da sie keine wirkliche Behandlung der Ursachen darstellen und ihr Einsatz auch wegen möglicher Nebenwirkungen nicht unproblematisch ist. **Physikotherapeutische Maßnahmen** können nur über bestimmte Zeiträume eingesetzt werden und benötigen den Einsatz von physikotherapeutischen Instituten.

Aus diesen Gründen kommt einem Verfahren, das unabhängig von den genannten Bedingungen und überdies zeitlich beliebig einsetzbar ist, große Bedeutung zu: **Kosmodisk** (telefonische Information 0463 / 350740).

Im Bereich von Funktionsstörungen, wie Gelenksveränderungen, Überbeanspruchungen, durch Fehlhaltung bedingte Störungen des normalen Krümmungsverlaufes, muskuläre Verspannungen etc., kommt es zu 2 Effekten:

- Kosmodisk drückt dort stärker an.
- Infolge der zugrundeliegenden Störung ist dort Haut, Unterhaut und Muskulatur empfindlicher.

Dadurch werden gerade an diesen Stellen von Kosmodisk stärkere Reize gesetzt, und es bleibt auch länger bewußt.

Die Folgen sind bewußte und unbewußte Haltungskorrekturen, Verstärkung der Durchblutung und Änderung der Muskelspannung, wodurch bestehende Spannungsschmerzen gemildert werden. Es handelt sich daher um den Effekt der Automassage, der die gleichen Regelsysteme des Organismus anspricht wie z. B. Akupunktur, Akupressur, Massage usw.

Der Vorteil der Anwendung von Kosmodisk liegt darin, daß diese jeweils im einzelnen gering ausgeprägten Reize über längere Zeit kontinuierlich einwirken können: Schmerzlinderung ohne Medikamente.

Eine kombinierte Anwendung von Kosmodisk mit Maßnahmen der physikalischen Medizin erscheint besonders sinnvoll. In leichteren Krankheitsfällen ist aber auch der alleinige Einsatz von Kosmodisk denkbar. Kosmodisk verlängert auch erzielte Kureffekte bei chronischen Leiden des Bewegungsapparates.

Wetterstreß

Belastungen des Menschen und ihre Auswirkungen auf den Organismus werden im allgemeinen Sprachgebrauch oft unter dem Begriff »Streß« zusammengefaßt. Der Begriff geht auf SELYE zurück, der unter »Streß« allgemein die unspezifische Reaktion des Organismus auf jedwede Belastung versteht.

Er unterscheidet dabei zwischen dem Streß, der Reaktion des Organismus, und den Stressoren als denjenigen Reizen, die diese Reaktion auslösen. Selye hat erkannt, daß es bei Reizen bestimmter Qualität und Quantität auf den Organismus zu einer Reaktionsfolge kommt, die unabhängig von der Art des einwirkenden Stressors zum größten Teil unspezifisch und stereotyp abläuft und in drei Stadien gegliedert werden kann:

1. Alarmreaktion
2. Stadium der Resistenz
3. Stadium der Erschöpfung

Diese Dreistufen-Reaktionsfolge wurde von Selye als »Allgemeines Adaptationssyndrom« (AAS) bezeichnet. Das erste Stadium des AAS, das der Alarmreaktion gleichzusetzen ist, war auch schon früher unter anderen Bezeichnungen bekannt. Im Rahmen dieser Alarm- oder Notfallreaktion kommt es u. a. zu einer Aktivierung der Hypothalamus-Hypophysen-Nebennierenrindenachse mit dem Resultat der Ausschüttung von Kortikosteroidhormonen, zu einer vermehrten Produktion und Sekretion von Adrenalin und Noradrenalin, zu einer Erhöhung des Wachheitspegels in der Retikulärformation des Hirnstamms und zu einer Beeinflussung des limbischen Systems, worüber zentralnervöse Begleiterscheinungen, wie Störungen der Schlaf-Wach-Funktion, des Antriebes sowie Reizbarkeit und Stimmungsschwankungen, vermittelt werden.

Die Folgen der geschilderten Vorgänge sind Erhöhungen von Blutdruck, Herz- und Atemfrequenz, Zunahme der Herzleistung, Anregung der Sekretion und Motorik des Magen-Darm-Traktes usw. Im Stoffwechsel kommt es zu einem bevorzugten Fettabbau und zu einer gestörten Glukoseverwertung. Neuere Untersuchungen über das Verhalten von Hormonen bei Streß lassen vermuten, daß bei wiederholten Stressoreneinwirkungen die Produktion und Sekretion gewisser Hormone, wie des Wachstumshormons, des Prolaktins und des antidinretischen Hormons, gehemmt werden, während andere Hormone, wie etwa das Adrenalin, das Glukagon und das Renin, verstärkt gebildet werden. In beiden Fällen scheinen die Kortikosteroide eine vermittelnde Rolle zu spielen.

Die Hormone, die vermehrt produziert werden, wirken auf den Kreislauf in Form einer Erhöhung von Druck und Volumen und auf den Stoffwechsel in Form einer Erhöhung der Synthese und Mobilisation von Glukose. Die verstärkte Mobilisation von Glukose im Streß stellt keinen Widerspruch zu dem früher erwähnten Übergang auf Fettverwertung und der Störung der Glukoseverwertung dar, weil dadurch in erster Linie der Glukosebedarf des Zentralnervensystems, das kein Fett verwerten kann, sichergestellt werden dürfte.

Insgesamt lassen alle die Alarmreaktion charakterisierenden Vorgänge darauf schließen, daß es sich dabei um einen **Verteidigungsplan** des Organismus handelt, durch den der Organismus auf Arbeit vorbereitet werden soll. Die Erhöhung der Bereitschaft zur Auseinandersetzung mit der Umwelt kann letztlich in Kampf oder Flucht resultieren, wobei in beiden Fällen ein erhöhter Energiebedarf besteht. Im Stadium der Alarmreaktion werden zwar Maßnahmen zur Abwehr einer akuten Schädigung getroffen, die allgemeine Widerstandskraft gegenüber weiteren gleichzeitig einwirkenden Stressoren ist aber in dieser Phase herabgesetzt.

Für die Abwehr akuter Ereignisse, die eine Gefahr für den Organismus darstellen, ist die Alarmreaktion eine notwendige und richtige Reaktion. Solche Ereignisse, wie z. B. Vergiftungen, Verletzungen, Schock, rasche Temperaturänderungen größeren Ausmaßes, aber auch starke psychische Belastungen, treten allerdings nicht allzu häufig ein. Anders steht es mit im allgemeinen nicht als dramatisch in Erscheinung tretenden Reizen und Belastungen, wie z. B. Zeitnot, Ärger, Aufregung, soziale Probleme, Konflikte und besonders Frustrationen.

Auf diese alltäglichen und daher auch häufig auftretenden Belastungen reagiert der Körper ebenfalls mit einer Alarmreaktion, wenn auch nicht so ausgeprägt wie auf eine akute Bedrohung. In den geschilderten Fällen ist eine solche Reaktionsweise aber nicht angebracht, da Reaktionen, die eigentlich der Abwehr selten vorkommender, akuter Gefahren dienen, durch mehr oder weniger banale Ereignisse wiederholt ausgelöst werden.

Dies bleibt auf die Dauer nicht ohne gesundheitsschädigende Auswirkungen. Krankheiten, die durch einen solchen »unangebrachten Streß« ausgelöst oder durch dessen Entstehung begünstigt werden können, sind u. a. Menstruationsstörungen, Magen-Darm-Geschwür, Bluthochdruck, arteriosklerotische Herzgefäßerkrankungen und möglicherweise auch bestimmte Neurosen und Psychosen. Ausgeglichene Menschen zeigen übrigens weniger Reaktion auf Streß als andere.

FRANKENHÄUSER maß auch dem zeitlichen Verlauf der Adrenalinsekretion bei Streß eine wichtige Rolle für die Unterscheidung zwischen normalen und schädlichen Effekten zu.

Ein rascher Anstieg während und ein rascher Abfall der Adrenalinsekretion nach der Streßbelastung weist auf eine gute Belastungsreaktion hin, während ein langsamer Abfall nach der Belastung eine schlechte Anpassung signalisiert, weil der Organismus Reserven mobilisiert, die nicht benötigt werden.

Biofeedback: ein neuer Weg in der Medizin

Bei der Behandlung wetterfühliger Beschwerden hat sich ein neues Verfahren als überaus wirksam herausgestellt: Biofeedback.

Die technische Entwicklung der letzten 15 Jahre hat es ermöglicht, verschiedene Körperfunktionen zu erfassen und in audio-visuelle Signale umzuwandeln. Dies ermöglicht heute dem Patienten eine Betrachtung, Beurteilung und auch Training von Körperreaktionen auf verschiedene äußere Einflüsse. In einer Zeit, wo berufliche und familiäre Belastungen auf den Menschen verstärkt einwirken, kommt es immer wieder dazu, daß der Organismus bei Überlastung mit Veränderung reagiert, die Unbehagen und Verschlechterung des Allgemeinbefindens zur Folge haben. Biofeedback ermöglicht diesen Patienten, ihren Körper ganzheitlich bzw. Einzelreaktionen des Organismus zu beobachten, die sie dann zusammen mit dem Therapeuten analysieren und eine Verbesserung entsprechend trainieren können.

API (Applied Psychophysiology Institutes), eine Organisation mit Hauptsitz in San Francisco, beschäftigt sich seit mehr als 20 Jahren mit Biofeedback und hat in Zusammenarbeit mit namhaften Wissenschaftlern ein Computerprogramm entwickelt, das neben der reinen Beobachtung von Körperreaktionen auch spezielle Trainingsprogramme bietet.

Vor allem bei Streß, den jeder von uns in irgendeiner Weise spürt und oft als belastend empfindet, bietet dieses Programm die Möglichkeit, die vielen Reaktionen des Organismus zu beeinflussen und damit dem Patienten zu Wohlbefinden auch bei Belastungen zu verhelfen.

Mit modernsten technischen Hilfsmitteln ist es möglich, Herzfrequenz, Bauch- und Brustatmung, Hauttemperatur, Hautfeuchtigkeit sowie Muskelverspannungen und Hirnströme zu erfassen. Man kann den CO_2-Gehalt der Atemluft und damit den körperlichen Streßzustand ermitteln. Als neueste Errungenschaft steht auch die Möglichkeit einer permanenten, nichtinvasiven Blutdruckmessung zur Verfügung.

Diese Funktionen sollen im folgenden näher erläutert werden:

1. Herzfrequenz:

Im Kindesalter beobachten wir im EKG eine normale, physiologische Arhythmie, die sogenannte respiratorische Arhythmie. Bei körperlicher Belastung verschwindet sie, um sich in der körperlichen Entspannungsphase wieder einzustellen. Zu den körperlichen Anforderungen kommen im Erwachsenenalter zunehmend seelische Belastungen, so daß beim gestreßten Erwachsenen häufig sehr konstante Frequenzkurven zu beobachten sind. Mit der kombinierten Ableitung ist es möglich, dem Patienten den komplexen Zusammenhang zwischen richtiger Bauchatmung und der Herzfrequenzkurve darzustellen und ihm die Möglichkeit zu geben, durch richtiges Atmen und bewußtes Entspannen selbst die Herzfrequenz zu beeinflussen.

2. Brust- und Bauchatmungsfrequenz:

Man kann sie nicht nur quantitativ (Zahl der Atemzüge) sondern auch qualitativ (Tiefe der Atemzüge) darstellen. Wir wissen heute, daß die richtige Atmung eine kombinierte Brust-Bauch-Atmung mit Überhang der Bauchatmung ist. Falsche Reaktionen auf körperliche und seelische Belastungen bewirken eine Zunahme der Brustatmung, damit mangelnde Atmungstiefe und Konstanz der Herzfrequenz. Mittels der API-Trainingsprogramme ist es möglich, den Patienten so zu schulen, daß er, seine Atemkurven immer vor Augen, auch bei größter seelischer Belastung die richtige Atmung und damit auch Entspannung zu lernen imstande ist.

3. Hauttemperatur:

Wer kennt nicht das Gefühl der kalten Hände bei Migräne, Angst, großen Sorgen, seelischer Unausgeglichenheit? Das API-Programm ermöglicht dem Patienten eine permanente Kontrolle seiner Hauttemperatur, die mit speziellen Übungen, die dem autogenen Training entnommen sind, trainiert wird.

4. Hautleitfähigkeit:

Die Hautleitfähigkeit wird über die von der Haut permanent abgegebene Feuchtigkeit bestimmt, die immer ein Gradmesser für den seelischen und körperlichen Erregungszustand ist. Dieses vor Jahrzehnten erkannte Phänomen hat auch zur Entwicklung des Lügendetektors geführt, der im wesentlichen auf einer Hautwiderstandsmessung beruht. Jeder seelische Erregungs- und Streßzustand spiegelt sich sofort in einer Veränderung der Hautfeuchtigkeit und damit der Hautleitfähigkeit wider. Die im Zuge des API-Trainingsprogrammes erlernten Techniken ermöglichen es dem Patienten, auch die Veränderungen in der Hautleitfähigkeit kontrollieren zu lernen.

5. Muskelverspannungen:

Muskelverspannungen in allen Bereichen des Körpers können entweder Zeichen eines inneren Erregungszustandes oder einer Fehlhaltung sein. Im integrierten API-Paket sind Sensoren enthalten, um unbewußte Verspannungs- und damit Abwehrreaktionen auf seelische Belastungen zu signalisieren. Auf diese Weise ist es auch hier möglich, dem Patienten die Kontrolle dieser »unbewußten« Verspannungen zu ermöglichen. Weiters steht ein EMG-Scanner zur Verfügung, der es ermöglicht, durch Aufsetzen in verschiedenen Muskelbereichen des Körpers sofort Bilder der Muskelspannung zu liefern, die Rückschlüsse auf die Ursache dieser muskulären Verspannung, spezifisches Training und Behebung dieser unangenehmen, oft schmerzhaften Zustände ermöglichen.

6. Hirnstromableitungen:

Heute ist es möglich, ohne großen Aufwand Hirnstromaktivitäten des Patienten zu messen, die Beeinflußbarkeit durch verschiedene äußere Reize darzustellen und eine darauf abgestimmte Entspannungstechnik zu erlernen.

7. Kapnometer

Es ermöglicht die permanente Analyse des CO_2-Gehaltes der ausgeatmeten Luft, ein sehr sensibles Anzeichen für die Atemfrequenz und damit für den inneren Streßzustand.

8. Permamente, nicht invasive Blutdruckmessung:

Hier ist es erstmalig möglich, mittels einer speziellen Abnahmevorrichtung am Finger eine permanente Darstellung des systolischen und diastolischen Blutdrucks zu erzielen. Dem Patienten wird sichtbar gemacht, wie sehr sein Blutdruck auf Streßsituationen, aber auch auf bewußte und gezielte Entspannungsübungen reagiert.

Die oben angeführten Möglichkeiten zur Erfassung diverser Körpersignale ermöglichen eine Visualisierung der Bereiche, in denen der Patient körperliche Fehlreaktionen produziert. Dies erleichtert eine exakte Diagnose und in der Folge ein besseres spezifisches Training.

Biofeedbacktraining, das von den USA kommend auch in Europa Fuß zu fassen beginnt, stellt einen völlig neuen, modernen Weg der Verhaltenstherapie und des Verhaltenstrainings dar. Mittels der angebotenen Geräte und Programme sind die Patienten auf die Belastungen des täglichen Lebens besser vorbereitet.

Das Biofeedbacktraining ist in allen Bereichen der Verhaltenstherapie ideal einsetzbar. Im Gegensatz zu den bisher gängigen Möglichkeiten des Verhaltenstrainings und der Verhaltenstherapie, die im wesentlichen auf dem reinen Gespräch mit dem Patienten beruht haben, ist es hier erstmals möglich, die unmittelbare Körperantwort auf äußere Reize darzustellen, diese sofort zu besprechen und dem Patienten auch verständlich zu machen. Biofeedback spielt bei Patienten mit vegetativer Labilität bzw. bei Beschwerdebildern, wo die vegetative Komponente überwiegt, z. B. Wetterfühligkeit, eine bedeutende Rolle.

Die große Zahl der Patienten mit Angstzuständen, mit vegetativer Dystonie sowie Menschen mit Verspannungen, Migräne, Muskelverspannungen infolge beruflich einseitiger Belastung stellen die optimale Zielgruppe für den Einsatz des Biofeedbacktrainings dar. Auch im Sport und besonders im Hochleistungssport spielt das Biofeedback eine zunehmend größere Rolle, da auch hier erkannt worden ist, daß mittels selektiver, präziser Trainingsmethoden die vegetative Komponente, die eine Leistung beeinträchtigen kann, kontrollierbar ist.

Zusammenfassend kann man sagen, daß in allen Bereichen, wo vegetative Überreaktionen die Leistungsfähigkeit und das subjektive Wohlbefinden einschränken, das Biofeedbacktraining eingesetzt werden kann, also auch bei Wetterfühligkeit.

Biofeedbacktraining wird von niedergelassenen Ärzten und von vielen Kuranstalten angeboten.

Chinesische Medizin bei Wetterfühligkeit

Wetterfühligkeits-Therapien werden auch mit chinesischen Heilmethoden durchgeführt. So wird Qi-Gong angewandt, das sich aus sechs Einzelübungen zusammensetzt. Die Übungen sollten nicht ohne vorherige ärztliche Konsultation gemacht werden.

Die traditionelle chinesische Medizin stützt sich auf die alte Philosophie des Yin-Yang-Prinzips. Ursprünglich bedeutete das »Yin« die nördliche und das »Yang« die südliche, von der Sonne beschienene Seite eines Berges.

Die Yin-Yang-Polarität äußert sich in unzähligen Aspekten des Lebens und ist ständig wechselnd. Dies kommt in dem bekannten Yin-Yang-Symbol gut zum Ausdruck.

Jedes der beiden Elemente enthält den Keim des anderen in der Form des dunklen und hellen Punktes. Beide Elemente sind in einer fließenden Form vereint. Das ewig wechselnde Zusammenspiel von Yin und Yang bestimmt auch das Gleichgewicht zwischen allen Begriffspaaren. So zum Beispiel stehen Körper und Geist in gegenseitiger Verbindung genauso wie Natur und Mensch.

Der menschliche Körper wird als integriertes, organisches Ganzes betrachtet. Jedes Organ steht mit allen anderen in einer festen Verbindung, und jede Körperfunktion ist Teil einer Gesamtfunktion. Man unterscheidet zwischen den fünf »passiven« Yin- oder Speicherorganen Lunge, Milz, Herz, Niere, Leber und den fünf »aktiven« Yang — oder aufarbeitenden Organen Magen, Galle, Dünndarm, Dickdarm und Blase.

Der Körper hält ein dynamisches Gleichgewicht aufrecht, d. h., er befindet sich ständig in einem Zustand der Abstimmung von Yin und Yang, um sich auf innere und äußere Veränderungen einzustellen.

Gesundheit bedeutet einen Zustand relativer dynamischer Ausgeglichenheit zwischen dem Körper und seiner Umgebung und innerhalb des Körpers. Krankheit bedeutet eine Störung dieses Zusammenspiels.

Entsprechend der chinesischen Auffassung beruht die im Organismus, also in der Materie, wirksame Bewegung auf der Energie der beiden gegensätzlichen Kräfte und deren regelmäßigen Schwingungen. Das Yin-Yang-Kräftepaar weist aber letztlich auf die Existenz einer einzigen Kraft hin, die die alten Chinesen die alles umfassende Energie »Qi« genannt haben. Sein Leben mit diesem Qi in Übereinstimmung zu bringen, bezeichnen sie als »Tao« oder »Weg«.

Die genaue Übersetzung des Begriffes Qi ist schwierig, da er viele Bedeutungen hat. Unter anderem bedeutet er: Atem, Lebenshauch, Luft, Dampf, Vitalität, Kraft, Atmosphäre und lebenspendende Energie.

Da Qi so viele Bedeutungen besitzt, ist man von der ursprünglichen Übersetzung »Lebensenergie« zu folgender Definition gekommen: »Qi ist die Summe aller Funktionen der Lebensvorgänge«.

Qi-Gong

Qi-Gong bedeutet wörtlich übersetzt: »Übung des Atems«. Sinngemäß heißt Qi-Gong auch: »Bearbeitung der Energie — nämlich die Regulierung und Lenkung der Energie«.

Dieses Qi zirkuliert im ganzen Körper, durchströmt die Meridiane, reguliert den Aufbau, das Wachstum und den Abbau des Organismus. Es ist verantwortlich für den allgemeinen Gleichgewichtszustand des Körpers.

In der traditionellen chinesischen Medizin wird größte Bedeutung auf die Erhaltung der Gesundheit gelegt, d. h. das Qi des Körpers positiv in Fluß zu halten. Die Behandlung des Patienten bzw. seine Gesundheitserhaltung besteht nun darin, das Qi zu stärken.

Die Aktivierung und Lenkung des Qis bei Qi-Gong geschieht durch Konzentration, Atmung, Bewegung, Wille und Vorstellung, d. h. ohne Fremdeinwirkung.

Akupressur bei Wetterfühligkeit

Bestimmte Punkte an der Haut stehen über das Meridiansystem mit inneren Organen in Verbindung. Mit einem Reiz — jeweils 30 Sekunden Fingerdruck auf bestimmte Punkte — kann die Funktion dieser Organe beeinflußt werden.

Akupressur gegen Kopfschmerz:

Punkt B 10 oder G 20: seitlich der hinteren Mittellinie in Höhe des Haaransatzes.

Punkt N 1: auf der Fußsohle im vorderen Drittel.

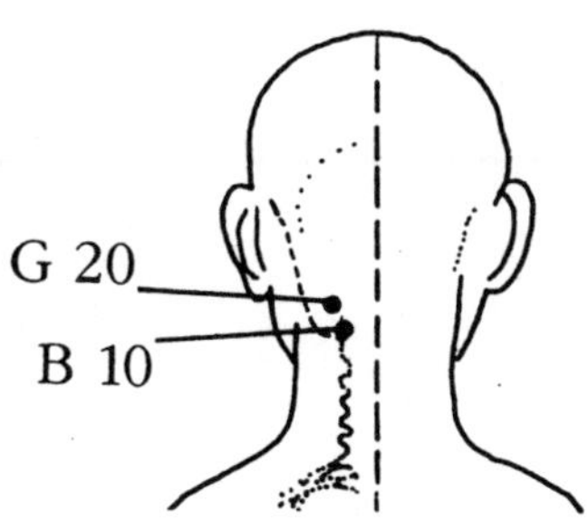

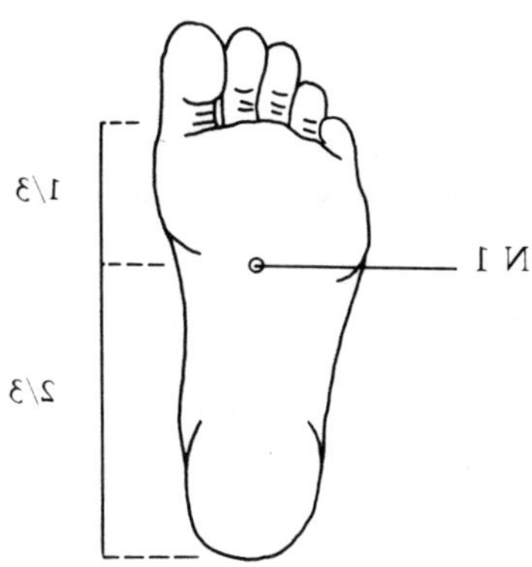

Akupressur zur Blutdrucksteigerung (bei wetterbedingt zu niedrigem Blutdruck):

Punkt 3 E4: auf dem Handrücken, in der Mitte der Handgelenksquerfalte.

Punkt KS 6: an der Arminnenseite, drei Fingerbreit oberhalb der Handgelenksquerfalte in der Mitte.

Punkt KS 7: Handinnenseite, genau in der Handgelenkquerfalte.

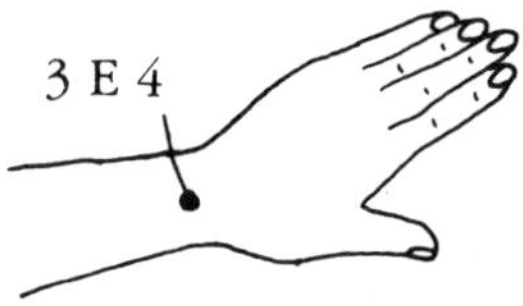

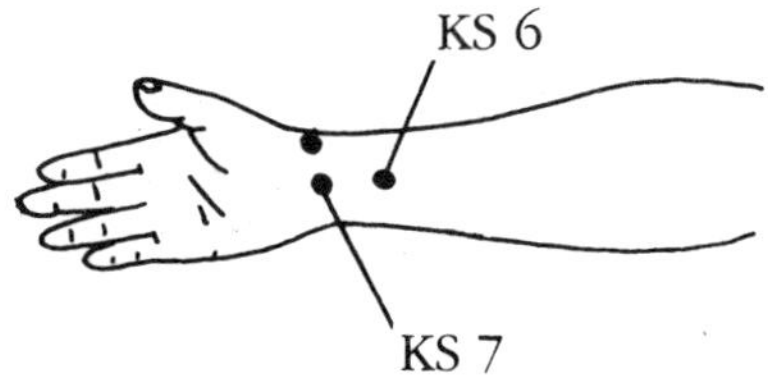

Akupressur bei rheumatischen Verspannungsschmerzen:

Punkt M 36: eine Handbreite unter der Kniescheibe, einen Fingerbreit seitlich außen.

Punkt G 34: genau unter dem Wadenbeinköpfchen.

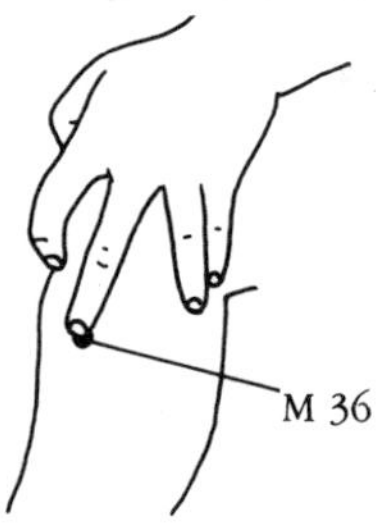

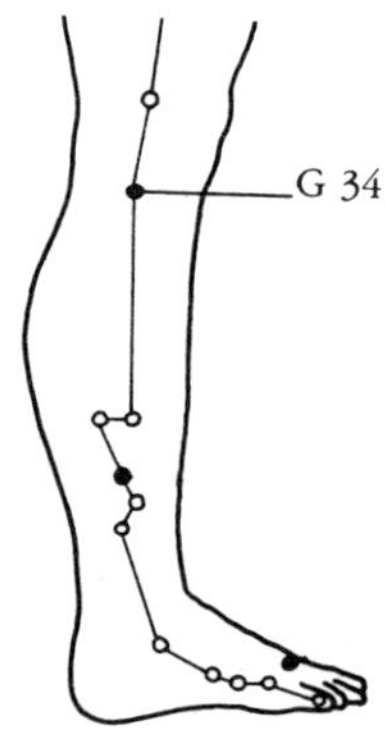

Akupressur gegen Magenkoliken:

Punkt Di 4: auf dem Handrücken. Wenn Daumen und Zeigefinger zusammengepreßt sind, entsteht ein Muskelwulst. Darauf in Richtung Zeigerfinger drücken.

Punkt KG 4: drei Fingerbreit oberhalb des oberen Schambeinrandes in der vorderen Mittellinie.

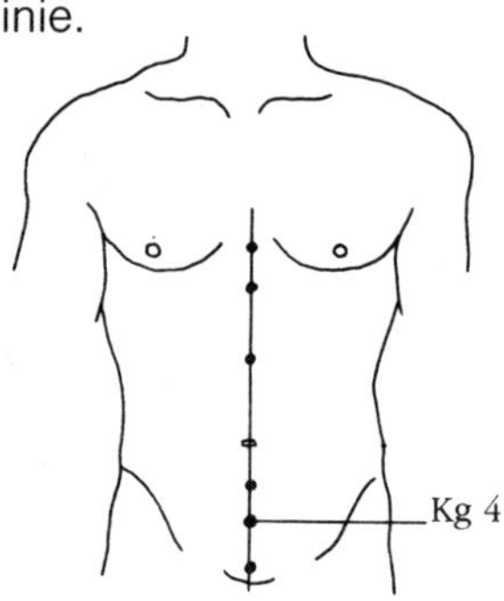

Wetterfühligkeit: ein Ernährungsproblem?

Viele Umweltbelastungen können durch den zusätzlichen Einfluß sogenannter Risikofaktoren wie Nikotin, Alkohol, Übergewicht vom Organismus nicht ausgeglichen werden. So stellt eine richtige Ernährung die Basis für eine Stärkung gegen Umweltreize dar.

Ernährungsfragen und -probleme beanspruchen schon seit jeher das besondere Interesse des Menschen. Im Mittelpunkt standen und stehen dabei die Zusammenhänge zwischen Gesundheit und Ernährung.

Es ist sicher, daß durch langdauernde falsche bzw. unzweckmäßige Ernährung gesundheitliche Schäden entstehen können. Solche Schäden und Krankheiten, die in direkter oder indirekter Beziehung zu falscher Ernährung stehen, sind z.B. Übergewicht und dessen Folgen, wie Gelenkschäden durch chronische Überbelastung, Erhöhung des Blutfettspiegels, Arteriosklerose und ihre Folgeerscheinungen im Herz-Kreislaufsystem, Gicht, Diabetes u.a.m. Zur Entstehung und Entwicklung dieser Zivilisationskrankheiten tragen neben den Ernährungsfehlern auch Bewegungsarmut, psychische Belastung, Genußmittelmißbrauch usw. bei.

Es ist gesünder, die Nahrung auf fünf kleinere Mahlzeiten täglich zu verteilen. Es kommt zu einer besseren Verarbeitung der zugeführten Energie und zu weniger Substanzansatz (Zunahme des Fettgewebes). Dadurch ist auch die aktivierende Wirkung häufiger, aber kleiner Mahlzeiten zu erklären, die sich in einer geistigen und körperlichen Anregung äußert.

Die natürliche Ernährung des Menschen sollte aus gemischter, überwiegend pflanzlicher Kost bestehen. Der gesunde Mensch kann mit ausgewogenen Mahlzeiten seinen gesamten Energie-, Vitamin- und Spurenelemente-Bedarf decken.

Der tägliche Energiebedarf beträgt:

	Alter in Jahren	kcal (Kalorien) männl.	kcal (Kalorien) weibl.	KJ (Joule) männl.	KJ (Joule) weibl.
Erwachsener (70 kg) bei leichter körperlicher Arbeit	25	2600	2200	10900	9200
	45	2400	2000	10000	8400
	65	2200	1800	9200	7500
Schwangere (ab 6. Mon.)			2600		10900
Stillende			2800		11700
Säuglinge (bis 6. Mon.)		600		2500	
Kleinkinder (bis 12. Mon.)		900		3800	
Kinder	1 bis 14	von 1200 für 1jährige bis 2700 für 14jährige		von 5000 für 1jährige bis 11300 für 14jährige	
Jugendliche	15 bis 18	3100	2500	13000	10500

Die Nahrung gesunder Erwachsener soll ein ausgewogenes Verhältnis von Eiweiß, Fett und Kohlenhydraten haben:

15 % Eiweiß
30 % Fett
55 % Kohlenhydrate

Bei leichter Arbeit sind das

70 bis 85 g Eiweiß, davon die Hälfte tierisches Eiweiß,
60 bis 80 g Fett und
280 bis 380 g Kohlenhydrate täglich.

Eiweiß ist für den Körper ein unentbehrlicher Baustoff der Zellen und des Blutes, es ist durch andere Stoffe nicht ersetzbar. Erwachsene benötigen täglich pro Kilogramm Körpergewicht 1 bis 1,2 g, Kinder 2 bis 2,5 g, alte Menschen 1,5 g Eiweiß. Eiweiß muß täglich mit der Nahrung zugeführt werden. Eiweißmangel führt auf lange Sicht zu Abmagerung, Erschöpfung, Krankheit. Überschuß wird in Energie umgesetzt. Die wichtigsten Eiweißquellen sind Milch, Fleisch, Fisch, Ei und Hülsenfrüchte. Nur wenig ist in Getreide, Kartoffeln und Gemüse.

Fette bestehen aus Fettsäuren, von denen man gesättigte und ungesättigte unterscheidet. Eine Reihe ungesättigter Fettsäuren kann der Körper nicht aufbauen (z. B. Linolsäure), sie müssen mit der Nahrung zugeführt werden. Fette dienen vor allem der Energiegewinnung und schützen die Organe vor Kälte und Verletzungen. Bei Männern beträgt der normale Fettanteil 10 bis 20 % von Körpergewicht, bei Frauen 20 bis 30 % von Körpergewicht. Bei Übergewicht wird Fett angesetzt, bei längerem Nahrungsmangel wird Depotfett zur Energiegewinnung abgebaut (Abmagerung). Bei leichter körperlicher Arbeit beträgt der tägliche Fettbedarf 75 bis 90 g. Fett steigert den Geschmack.

Tierische Fette und Kokosfett enthalten mehr gesättigte, hingegen pflanzliche Öle mehr ungesättigte Fettsäuren.

Fettsäuren in prozentueller Verteilung

Fett	gesättigte	einfach ungesättigte	mehrfach ungesättigte
Milchfett (Butter)	60	37	3
Rindertalg	54	43	3
Schweineschmalz	43	49	8
Kokosfett (Kunstspeisefett)	92	6	2
Olivenöl	19	73	8
Palmöl	46	44	10
Sojaöl	15	25	60
Maiskeimöl	14	29	57
Sonnenblumenöl	8	27	65
Distelöl	10	15	75

Cholesterin, eine fettähnliche Substanz, ist notwendig für den Zellaufbau, die Produktion von Sexualhormonen und der Galle, den Vitamin-D-Aufbau und die Fettverwertung. Cholesterin wird auch vom Organismus selbst gebildet. Es erhöht sich normalerweise im Alter, bei Übergewicht und Stoffwechselkrankheiten wie Diabetes.

Bei Cholesterin wird zwischen dem »schlechten« LDL-Cholesterin mit negativen Auswirkungen und dem »guten« HDL-Cholesterin unterschieden.

Erstrebenswert ist ein Cholesterinspiegel von 200 und darunter. Grundsätzlich sollte jeder seinen Cholesterinwert kennen. Bei überhöhtem Cholesterinwert ist ärztliche Behandlung angezeigt.

Cholesterinfrei sind Obst, Gemüse, Kartoffeln, Hülsenfrüchte, Getreide, Mehl, Mehlprodukte, Nüsse, Pflanzenöle.

Vitamine: Bei gemischter Kost ist der Vitaminbedarf des gesunden Menschen ausreichend gedeckt. Bei einseitiger Ernährung und krankheitsbedingtem Vitaminmangel ist eine medikamentöse Vitaminzufuhr erforderlich.

Bei Vitamin A und D gibt es auch Erkrankungen durch zu hohe Vitamingaben.

Interessanterweise ist bei uns die Kartoffel der Hauptlieferant von Vitamin C.

Vitamin-C-reiche Nahrung hat bei Dauerkonsum eine allgemein kräftigende Wirkung.

Therapeutische Dosen bei Mangel sind aber weder durch Obst noch durch Kartoffeln zu erreichen, sondern nur im Rahmen einer ärztlichen Behandlung.

Vitaminverluste durch Kochen von Speisen (in Prozent)

Vitamin		
A	Leber, Eigelb	10 — 30 %
D	Milch, Butter, Eigelb, Leber	gering
E	Margarine, Ei, Leber	50 %
B_1	Hefe, Fleisch, auch in Vollkornbrot	30 — 50 %
Niacin	Leber, Hefe, Fleisch	0 — 30 %
Folsäure	Leber, Hefe, dunkelgrünes Gemüse	0 — 90 %
Pantothensäure	Leber, Hefe, Eigelb	0 — 45 %
Biotin	Leber, Hefe, Blumenkohl	0 — 70 %
C	Zitrusfrüchte, Paprika, Kartoffeln, Petersilie	20 — 80 %

Ausgewogene Ernährung stellt sicher eine gute Maßnahme gegen Wetterfühligkeit dar. Doch wie es keine Pharmaka gegen Wetterfühligkeit gibt, so existiert auch keine Wetterfühligkeitsdiät. Manche Kostformen (unter ärztlicher Aufsicht) können aber andere Symptome mildern.

Die Griechen verstanden unter Diätetik die Lehre vom gesundheitsgemäßen Leben — nach heutiger Auffassung eine ganzheitsmedizinische Lebensphilosophie; heute versteht man unter Diät eine von der normalen Ernährung abweichende Kostform zur Behandlung Kranker.

Medizinische Diätformen sind z. B. Diabetesdiät, Gichtdiät, kochsalzarme Diät bei Bluthochdruck und Nierenerkrankungen, Diäten für verschiedene Anaemien, fettreduzierte Diäten bei Leber-, Galle- und Bauchspeicheldrüsenleiden, Diäten bei Unverträglichkeiten gegen verschiedene Zucker, bei Zöliakie und verschiedene Schonkostformen. Spektakulär sind die zahlreichen Abmagerungsdiäten, deren Empfehlungen keinesfalls immer auf wissenschaftlich erwiesenen Wirkungen beruhen.

- **Vegetarische Kostformen**

  Vegetarismus, Bircher-Benner-Kost, Waerland-Kost.

- **Vegetarisch betonte Kostformen**

  Evers-Diät, Anemüller-Diät, Kollath-Bruker-Kost, Schnitzer-Normalkost und Vollwert-Kost (möglichst naturbelassene Lebensmittel).

  Diese Kostformen sollen ganz allgemein der Gesunderhaltung dienen.

- **Energiereduzierte Mischkostformen**

  Brigitte-Diät, Brot-Diät, Diät nach Holtmeier, Diät nach Blohen und Cremer, Weight-Watchers, Pritikin-Diät, Bio-Kur, F-Plan-Diät.

- **Kohlenhydratarme, eiweiß- und fettreiche Reduktionsdiäten**

  Atkins-Diät, Banting-Diät, Cooley-Diät, Hollywood-Kur, Lutz-Diät, Punkte-Diät, Manager-Diät, Mayo-Diätkur.

- **Formula-Diäten**

  Weizengelkur, Formula-Diätfertigprodukte, Diätfertigmahlzeiten und Diätmüslimischungen.

Das Ziel der vernünftigen Ernährung ist, bei Einhaltung der wünschenswerten Gesamtenergiezufuhr und ihrer Verteilung auf die Nährstoffe ausreichend Ballaststoffe, Vitamine, Mineralien, Spurenelemente und Wasser zuzuführen. Vernünftige Ernährung ist immer abwechslungsreich und vielseitig. Einseitige Ernährung kann zwar in bestimmten Ausnahmesituationen wie bei Krankheiten etc. notwendig sein, eignet sich aber nicht als Dauerernährung für gesunde Menschen. Bei Einhaltung des erwähnten Prinzips der vernünftigen Ernährung ist auch eine ausreichende Zufuhr an Ballaststoffen, Vitaminen, Spurenelementen und Mineralien gewährleistet. Angaben über deren Bedarfsmengen erübrigen sich also in diesem Zusammenhang, sie sind nur bei Behebung von Mangelzuständen, gewissen Krankheiten oder bei Krisenbevorratung etc. von Bedeutung.

Aus der Praxis der Wetterfühligen-Beratung hat sich herausgestellt, welche Nahrungsmittel günstig bzw. ungünstig sind. Wetterfühlige können sich dadurch einen eigenen Ernährungsplan zurechtlegen.

Lebensmittelplan bei Wetterfühligkeit

Fleisch

Günstig: pro Tag bis zu 250 g · mageres Fleisch von Kalb, Rind, Schwein, Lamm, Pferd, Wild, Kaninchen, Kitz · Geflügel: Brathuhn, Truthahn, Wildgeflügel · Lunge · sichtbares Fett entfernen!

Ungünstig: alle fetten Fleischsorten und durchzogenes Fleisch, z. B. Bauchfleisch, fettes Geflügel · alle Innereien · Fleischkonserven.

Fleischwaren

Günstig: pro Tag bis zu 200 g · magere Wurstsorten: Krakauer, Schinkenwurst, Schonkostwurst, Rindersaftschinken, Truthahnwürste · roher und gekochter magerer Schinken, kalter Schweinsbraten, kaltes Geselchtes, Lachsschinken, Westfälerschinken, Bündnerfleisch, Roastbeef · sichtbares Fett entfernen! Selbstgemachte Sulze aus magerem Fleisch, Wurst- und Fleischsalate aus mageren Sorten.

Ungünstig: Speck, durchzogenes Fleisch, fette Wurstsorten: Extrawurst, Pariserwurst, Salami, Kantwurst, Polnische, Dauerwürste, Brat-, Weiß-, Blut-, Leberwurst, Leberkäse · Leber- und Fleischpasteten, Streichwürste, handelsübliche Fleisch- und Wurstsalate, Surfleisch.

Fisch

Günstig: pro Tag bis zu 500 g · magere Fische: Forelle, Schleie, Hecht, Zander, Rotbarsch, Kabeljau, Scholle, Seezunge.

Ungünstig: fette Fische: Aal, Karpfen, Makrele, Hering, Fischkonserven mit Öl oder Saucen · Schalentiere: Krabben, Krebse, Muscheln, Kaviar, Kaviarersatz, Kräuterlachs.

Eier

Günstig: bis zu 2 Eidotter pro Woche, nur kochen! Eiklar ist frei verwendbar.

Ungünstig: mehr als 2 Eidotter pro Woche · Eierspeisen, Spiegeleier, Mayonnaisen.

Fette und Öle

Günstig: pro 100 g Fleisch oder Fisch ca. 2 Kaffeelöffel (10 g) Pflanzenöl mit einem höheren Anteil an mehrfach ungesättigten Fettsäuren verwenden, und zwar: Sonnenblumenkernöl, Maiskeimöl, Leinöl, Distelöl, Sojaöl, Baumwollsaatöl · nicht mehr als 20 g Margarine pro Tag als Streichfett (Qualitätsmargarine).

Ungünstig: Butter, Schmalz, Speck, Rinderfett, versteckte Fette, Fritierfette, Kokosfette, Kakaobutter, Erdnußbutter, Olivenöl, Palmkernöl, Erdnußöl.

Milch und Milchprodukte

Günstig: bis zu 300 ml pro Tag: Magermilch, Buttermilch, Magerjoghurt · bis zu 100 g Käse bis 35 % F. i.T.: Stangenkäse, Tilsiter, Camembert · bis zu 200 g Magertopfen bis zu 20 % F. i.T. oder Hüttenkäse.

Ungünstig: Vollmilch 3,6 % F. i.T. · saure Milch, Joghurt, saurer Rahm, Kondensmilch, Schlagobers, Maresi, Fruchtjoghurt (gekauft) · mehr als die angegebenen Mengen an magerer Milch, magerem Käse oder Topfen · Käsesorten mit mehr als 35 % F. i.T., Gervais, Topfen mit mehr als 20 % F. i.T.

Brot, Nährmittel, Mehlspeisen

Günstig: alle Mehlsorten, Stärkemehl, Grieß, Reis, Mais, Haferflocken, Puddingpulver, Polenta, Rollgerste, Leinsamen, Kartoffeln, alle dunklen Brotsorten, Teigwaren · Mehlspeisen und Torten, die mit Öl oder Margarine (mit hohem Anteil an mehrfach ungesättigten Fettsäuren) und wenig Eigelb hergestellt sind, z. B. Vollkornteigwaren.

Ungünstig: Spezialeierteigwaren mit einem hohen Gehalt an Eidotter, sämtliche Backwaren und Mehlspeisen, die reichlich Eidotter, Vollmilch oder Butter enthalten · handelsübliche Mehlspeisen und Torten · Fertigteige, deren Fett- und Energiegehalt nicht bekannt ist · Blätterteig und Plunderteig.

Süßigkeiten

Günstig: Zucker, Marmelade, Honig, saure Zuckerl, Gelee, Kaugummi, Fruchteis aus Wasser · Pudding aus Magermilch.

Ungünstig: fettreiche Süßigkeiten wie z.B. Schokolade, Kakao, Marzipan, Nougat, Bonbons, Pralinen, Eiscreme.

Gemüse

Günstig: alle Sorten, frisch, konserviert, tiefgefroren, roh oder gekocht, als Salat oder Rohkost, Gemüsesäfte.

Ungünstig: Avocados.

Obst

Günstig: alle Sorten, frisch, konserviert oder tiefgefroren, roh, als Kompott oder Mus, Obstsäfte.

Nüsse

Günstig: Haselnüsse, Paranüsse, Walnüsse, Mandeln.

Ungünstig: Kokosnuß, Cashew-Nüsse, Erdnüsse.

Suppen

Günstig: fettarme Bouillon, abgefettete Fleisch-, Knochen- und Hühnersuppe, Gemüsesuppe, Einmachsuppe mit Öl zubereitet, Haferflockensuppe, Schleimsuppe, handelsübliche Suppen in pulverisierter Form (Packerlsuppe, Suppenwürfel).

Ungünstig: handelsübliche Suppen in Dosen.

Getränke

Günstig: Kaffee, Tee, Mineralwasser, Tafelwasser, Leitungswasser, Limonaden in erlaubter Menge, Magermilch, Buttermilch, Magerjoghurt,
Alkohol in kleinen Mengen.

Ungünstig: Vollmilch, Milchmixgetränke aus Vollmilch.

Gewürze

Günstig: alle Gewürze, Gewürzkräuter, Zwiebel, Kren, Knoblauch, Senf, Tomatenmark, Vanillezucker.

Ungünstig: handelsübliche Gewürzsaucen.

Heilkräuter bei Wetterfühligkeit

Ein wesentlicher Bestandteil der Wetterfühligkeits-Therapie ist die Verwendung von Pflanzenextrakten (Phytotherapie). Um die Wirkungsweise von sogenannten Heilkräutern zu verstehen, sind einige grundsätzliche Erörterungen nötig.

Warum wirken Heilkräuter?

Wirkstoffe (nach GESSNER):

Alkaloide

Alkaloide sind kompliziert gebaute Stickstoffverbindungen mit gewöhnlich sehr starker (giftiger) Wirkung auf den Organismus. Sie haben basischen Charakter, können also mit Säuren Salze bilden.

Glycoside

Glycoside setzen sich aus zwei wichtigen Strukturteilen zusammen: Ein Teil besteht aus Glucose bzw. irgend einem anderen Zucker, der im Organismus verbesserte Transport-, Löslichkeits- oder Aufnahmeeigenschaften der Glycoside bewirkt. Den eigentlich therapeutisch wirksamen Teil stellt das sogenannte Aglycon dar.

Gerbstoffe

Gerbstoffe sind hochmolekulare, kompliziert zusammengesetzte, stickstofffreie, im Pflanzenreich weit verbreitete, wasserlösliche organische Verbindungen, die tierische Haut in Leder verwandeln, also gerben können.

Ätherische Öle

Ätherische Öle sind Gemenge verschiedener, oft sehr zahlreicher, chemisch teils untereinander verwandter, meist flüssiger flüchtiger organischer Verbindungen. Ihr charakteristischer Geruch (Duft) kann angenehm bis widerlich sein. Mit den Ölen und Fetten haben diese Verbindungen nichts zu tun, nur ihre Konsistenz erinnert an Öle. Diese Inhaltsstoffe bilden sich in der Pflanze besonders reichlich bei lang anhaltendem sonnig warmen Wetter am geeigneten Standort.

Bitterstoffe

Sehr verschiedene stickstofffreie Substanzen; konstitutionell wenig aufgeklärt. Die Charakteristika sind bitterer Geschmack und verdauungsfördernde Wirkung.

Mucilaginosa

Mucilaginosa sind Gemische von Mehrfachzuckern, die mit Wasser (unter Quellung) zähflüssige Mischungen bilden: Gelees in kaltem Wasser, zähflüssige Lösungen im warmen (Schleimstoffe, Gummistoffe, Pectine, Stärke, Polyosen).

Organische Säuren

Kommen praktisch in jeder Pflanze vor; von pharmakologischer Bedeutung sind sie, wenn sie in größerer Menge frei oder in löslichen Salzen vorliegen (Oxalsäure) oder als Fruchtsäuren, wie Apfel-, Zitronen-, Bernstein- und Weinsäure.

Andere Wirkstoffe

Anorganica (Kieselsäure-, Jod-, Salzpflanzen), Vitamine, Antibiotika, chemisch wenig erforschte Wirkstoffe.

Wie wirken Heilkräuter?

Die Wirkung der Heilpflanzen ist in der Regel nicht gleichzusetzen mit der Wirkung des Hauptinhaltsstoffes oder einer künstlich erzeugten Reinsubstanz, da in jeder Pflanze ein Wirkstoffkomplex vorliegt, der außerdem noch nach Ernährungs- und Klimaverhältnissen am Standort variieren kann. Manchmal wird in der Heilpflanzenkunde auch bewußt zur Steigerung des Heilerfolges eine Kombination mehrerer ähnlich wirkender Kräuter eingesetzt (Teegemisch) oder aber auch eine Pflanze für mehrere Krankheitsbilder verwendet. Es lassen sich so mit Heilpflanzen manchmal größere therapeutische Effekte erzielen als durch die Verwendung von sogenannten Reinsubstanzen.

Arzneimittelzubereitung in der Phytotherapie

Absud (Abkochung, Dekokt)

Eignet sich vor allem zum Aufschließen grober Pflanzenteile, wie Wurzeln, Rinde und Stengel. Ein Teil zerkleinerte Pflanzen wird mit 10 Teilen kaltem Wasser übergossen (Schleimdrogen mit 20 Teilen), 15 Minuten bis eine Stunde lang unter wiederholtem Umrühren gekocht — verdampftes Wasser wird ergänzt —, schließlich ausgepreßt und durch ein Sieb gegossen.

Verluste: Durch die verschiedenen Zubereitungsformen werden die Inhaltsstoffe unterschiedlich stark geschädigt. Bei der Abkochung treten starke Verluste vor allem bei Vitaminen, ätherischen Ölen, Enzymen, Immunstoffen, Giften, Stärke, Zellulosen, Pektinen, Farbstoffen und Harzen auf.

Aufguß (Brühe, Infus)

Eignet sich vor allem für zarte Pflanzenteile wie Blätter — er ist die gebräuchlichste Form der Zubereitung. Ein Teil zerkleinerte Pflanzenteile wird mit 10 Teilen siedendem Wasser übergossen und 10 bis 15 Min. bedeckt in einem Glas- oder Porzellangefäß zum Ziehen gestellt. Hin und wieder umrühren, abseihen. Keine Metallgefäße oder -siebe verwenden!

Verluste: Durch den Aufguß gewinnt man alle hitzeresistenten und wasserlöslichen Substanzen; Immunstoffe, Vitamine, Eiweißstoffe und die anderen beim Absud erwähnten Komponenten erleiden durchwegs fast die gleichen Einbußen. Die ätherischen Öle bleiben in größerem Ausmaß erhalten.

Extrakte

Extrahieren ist ein Vorgang, bei dem Drogen durch Einwirkung einer Flüssigkeit (Wasser, Alkohol, Äther) bei einer bestimmten Temperatur Wirkstoffe entzogen und in Lösung übergeführt werden. Durch Extrahieren lassen sich aus der Pflanze durch geeignete Temperatur- und Lösungsmittelwahl Substanzen in möglichst reiner Form ohne unerwünschte Begleitstoffe gewinnen.

KALTAUSZUG (Mazeration)

Mazeration ist das Auslaugen bei Zimmertemperatur. Ein Teil Frischpflanzen (Trockendroge) wird je nach Rezept in 15 bis 20 Teilen Flüssigkeit (Wasser) kalt angesetzt, öfter umgerührt, schließlich nach 1 bis 12 (24) Stunden ausgepreßt und durch ein Sieb gegossen.

Mazerationszeit: Schleimdrogen bis zu einer Stunde
Bitter- und Aromastoffe 2 bis 12 Stunden
Harze (in Alkohol) 24 Stunden

PERKOLATION

Bei der Perkolation werden die Drogen bei 15 bis 20 Grad C in länglichen Glas- oder Tongefäßen solange mit der Extraktionsflüssigkeit übergossen, bis diese beim Abfließen durch den Überlaufhahn keinen Gehalt an Farb- und Wirkstoffen mehr zeigt.

DIGESTION

Digestion ist eine Extraktion bei 35 bis 40 Grad C. Wird bei harten Pflanzenteilen oder schwer löslichen Wirkstoffen angewendet.

Als Ergebnis der Extraktion erhält man

- je nach Eindickungsgrad: flüssige Extrakte
  dünne Extrakte
  dicke Extrakte
  trockene Extrakte
- je nach Extraktionsmittel: Tinkturen
  Heilessige
  Medizinalweine
  Medizinalöle
  aromatische Medizinalwässer

Vollauszug

Unter Vollauszug versteht man einen flüssigen, alkoholischen, wäßrigen Auszug oder einen mit einem gemischten Lösungsmittel einer frischen oder einer trockenen Pflanze, bei welchem der verbleibende Pflanzenrückstand so ausgeschöpft ist, daß er an das Lösungsmittel weder im heißen noch im kalten Zustand weitere Wirkstoffe abgibt. Um wirklich alle erfaßbaren Wirkstoffe in den Auszug zu überführen, bedient man sich verschiedener Lösungsmittel, auch Lösungsmittelkonzentrationen, bereitet die Frischpflanzen z. B. durch Gärung und Fermentation weiter auf und bezieht auch die Preßrückstände immer wieder mit ein.

Frischpflanzenverreibung

Verreibungen sind feinste Pulver, die durch anhaltendes Reiben einer Droge mit Milchzucker hergestellt werden. Im Endprodukt dürfen auch mit Hilfe einer Lupe einzelne Teile des Arzneimittels nicht mehr erkennbar sein. Bei der Frischpflanzenverreibung treten außer einem geringen Anteil an ätherischen Ölen und Vitaminen kaum Verluste an Inhaltsstoffen auf, sie ist die ideale Darreichungsform, wenn der Gesamtwirkungskomplex einer Heilpflanze zum Einsatz gelangen soll. Die Streukügelchen der Homöopathie werden in dieser Form hergestellt.

Teemischungen

Nach dem oben Gesagten ergibt sich, daß entsprechend der gewünschten Heilsubstanz die Pflanzendroge spezifisch aufbereitet werden sollte, um optimale Ausbeute und Wirkung zu erzielen. Teemischungen bestehen sehr häufig aus den verschiedensten Pflanzenteilen, für die jeweils eine andere Auszugsform optimal wäre. Für die Zubereitung einer wirksamen Teemischung ist daher zumindest eine Kombination von Aufguß und Kaltauszug in vielen Fällen empfehlenswert: Die vorgeschriebene Teemenge wird mit der Hälfte der vorgeschriebenen Wassermenge acht Stunden lang kalt angesetzt. Der Auszug wird durch ein Sieb gegossen, der Teerückstand mit der anderen Hälfte der vorgeschriebenen Wassermenge heiß überbrüht. Wie beim Aufguß ziehen lassen, dann beide Auszüge mischen und schluckweise über den ganzen Tag verteilt trinken.

Im Rahmen phytotherapeutischer Maßnahmen wurde 1989 ein international organisiertes Wetterfühligkeitsforschungsprojekt durchgeführt.

Untersucht wurde die Wirkung des Destillates aus verschiedenen Drogen mit Melissa officinalis (auch als »Klosterfrau Melissengeist« bekannt) bei insgesamt 225 Patienten mit den Wetterfühligkeitssymptomen Migräne und vegetative Dystonie, und zwar gleichzeitig in Bratislava, Bonn und Wien. Die Testpersonen hatten über einen Zeitraum von sechs Wochen einen Beschwerdenkalender zu führen und ihr Beschwerdebild genau festzuhalten. Da die Wetterfühligen bereits vor Beginn der Studie einer ausführlichen Wetterfühligkeitsanamnese unterzogen waren, konnte bei exakter Einhaltung der Melissengeist-Verabreichung die Wirkung des Präparates analysiert werden:

In 87 Prozent der Fälle wurde eine eindeutige Verbesserung des Befindens erzielt. 25 Prozent der männlichen und 70 Prozent der weiblichen Patienten stellten obendrein noch eine merkliche positive Auswirkung auf ihren Schlafrhythmus fest. Melissengeist enthält Bestandteile von Pflanzen, nämlich Terpene aus den einzelnen ätherischen Ölen, insbesonders Eugenol und Limonen. Die zentrale beruhigende und krampflösende Wirkung der Terpene bzw. der ätherischen Öle ist bekannt. Bei vegetativer Dystonie ist der beruhigende Effekt besonders wichtig. Die positive Beeinflussung des neurovegetativen Systems durch Melissengeist stellt somit nachweislich einen wertvollen Teil der Wetterfühligkeitstherapie dar.

Gegen Wetterfühligkeitsbeschwerden können aber auch Mischungen verschiedener Heilpflanzen helfen. Nachfolgend sollen einige Teerezepte genannt werden.

Teerezepte gegen Wetterfühligkeitsbeschwerden

Gegen wetterbedingte Rheuma-Beschwerden

Brennesseltee

2 gehäufte Teelöffel Brennesseln mit 1/4 l kochendem Wasser übergießen, 10 Minuten ziehen lassen.

Teemischungen gegen Rheuma

a) Brennesseln, Birkenblätter, Weidenblätter, Zinnkraut zu gleichen Teilen mischen, 1 Eßlöffel mit kaltem Wasser aufkochen lassen, 10 Minuten ziehen lassen.

b) 2 Teile Faulbaumrinde, 2 Teile Birkenblätter, 4 Teile Weidenrinde, 1 Teil Wiesengeißbart (alles in der Apotheke erhältlich), davon 1 Eßlöffel mit 1/4 l kochendem Wasser übergießen, 10 Minuten ziehen lassen, 1 Schale morgens und abends.

c) 30g Birkenblätter, 50g Blätter der schwarzen Johannisbeere, 10g getrocknete Stiefmütterchen, 50g pulverisierte Apfelschale, 25g Blüten der Schlüsselblume, 20g Lindenblüten (Mönchsrezept Stift Zwettl), davon Aufguß mit 1 l kochendem Wasser, 10 Minuten ziehen lassen.

Teerezepte gegen wetterbedingte Schmerzen allgemein:

Korianderaufguß:

30g Früchte auf 1 l siedendes Wasser, 20 Minuten ziehen lassen, 1 Tasse.

Eschenaufguß (gegen Muskelschmerzen):

40g Blätter der Esche auf 1 l siedendes Wasser, 2 Tassen täglich.

Teerezepte gegen wetterbedingten Kopfschmerz:

Nelkenwurzaufguß:

50g mit 1 l siedendem Wasser übergießen, 5 Minuten kochen lassen.

Lindenaufguß:

30g getrocknete Blüten mit 1 l siedendem Wasser überbrühen, 5 Min. ziehen lassen.

Teerezepte zur Kreislaufregulation:

Zu gleichen Teilen Mistel, Melisse, Weißdorn mit etwas Pfefferminze mischen, 1 Eßlöffel mit 1/4 l kochendem Wasser übergießen, 5 Minuten ziehen lassen.

Wacholdertee gegen Müdigkeit:

1 Eßlöffel Wacholderbeeren mit 1/4 l kaltem Wasser zustellen und zum Kochen bringen. Dann 10 Minuten zugedeckt ziehen lassen, abseihen.

Rosmarin- oder Weißdornblütentee:

2 Teelöffel mit 1/4 l kochendem Wasser übergießen, 20 Minuten ziehen lassen, mit Honig süßen.

Teerezepte gegen Erkältungskrankheiten

Trockene Apfelschale mit einer Brise Thymian kochen, 10 Minuten ziehen lassen und Saft einer Zitrone zugeben.

Von Spitzwegerich, Huflattich, Taubnessel je einen Teil mischen, Aufguß, 5 Minuten ziehen lassen.

Teerezepte gegen Koliken, Magenschmerzen

Zu gleichen Teilen: Beifuß, Hopfen, Schafgarbe, Tausendguldenkraut und Pfefferminze, Aufguß, 5 Minuten ziehen lassen.

3 Teile Kamille, 2 Teile Schafgarbe, je ein Teil Kalmuswurzel, Melisse, Pfefferminze und Tausendguldenkraut, davon 1 Eßlöffel mit 1/4 l kochendem Wasser übergießen und 5 Minuten ziehen lassen.

Bei allen Heilkräuteranwendungen sollen eventuell unerwünschte Nebenwirkungen berücksichtigt werden (ärztliche Informationen einholen).

Bewegungstherapie gegen Wetterstreß

Bewegung ist notwendig für die Aufrechterhaltung der Funktion von Herz, Kreislauf, Atmung und des ganzen Bewegungsapparates. Übertriebene körperliche Schonung führt zu Muskelschwund und Funktionsschwächen. Die Folgen von Bewegungsmangel sind allgemein bekannt, wobei folgende Erscheinungen medizinisch nachgewiesen sind: Abnahme der Muskelmasse des Herzens, Zunahme der Pulsfrequenz bei Ruhe und bei Belastung, starke Abnahme der Ausdauerleistungsfähigkeit, Abnahme der zirkulierenden Blutmenge, schwere Haltungssstörungen, Abnahme der Glukosetoleranz, Entwicklung von Knochenschwund und Schwächung der quergestreiften Muskulatur.

Aus der Praxis weiß man, daß Wetterfühlige oft auch unter Bewegungsmangel leiden. Man wendet daher die Terrainkur an, wo Bewegung als Therapie eingesetzt wird.

Grundsätzlich muß man zwischen zwei Formen der Übungstherapie unterscheiden:

1. Krankengymnastik
2. Bewegungstherapie mit Ausdauerübungen

Die Krankengymnastik dient nach Operationen, Verletzungen und Lähmungen der Einübung der Beweglichkeit der Gelenke, der Kräftigung geschwächter Muskeln und der Übung der Nervenfunktionen. Geschulte Therapeuten geben Anleitungen.

Bei Wetterfühligkeit wird die zweite Form der Bewegungstherapie eingesetzt. Es kommen Bewegungsformen zur Anwendung, die mit gleichmäßiger Atmung ausgeführt werden können.

Nach sportmedizinischen Gesichtspunkten geeignete und ungeeignete Bewegungsformen:

Geeignet	**Ungeeignet**	
Gehen	Fußball	Tauchen
Wandern	Handball	Boxen
Laufen	Basketball	Ringen
Schilanglauf	Tennis	Surfen
Radfahren	Squash	
Tanzen	Hochspringen	
Reiten (nicht Springreiten)	Speerwerfen	
Schwimmen	Diskuswerfen	
Paddeln	Gewichtheben	
	Bodybuilding	
	Rudern	

Folgende Aktivitäten lassen sich ebenfalls so einteilen:

Geeignet	**Ungeeignet**
Rasen mähen	Garten umgraben
Treppen steigen	Lasten heben,
Holz sägen	Holz hacken, Kegeln

Ausdauerübungen können in manchen Fällen zu Herz-Kreislaufstörungen führen, vor allem bei älteren Menschen.

Daher ist es notwendig, vor Beginn jedes Trainings die Belastbarkeit des Patienten festzustellen.

Das hierfür am besten geeignetste Verfahren ist die Ergometrie. Körperlichen Belastungen folgen Ruhephasen. Dies erfolgt unter ärztlicher Aufsicht, da erst eine EKG-Analyse sinnvolle Auskunft gibt, ob ein Langzeit-Training eingesetzt werden kann.

Für die Bewegungstherapie soll der Patient mindestens eine Leistung von 75 Watt ohne irgendwelche Probleme erbringen. Zu vermeiden ist, daß die Übungen Wettkampfcharakter bekommen.

Beispiele ergometrischer Belastung:

75 Watt: Wandern ohne Gespräch (4 km/h)
100 Watt: Ruhiges Tanzen (Foxtrott)
125 Watt: Ruhiges Brustschwimmen
175 Watt: Dauerlauf

Durch Bewegungstherapie mit Dauerübungen ist eine Verbesserung der körperlichen Leistungsfähigkeit möglich, wobei der Übungseffekt noch über Monate nach der Therapie anhält. Die Verbesserung der Kondition erfolgt außerdem nicht stetig, sondern erst nach etwa 3 Wochen Übung. Bis zu diesem Zeitpunkt werden häufig sogar Verschlechterungen beobachtet.

Wichtig ist bei der Bewegungstherapie das Einhalten von Pausen. Nach zehn Minuten schnellen Gehens benötigt der Untrainierte ungefähr fünf Minuten, bis Blutdruck und Pulsfrequenz wieder ihren Ruhewert erreicht haben.

Diese Erholungszeit wird umso kürzer, je besser die Kondition ist. Es ist daher besser, den Körper mehrfach am Tag für zehn bis zwanzig Minuten zu belasten, als einmal am Tage bis zur Erschöpfung.

Wetterfühlige können diese Bewegungsübungen auch mit Kneippschen Wasseranwendungen (Wassertreten, Oberschenkelgüsse) kombinieren, dadurch ergibt sich noch ein zusätzliches Gefäßtraining. Aber vor Übungsbeginn muß der Hausarzt befragt werden!

Die Bewegungstherapie bei Wetterfühligkeit hat auch einen überaus wichtigen psychotherapeutischen Wert, denn vielfach kann die Bewegungstherapie nur in Gruppen durchgeführt werden, was über den gruppendynamischen Effekt das Selbstwertgefühl und die Selbstsicherheit hebt.

Wetterfühligkeit fällt einerseits in die Gruppe der Streßerkrankungen, andererseits aber auch in den Bereich der Zivilisationserkrankungen, wo chronischer Bewegungsmangel zu den Hauptursachen gehört.

Grundsätzlich sollte folgendes beachtet werden:

1. Regelmäßigkeit

Bewegungsübungen sollten regelmäßig gemacht werden, um einen Konditionseffekt zu bewirken. Tägliche Übungen wären der Idealfall, 2- bis 3mal pro Woche ist auf jeden Fall nötig.

2. Gesundheitskontrolle

Bewegungsübungen tragen zur Gesunderhaltung bei. Die ärztliche Kontrolle einmal jährlich ab einem Alter von 40 Jahren ist sinnvoll.

3. Vortraining

Vor sportlichem Training ist eine Aufwärmphase nötig, um eine psychische Einstimmung zu ermöglichen und vor allem Verletzungen durch Muskellockerungen zu vermeiden.

4. Atmung

Bewegungsübungen sollten bei reichlicher Sauerstoffzufuhr stattfinden, also beim Heimtraining Fenster öffnen!

5. Abwechslung

Bewegungsübungen sollten nicht einseitig sein. Abwechslung ist gesundheitsfördernd und macht auch mehr Spaß.

Fitneß-Training

Sportmedizinische Institute empfehlen zur Leistungssteigerung drei verschiedene Trainingsprogramme: Lauf-, Schwimm- und Radtraining.

Das Lauf-Training

Es umfaßt zehn Aufbaustufen. Beginnen Sie mit der Stufe, die ihrer augenblicklichen Leistungsfähigkeit entspricht. Gehen Sie dann zur nächsthöheren Stufe über.

Bleiben Sie solange auf dieser Stufe, bis Sie die Aufgabe leicht bewältigen. Wenn Sie Stufe 10 erreicht haben, können Sie mit einem Ausdauertraining beginnen. Dazu eignen sich Laufbelastungen bis zu einer Stunde (Dauerläufe, Intervalltraining).

Stufe 1: 1 Min. Dauerlauf (langsam), 1 Min. Gehpause. 5- bis 10mal wiederholen.
Stufe 2: 2 Min. Dauerlauf (langsam), 1 Min. Gehpause. 5- bis 7mal wiederholen.
Stufe 3: 3 Min. Dauerlauf (langsam), 1 Min. Gehpause. 3- bis 5mal wiederholen.
Stufe 4: 5 Min. Dauerlauf (langsam), 2 Min. Gehpause. 3mal wiederholen.
Stufe 5: 5 Min. Dauerlauf (langsam), 2 Min. Gehpause. 5mal wiederholen.
Stufe 6: 8 Min. Dauerlauf (langsam), 3 Min. Gehpause. 3 mal wiederholen.
Stufe 7: 10 Min. Dauerlauf (langsam), 5 Min. Gehpause. 2- bis 3mal wiederholen.
Stufe 8: 15 Min. Dauerlauf (langsam), 5 Min. Gehpause, 2- bis 3mal wiederholen.
Stufe 9: 20 Min. Dauerlauf (langsam), 5 Min. Gehpause. 2- bis 3mal wiederholen.
Stufe 10: 30 Min. Dauerlauf (langsam), 5 Min. Gehpause. 1- bis 2mal wiederholen.

Merke: Nie zu schnell beginnen! Erst allmählich das Tempo steigern. Der Belastungspuls sollte 180 minus Lebensalter betragen.

Das Schwimm-Training

Das Schwimmtraining ist wie das Lauftraining ein bevorzugtes Basistraining, das die Leistungsfähigkeit des Herz-Kreislauf-Systems, der Lunge und der Muskeln verbessert. Das Schwimmtraining umfaßt sechs Aufbaustufen, wobei jede Stufe drei bis vier Wochen geübt werden soll. Die Belastungsdauer pro Einheit sollte nicht unter zehn Minuten liegen.

Stufe 1: 100m Schwimmen, Pause (je nach Ermüdung). 5mal wiederholen.
Stufe 2: 200m Schwimmen, Pause (je nach Ermüdung). 3mal wiederholen.
Stufe 3: 300m Schwimmen, Pause (je nach Ermüdung). 3mal wiederholen.
Stufe 4: 400m Schwimmen, Pause (je nach Ermüdung). 3mal wiederholen.
Stufe 5: 500m Schwimmen, Pause (je nach Ermüdung). 3mal wiederholen.
Stufe 6: 500m Schwimmen, Pause (je nach Ermüdung). 5mal wiederholen.

Das Rad-Training

Auch das Radtraining ist ein Ausdauertraining, das die Leistungsfähigkeit des Organismus steigert.

Stufe 1: 5 Min. Radfahren, 1 Min. Pause. 5- bis 10mal wiederholen.
Stufe 2: 10 Min. Radfahren, 2 Min. Pause. 5- bis 7mal wiederholen.
Stufe 3: 15 Min. Radfahren, 2 Min. Pause. 3- bis 5mal wiederholen.
Stufe 4: 25 Min. Radfahren, 3 Min. Pause. 3mal wiederholen.
Stufe 5: 25 Min. Radfahren, 3 Min. Pause. 5mal wiederholen.
Stufe 6: 30 Min. Radfahren, 10 Min. Pause. 2- bis 3mal wiederholen.
Stufe 7: 30 Min. Radfahren, 10 Min. Pause (aktive). 1- bis 2mal wiederholen.
Stufe 8: 45 Min. Radfahren, 10 Min. Pause (aktive). 1- bis 2mal wiederholen.
Stufe 9: 60 Min. Radfahren, 10 Min. Pause (aktive). 1- bis 2mal wiederholen.
Stufe 10: 90 Min. Radfahren, 10 Min. Pause (aktive). 1- bis 2mal wiederholen.

Klimafühligkeit

Wirkung langfristiger Wettereinflüsse auf den Organismus

Das Wetter ist eines von vielen Faktoren, die unser Leben von außen her bestimmen. Wir sprechen oft von Wetterlaunen, die besonders in Mitteleuropa, in den gemäßigten Breiten zu spüren sind. Wie oft kann es im Hochsommer vorkommen, daß es an einem Tag heiß und trocken ist, während der gleiche Tag aber im folgenden Jahr durch naßkalte, unfreundliche Witterung geprägt ist.

Das Wetter kann zwar kurzfristig Kapriolen schlagen, aber so extrem abnormale Ereignisse wie Hitze im Winter oder Schnee im Flachland im Sommer sind in ein und derselben Landschaft unmöglich. Denn das Wetter ändert sich während eines Jahres mit einer gewissen Regelmäßigkeit, die sich im Klima eines Landstriches dokumentiert. Jedes Gebiet unserer Erde ist gekennzeichnet durch typischen Witterungscharakter. Dieses mittlere regionale Wetter bezeichnet man als Klima, es ist daher stets ortsbezogen, im Gegensatz zum Wetter, das primär einen Zeitbezug aufweist.

Der menschliche Organismus gewöhnt sich im Laufe der Zeit an das Klima, dem er ausgesetzt ist. Tritt nun ein Klimawechsel ein, sei es, man verreist für einige Tage in ein anderes Klimagebiet oder man wählt einen neuen Wohnsitz in einer anderen Klimazone, so macht sich dieser Klimawechsel sehr eindrucksvoll im Organismus bemerkbar.

Eine Klimaänderung stellt an die Regulationsfähigkeit unseres Körpers besonders hohe Anforderungen. Man nennt solche Abweichungen von der Norm, die psychischen und physischen Störungen, die bei einem Klimawechsel auftreten können, **Deklimatisation.** Ihr Ausgleich, die allmähliche Rückkehr des Wohlbefindens, bezeichnet man als **Akklimatisation** des Organismus. Dauert der Ortswechsel nur kurze Zeit und kann man sich in das gewohnte Klima wieder einleben, so spricht man von Reklimatisation.

Bei Klimawechsel, also bei einer vollkommenen und dauerhaften Akklimatisation, die sich auf mehrere Generationen erstreckt, spricht man von Inklimatisation, von einer vollständigen Gewöhnung des Organismus an ein anderes Klima, an neue Umweltbedingungen.

Die Anpassungsfähigkeit an andere Klimazonen wird in der Regel überschätzt. Man glaubt, einen Klimawechsel schon in wenigen Tagen überwunden zu haben. Aber in vielen Fällen sind Wochen, ja sogar Monate notwendig, um einen extremen Klimawechsel zu verkraften.
Als Grundregel kann gelten: Je größer der Klimaunterschied, desto größer die erforderliche Anpassungszeit für den Körper. Eine besondere Rolle spielt dabei natürlich die Toleranzbreite der Regulationsfähigkeit des Organismus. Denn je geringer diese ist, desto größer wird auch die Zeitspanne der Akklimatisation sein.

Es ist daher fraglich, ob Urlaubsreisen in entfernte Länder einen besonderen Erholungswert haben, da man in den meisten Fällen den Klimastreß nur schwer verkraften kann. Ja es kann sogar in manchen Fällen der gegenteilige Effekt eintreten, vor allem bei Kleinkindern, älteren Menschen und solchen mit schlechtem Gesundheitszustand, wo nämlich der Klimawechsel eine außerordentliche Belastung für den Organismus darstellt. In diesem Zustand bleiben oft pathologische Schäden nicht aus.

Es ist bekannt, daß der Wechsel der klimatischen Umweltbedingungen zu einer Umstellung des Organismus führen kann.

Dabei sind primär zwei Vorgänge für die Regulation im Körper maßgeblich:

1. Die Reaktion des Körpers auf den Klimawechsel, man spricht in diesem Zusammenhang von Adaptation.
2. Die Kompensation der ungewohnten klimatischen Einflüsse im Organismus, bis wiederum die neuen äußeren Einflüsse ausgeglichen sind, und ein möglichst optimales Gleichgewicht unseres Körpers mit der Umwelt herrscht.

Die Periode der Adaptation ist geprägt durch das Auftreten wichtiger medizinischer Erscheinungen, deren Dauer oft unterschätzt wird. Durchschnittlich genügen bei gemäßigten Klimazonen vier Wochen als Adaptationsdauer, in extremen Klimaten werden oft mehrere Monate benötigt, um die notwendige Akklimatisation zu erreichen. In einem extremen Klima wird sogar ein Aufenthalt von einigen Jahren nicht ausreichen, um eine vollständige Klimaanpassung zu erzielen.

Es gibt zahlreiche Untersuchungen, die biologische Bestbedingungen für Klimawechsel nennen. An erster Stelle steht das Lebensalter, und man kann die Akklimatisationsfähigkeit als Funktion des Alters darstellen. Lediglich der Säugling macht hier eine Ausnahme. Die Versetzung in ungewohnte Klimate, vor allem in heiße Klimazonen, ist in den ersten beiden Lebensjahren nahezu lebensgefährlich.

Die optimale Anpassungsfähigkeit wird zwischen dem 15. und 35. Lebensjahr erreicht. Danach nimmt die Akklimatisationsfähigkeit des Organismus rasch ab. Nach dem 50. Lebensjahr stellt eine größere Klimaänderung bereits ein Risiko dar: Eine Umsiedlung von mittleren Breiten in tropische Regionen bedeutet ein großes Wagnis, da man sich nur noch schwer anpassen kann. Aber auch kurzfristige Klimawechsel sind von diesem Zeitpunkt an ohne ärztliche Konsultation nicht immer risikolos.

Der Geschlechtsunterschied macht sich auch beim Klimawechsel bemerkbar. So leiden Frauen sowohl körperlich als auch seelisch im allgemeinen mehr unter extremen klimatischen Bedingungen als Männer. Sie ertragen schwerer extreme Kälte, drükkende Schwüle und heftige Stürme. Die Erklärung für die größere Empfindlichkeit auf Klimawechsel liegt im Keimdrüsenapparat bzw. im Hormonhaushalt der Frau. So ist auch zu verstehen, daß vor allem schwangere und stillende Frauen bei Klimawechsel nur schwer anpassungsfähig sind.

Die Fähigkeit der Akklimatisation hängt auch von der Völkergruppe des jeweiligen Individuums ab. Die akklimatisationsfähigste Rasse ist die mongolische. Mongolische Völker leben sowohl in tropischen Gegenden als auch in arktischen bzw. subarktischen Bereichen. Daß es sich dabei um eine Rasseneigentümlichkeit handelt, ist an Hand der amerikanischen und asiatischen Rassenäste durchaus zu erklären. So bewohnten auch die Indianer vor ihrer Ausrottung durch die Weißen ganz Amerika von Grönland bis Feuerland. Die am wenigsten anpassungsfähige Völkergruppe ist die nordische. Diese ist tropischen Klimaten auf die Dauer eher nicht gewachsen, subtropischen nur bedingt. Alle übrigen Völker, die zwischen der nordischen und der mongolischen Völkergruppe einzuordnen sind, weisen mehr oder weniger große Anpassungsschwierigkeiten an fremde Klimate auf, wo allerdings Akklimatisationsprobleme mehr subjektiv als objektiv zu erkennen sind.

Das Problem der Akklimatisation

Im medizinischen Sprachgebrauch hat sich dieser Begriff für die gesamten Erscheinungen, die am menschlichen Organismus erkennbar sind und in typischer Weise bei immer wiederkehrenden Klimaschwankungen auftreten, eingebürgert.

In der Meteorologie kann sich eine Klimaänderung auf den Organismus nur über die meteorologischen Größen wie Lufttemperatur, Luftfeuchtigkeit, Luftdruck, Luftelektrizität, Licht, Wind, Zusammensetzung der Luft und andere auswirken. Aber für den Körper ist eine lang andauernde Wirkung eines bestimmten Reizes nicht wie eine Aufsummierung gleicher kurzdauernder Ereignisse.

Jeder chronische Reiz wirkt umso gründlicher, je länger er andauert. Das wird deutlich, wenn man die akute Wirkung eines Reizes mit der chronischen Wirkung des gleichen Reizes vergleicht. Man weiß bei chemischen Reizen, daß ein und dieselbe Dosis verschiedene Wirkungen auslösen kann, je nach der Dauer ihrer Einnahme. So kann z. B. ein Medikament zu Beginn eine heilende Wirkung haben, aber nach einiger Zeit durchaus schädliche Folgen zeigen.

Im Vergleich zu den kurzfristigen Wettereinflüssen fallen also beim Klima die Faktoren der Gewöhnung, der Entziehung bzw. der Überreizung durch Dauereinfluß ohne Gewöhnung ins Gewicht. Außerdem ist eine eventuelle Überreizung der Organe trotz scheinbarer Gewöhnung möglich. Bei der Akklimatisation handelt es sich nicht um eine Einzelreaktion, sondern vielmehr um eine Reaktionskette, um einen Phasenwechsel des Körpers.

Diese Reaktionskette ist durch typische körperliche Funktionseinstellungen charakterisiert. Dabei ist aber zu bedenken, daß der Organismus auf klimatische Einflüsse keine stereotypen Reaktionen zeigt. Vielmehr besteht eine kontinuierliche Beziehung zwischen Körper, Psyche und Umwelteinflüssen.

Neben der Analyse der meteorologischen Bedingungen sind zur Beurteilung der Klimawirkung folgende Punkte zu beachten:

- die Reaktionsfähigkeit des einzelnen Individuums auf die neuen Umweltbedingungen;
- die Ausgangssituation, in der der Klimareiz zur Wirkung kommt;
- die Dauer der Klimawirkung und
- die Analyse anderer Wirkungskomplexe, die mit dieser Klimaeinwirkung verbunden sind.

Es ist einzusehen, daß die Ausgangssituation, in der der Körper den Klimawechsel erfährt, von primärer Bedeutung für die Akklimatisation ist.

So verträgt z. B. ein durch die Sommersonne gut durchwärmter Körper eine dosierte Kälteeinwirkung wesentlich länger und besser als ein frierender bzw. ausgekühlter Organismus. Natürlich macht sich das bei einem abgehärteten Sportler anders bemerkbar als bei einem »Stubenhocker«. Genauso verträgt ein Bergsteiger eine akute Höhenwirkung wesentlich besser als ein Flachlandbewohner.

Die Ausgangslage des Organismus ist auch für die Reaktionsfähigkeit von großer Bedeutung. Daß hierbei individuell große Unterschiede auftreten, ist klar. Die Akklimatisation eines Menschen ist keine direkte Folge der Klimawirkung, sondern Ausdruck der körpereigenen Reaktion.

Bei allen Studien über Akklimatisation hat auch die Dauer der Klimaanpassung großes Gewicht. Leider glauben viele, daß ein ein- oder zweiwöchiger Aufenthalt an der See oder im Gebirge bereits einen Heilerfolg zeigt.

Die Erfahrung zeigt aber, daß ein optimaler Heilerfolg eine Mindestaufenthaltsdauer von vier bis sechs Wochen im betreffenden Klima voraussetzt. Da die Aufenthaltsdauer bei Kuren und Reisen in den meisten Fällen weniger als sechs Wochen beträgt, so ist es durchaus möglich, daß der Reisende eine für die Klimazone untypische Witterung während seiner Aufenthaltsdauer antrifft.

Aus der Bäderheilkunde ist bekannt, daß eine Kurreaktion erst zwischen dem 10. und 20. Kurtag auftritt. Sie ist um so ausgeprägter, je ungewohnter das neue Klima für den betreffenden Menschen ist. Durch neuere Untersuchungen weiß man, daß zwischen dem 13. und 23. Kurtag eine erhöhte Kreislauflabilität auftritt.

Akklimatisation kann man nicht als eine kontinuierliche Nachregulierung des Körpers auffassen. Adaptation und Akklimatisation erfolgen in einer stufenweisen, mit Schwankungen verbundenen Gewöhnung des Körpers.

Bei jedem Klimawechsel sind natürlich auch die dazugehörenden Begleitumstände miteinzubeziehen, die durchaus von Bedeutung sein können. Es läßt sich aber sagen, daß je stärker der Klimareiz, desto geringer der Einfluß anderer Wirkungskomplexe ist. Bei den relativ milden Klimabedingungen Mitteleuropas haben psychische Faktoren einen wesentlich größeren Einfluß, und es muß vor allem den Klimatherapeuten immer bewußt sein, daß das Wetter bzw. das Klima lediglich einen Teilbereich aller äußeren Wirkungskomplexe darstellt.

Klima und Gesundheit

Das Wettergeschehen ist in weiten Teilen Europas durch rasche Änderungen charakterisiert. Längere Perioden mit konstantem Wetter sind selten. Den Wetterablauf über eine längere Zeit bezeichnet man als Klima, das wir in seinen Auswirkungen auf die Vegetation, Tierwelt, Bodenbeschaffenheit und letztlich auch auf den Menschen und dessen Kulturkreis erleben.

Es ist ein Zeichen unserer Zeit, daß wir mittels moderner Transportmittel in wenigen Stunden große Entfernungen überwinden können. Vor allem der damit verbundene rasche Klimawechsel stellt für den Organismus eine große Reizwirkung dar.

Die dadurch hervorgerufenen Reaktionen können vielseitig und sogar tödlich sein. Man muß sich daher über die Folgen eines raschen Klimawechsels im klaren sein. Die medizinmeteorologische Beurteilung von Klimazonen wird in erster Linie von den Ansichten der Heilkunde und Hygiene geprägt.

Hierbei sind folgende meteorologische Faktoren von primärer Bedeutung: Besonnungs- und Strahlungsverhältnisse, wobei zwischen möglicher, relativer und tatsächlicher Sonnenscheindauer unterschieden werden muß; Windverhältnisse; Lufttemperatur und deren Extreme; Windrichtung und Windgeschwindigkeit; Abkühlungsgröße; Äquivalenttemperatur; Feuchtigkeitsverhältnisse: relative Luftfeuchtigkeit, Dampfdruck, Nebelhäufigkeit; Niederschlagsmengen und deren Häufigkeit; Neuschneemenge und Schneelage.

Geographische Klimafaktoren sind die Seehöhe, Exposition zur Sonne und Lage im Gelände.

Im besonderen muß natürlich das Klima unter heilklimatischen Gesichtspunkten studiert werden, wobei die Kurorteklimatologie ein wichtiger Teil der medizinischen Therapie ist.

Die medizinmeteorologischen Anforderungen eines therapeutisch effizienten Kurklimas hat der Schweizer Bioklimatologe W. MÖRIKHOFER folgendermaßen definiert:

1. Das Klima darf keine gesundheitsschädlichen Eigenschaften aufweisen.
2. Das Klima muß über Eigenschaften verfügen, die der Gesundheit und Heilung förderlich sind und einen angenehmen Aufenthalt gewährleisten.

Im weiteren wird dann zwischen Heilfaktoren und Reizfaktoren unterschieden, die das Klima eines Ortes bestimmen.

Als Heilfaktoren gelten im wesentlichen das Vorhandensein von reichlicher Strahlung, eine gemäßigte Abkühlungsgröße, geringe Luftfeuchtigkeit und schadstoffarme Luft.

Wichtig sind auch ausreichende Schattenspender, Schutz vor stärkeren Winden und eine relative Stabilität der Witterung. Unter Reizfaktoren versteht man all jene Klimafaktoren, die die natürlichen Funktionen des Körpers anregen, was zur Kräftigung bzw. Genesung beiträgt. Diese Reizfaktoren bestimmen also im wesentlichen die Heilfaktoren eines Klimas.

In der Schweiz und in Deutschland existieren bereits genaue Definitionen der Reizschwellen des Klimas, wobei die daraus gewonnene Reizstufeneinteilung weitgehend für den gesamten Alpenraum Gültigkeit hat.

Dabei unterscheidet man prinzipiell zwischen mehreren Reizstufen:

Reizstufe 0: Orte mit Schonklima

Reizstufe 1: Orte mit leichten Reizfaktoren

Reizstufe 2: Orte mit mäßigen bis kräftigen Reizfaktoren

Reizstufe 3: Orte mit intensiven Reizfaktoren und häufig kräftiger Luftbewegung.

Mittels klimatologischer Mittelwerte wurden in Deutschland von F. BECKER Grenzwerte definiert, die es gestatten, die Reizstufen nach bestimmten Umweltfaktoren aufzugliedern. Die nachfolgende Tabelle wurde in Deutschland erstellt, da aber Norddeutschland nicht berücksichtigt wurde, können diese Zahlenwerte auch für das Alpenvorland genommen werden.

	schonend	reizschwach	reizmild	reizmäßig	reizstark
Windstärke (m/sec)	1,6—2,7	2,8—3,0	3,1—3,5	3,6—4,0	›4,0
mittlere Julitemperatur (°C)	17,4—16,7	16,6—16,0	15,9—15,3	15,2—14,5	‹14,5
mittlere Temperatur Mai — Juni (°C)	15,3—14,8	14,7—14,2	14,1—13,4	13,3—12,4	‹12,4
Tage mit 10°C	156—153	152—147	146—135	134—127	‹127
Dampfdruck (mm Hg)	10,6—10,4	10,3—10,1	10,0—9,8	9,7—9,4	‹9,4

Aufgrund wissenschaftlicher Erkenntnisse kann die moderne Medizin heute bestimmte Klimagebiete bzw. Heilklimakuren gezielt in der Therapie einsetzen. Bestimmte Erkrankungen, Symptome, aber auch verschiedene physiologische Veränderungen im Organismus können heilklimatisch behandelt werden.

Für die verschiedenen Reizstufen liegen folgende Anwendungsbereiche vor:

Die Reizstufe 0 ist allgemein schonend. Hier wird eine Dämpfung des sympathischen und Förderung des parasympathischen Nervensystems bewirkt; der Stoffwechsel wird herabgesetzt, gleichzeitig damit ist eine maximale Schonung des Herzens, des Kreislaufes und der Atmung gegeben. An die innere Wärmeproduktion werden nur geringe Anforderungen gestellt. Ebenso werden auch die Blutversorgung und die Sekretion der Schleimhäute minimal beansprucht. Vor allem ist dieses Schonklima durch die beruhigende Wirkung auf das Nervensystem charakterisiert.

Die Reizstufe 1, also Gebiete mit leichten Reizfaktoren, wirkt sich ebenfalls noch beruhigend auf das Nervensystem aus, obwohl die allgemeine Reizbeeinflussung bereits leicht stimuliert. Hierbei wird in erster Linie das parasympathische Nervensystem angeregt, während der sympathische Anteil nur in geringem Ausmaß stimuliert wird. Im weiteren entscheidet die Höhenlage über die Anregung des Organismus. Herz, Kreislauf, Atmung und Stoffwechsel werden zwar nur wenig belastet, dennoch liegt bereits eine gewisse Anregung vor. Auch die körpereigene Wärmeproduktion bleibt infolge der noch schwachen Reizung gering.

Hingegen bedeutet die Reizstufe 2 eine mäßige bis kräftige Stimulierung und eine intensive Anregung des Kreislaufes und der Atmungstätigkeit. Außerdem tritt eine Umstellung des Stoffwechsels, des endokrinen (Drüsen-) Systems und eine Anregung der Blutbildung ein. Diese mäßige bis kräftige Stimulierung des Nervensystems bedeutet eine Steigerung der Leistungsfähigkeit des Körpers und seiner Funktionen.

Reizstufe 3 übt eine ausgesprochen starke Reizwirkung auf das sympathische Nervensystem aus, während das parasympathische Nervensystem nur gering oder mäßig angeregt wird. Außerdem werden die Abwehrkräfte des Organismus bereits ziemlich in Anspruch genommen. Bei therapeutisch eingesetzten Klimakuren der Reizstufe 3 ist in vielen Fällen eine ärztliche Kontrolle notwendig, da ja der Kreislauf, der Stoffwechsel und die Atmung starken Beanspruchungen ausgesetzt sind.

Schon Hippokrates hatte erkannt, daß das Klima den Menschen ständig beeinflußt und seine Organfunktionen eine besondere Einstellung erfahren. So stehen Kreislauf, Stoffwechsel, Nervensystem und das System der inneren Drüsen unter dem Einfluß des Klimas. Es ist wohl leicht vorstellbar, daß z.B. ein Eskimo ein anderes körperliches Verhalten aufweist als ein Afrikaner und daß ein klimatischer Austausch zwischen den beiden zu organischen Änderungen infolge der veränderten Reize führen müßte. Aber man muß ja nicht gleich solche extremen Gegensätze heranziehen. Bleiben wir in Afrika, denn auch dort gibt es große klimatische Unterschiede. So leben in Wüstenzonen Menschen mit magerer und wasserarmer Konstitution, die sich an das unwirtliche Klima angepaßt haben, während die Menschen in den tropischen Regenwäldern über einen wasserreichen Organismus verfügen.

Wie sehr sich das Klima auf die Leistungsfähigkeit des Körpers auswirkt, sehen wir auch an den Olympischen Spielen. Hier können Hochleistungssportler oft keine guten Leistungen erbringen, weil sie einem ungewohnten Klimastreß ausgesetzt sind. Dieses Dilemma versucht man in der Sportmedizin durch eine genügend lange Akklimatisationszeit zu lösen.

Im Urlaub oder bei therapeutischen Maßnahmen in anderen Klimazonen übt das neue Klima einen mehr oder weniger starken Reiz auf den Organismus aus, was in der Klimatherapie gezielt als Stimulierungsmittel eingesetzt wird. Der Kranke, Rekonvaleszente oder einfach der Erholungsuchende verbringt eine gewisse Zeit in einem für ihn ungewohnten Klima. Bei jeder Klimatherapie muß man wissen, welches Klima auf welchen Menschen biotrop günstig wirkt. Man kann nicht wahllos irgendein Gebiet wählen, da die individuelle Reizschwelle in Betracht gezogen werden muß. Gleichzeitig muß man eventuell schädliche Effekte berücksichtigen, da erst die Summe seiner Positiva und Negativa die Wirkung des Heilklimas ausmacht.

Somit sind wir wieder am Anfang aller medizinmeteorologischen Betrachtungen angelangt: Um nämlich die Wirkung des Heilklimas erfassen zu können, müssen die langfristigen meteorologischen Einflüsse in Zusammenhang mit medizinischen Daten und Erkenntnissen gebracht werden.

Einflüsse verschiedener Klimazonen

Je nach Breitenkreis unserer Erde sind verschiedene Klimazonen anzutreffen, die in den verschiedenen Bodenarten und Vegetationsformen zum Ausdruck kommen.

Für die meisten Zentraleuropäer werden tropisches und arktisches Klima für therapeutische Zwecke wohl kaum in Frage kommen. Hier sind die meteorologischen Gegensätze zu groß.

Auch die Tropen werden als biotrop ungünstig angesehen. Die ungesunden Einflüsse in tropischen Gebieten sind aber keineswegs auf das Klima selbst, sondern auf die günstigen Entwicklungsbedingungen für Krankheitserreger und Überträger zurückzuführen. Das Tropenklima selbst übt zwar einen starken Reiz auf den Organismus aus, ungesund ist es aber nicht.

Früher vertrat man die Ansicht, daß aus Sümpfen ungesunde Dünste aufstiegen und daß diese »ungesunde Luft« (Malaria heißt wörtlich »schlechte Luft«) Ursache vieler Erkrankungen wäre.

Heute kennt man den wahren Überträger der Malaria, die Anophelesmücke. Diese Mücke benötigt zur Brutentwicklung eine Temperatur von über 16 Grad C. Beim Fehlen genügend langer Wärmeperioden kann sich diese Krankheit nicht ausbreiten. Hier bestimmt also das Klima das Auftreten von Krankheiten.

Das Charakteristikum des Tropenklimas ist die Gleichmäßigkeit der Temperatur zwischen 20 Grad C und 30 Grad C während des gesamten Jahres, verbunden mit reichlichem Niederschlag, was zu einer sehr hohen Luftfeuchtigkeit führt.

Um dieses schwüle Klima zu ertragen, genügt leichte und wärmedurchlässige Kleidung nicht allein, vielmehr muß auch die körpereigene Wärmeproduktion niedrig gehalten werden, um einen Wärmeüberschuß zu verhindern.

Der Europäer sollte daher bei der Nahrungsaufnahme gewisse Diätvorschriften einhalten und körperliche Anstrengungen vermeiden. Lediglich höhergelegene Gebiete in den Tropen sind als Daueraufenthaltsorte für Europäer geeignet.

Das arktische Klima hingegen ist für den Europäer wesentlich leichter zu ertragen. Vor Kälte und Finsternis kann man sich mit technischen Mitteln schützen, und verschiedene Präparate können einen Vitaminmangel verhindern.

F. LAUSCHER hat die diesbezüglichen Klimacharakteristika 1965 zusammengefaßt. Demnach gehören Ostalpenländer zum atlantisch-kontinentalen Übergangsbereich.

Das atlantisch-arktische Gebiet liegt relativ weit entfernt in Nordeuropa, während die Mittelmeereinflüsse zeitweise stärker wirksam werden wie z. B. in den Herbstregen in den Südalpenländern und in den sogenannten Genuatiefs am Alpen-Ostrand, die über die Adria und Ungarn nordwärts wandern und dabei am Ostrand Österreichs oft katastrophale Dauerregenfälle bewirken.

Eine wichtige Rolle spielt das Gebirge selbst. Es bedingt kleinräumige meteorologische Effekte, wie z. B. Niederschlagsreichtum in den Nordalpenländern durch Stau der maritimen West- und Nordwestwinde.

Die gebirgige Struktur dieser Länder bewirkt aber auch eine starke Abhängigkeit der klimatischen Elemente von der Seehöhe. So liegt die Nullgradgrenze im Sommer bei 3300 m, die klimatische Schneegrenze in den niederschlagsreichen Gebieten um 2700 m, in den niederschlagsarmen bei 3100 m. In den Niederungen ist die Luftfeuchtigkeit im Spätherbst und Frühwinter am größten, auf den Gipfeln herrscht im Sommer die größte Feuchtigkeit. Die Ursachen dafür sind Nebel und Hochnebel im Flachland und Wolkenhauben an den Berggipfeln. Ähnliche jahreszeitliche Verschiebungen ergeben sich für Bewölkung und Sonnenscheindauer.
In der Klimatherapie unterscheidet man zwischen mehreren Klimazonen, die für Heilzwecke Bedeutung haben.

Das Wald- und Hügellandschaftsklima ist ein Schonklima, wobei hier bereits größere Niederschlagsmengen auftreten. Die großen Waldgebiete verhindern extreme Temperaturschwankungen.

Das Mittelgebirgsklima übt bereits mehr oder weniger starken Reiz auf den Organismus aus. Die Reizwirkung auf das vegetative Nervensystem ist wesentlich stärker als im Schonklima, außerdem bedarf es bereits einer bestimmten Adaptationszeit.

Das Hochgebirgsklima ist als starkes Reizklima anzusehen. Einerseits ist der niedrigere Luftdruck und der damit verbundene geringere Sauerstoffpartialdruck ein großer Einflußfaktor für Kreislauf, Atmung und Blutbildung, andererseits fördert die UV-Strahlung verschiedene biologische Prozesse. Außerdem ist die Hochgebirgsluft arm an Allergenen und anderen Schadstoffen.

Das Meeresklima stellt ebenfalls ein starkes Reizklima dar. Die Luftfeuchtigkeit ist höher als im Gebirge, aber die UV-Strahlung ist geringer. Die Reizwirkung wird durch Bäder je nach geographischer Lage des Meeres noch zusätzlich erhöht. Dabei hat das Nordseeklima eine höhere Reizwirkung als das der Adria, was der Wassertemperatur und dem rauhen Klima zuzuschreiben ist.

Das Winterklima Nordafrikas übt klimatherapeutisch gesehen ebenfalls einen großen Einfluß auf den Organismus aus. Staubführende heiße Winde beeinträchtigen sehr oft das ansonsten günstige trockene Wetter. Die beste Aufenthaltszeit ist für Ägypten zwischen Mitte Oktober und Mitte April anzusetzen, vor allem bei Nierenleiden und Tuberkulose wird diese Klimatherapie angewandt.

Für den Mitteleuropäer sind das Mittelgebirgs-, Hochgebirgs- und Seeklima von therapeutischem Nutzen, wobei nicht nur Kranke sich der Klimatherapie unterziehen, sondern auch Gesunde bei richtiger Wahl ihres Urlaubsortes neue Kräfte für den Alltag sammeln können. Wichtig dabei ist es, die physiologischen Einflüsse der einzelnen Klimate zu kennen.

Das Mittelgebirgsklima

Das Klima des Mittelgebirges wird durch die allgemein milden Verhältnisse charakterisiert und stellt zwischen den beiden reizstarken Klimaten Hochgebirgs- und Seeklima die Verbindung dar. Diese gemilderte Form des Klimareizes bedeutet sowohl für Kranke als auch für gesunde und erholungssuchende Menschen eine mittelmäßige Beeinflussung des Organismus.

Alle meteorologischen Elemente treten nur in abgeschwächter Form auf: Es gibt keine hohen Windgeschwindigkeiten, die Temperaturunterschiede zwischen Tag und Nacht sind nicht so extrem wie im Flachland oder im Hochgebirge, die Abkühlungsgröße erreicht keine zu großen Werte.

Auch die UV-Strahlung ist mäßig, was als angenehm stimulierend, aber nicht reizstark empfunden wird.

Es ist relativ schwierig, eine ideale Höhe für einen Aufenthalt im Mittelgebirge anzugeben. Man kann aber sagen, daß der heilklimatisch wirksame Bereich des Mittelgebirgsklimas vorwiegend in den mittleren Höhen des jeweiligen Gebirges liegt.

Die geophysikalischen und geopsychologischen Einflüsse des Mittelgebirges auf den Menschen werden durch einen Faktor geprägt, der nur im Mittelgebirgsklima auftritt: den Wald.

Das Mittelgebirge wird auch durch große Unterschiede im lokalen Klima charakterisiert. Dieser Umstand wird durch die großräumige maritime bzw. kontinentale Klimabeeinflussung hervorgerufen.

Während z. B. das Riesengebirge, die Hohe Tatra, die Kleinen und Großen Karpaten unter kontinentalem Einfluß stehen, herrscht in den westlichen und nördlichen Gebirgen maritimes Klima vor, wobei noch starke Unterschiede zwischen Lee- und Luvseite zu verzeichnen sind.

Manche Mittelgebirge wie Taunus oder Spessart weisen ein gemischtes Klima auf, da die Wirksamkeit durchziehender Schlechtwettergebiete bereits vorher durch andere Gebirgsstöcke verringert wurde.

Bekannt ist auch das milde Klima des Südtiroler Mittelgebirges. Hier ist der Schutz vor Schlechtwetter aus dem Nordwesten durch den Alpenhauptkamm offensichtlich, und gleichzeitig wird dieses Gebiet durch häufigere Hochdruckwetterlage begünstigt.

Lokale Einflüsse prägen den Klimacharakter eines jeden Ortes; sie sind von klimatherapeutischer Bedeutung. Wegen der kleinräumigen Unterschiede schwanken auch die thermischen Komponenten.

Besonders in den jahreszeitlichen Übergangszeiten und im Winter weist das Mittelgebirge ein wesentlich milderes und biotrop günstigeres Klima auf als die darunter und darüber befindlichen Klimazonen.

Häufig verlaufen die Inversionsgrenzen unter der Seehöhe heilklimatischer Mittelgebirgsorte, wodurch diese oberhalb von oft tagelang anhaltenden Hochnebeldecken bleiben. Unter dieser Wolkenschicht, also in den Niederungen herrscht naßkaltes Wetter, während darüber angenehm milde Witterung mit viel Sonnenschein registriert wird.
Im Sommer wiederum treten keine so extrem heißen und schwülen Tage wie im Flachland auf, es ist meist erfrischend kühl bis warm. Hinzu kommt noch ein wesentlicher Faktor, der in den letzten Jahrzehnten immer mehr in den Vordergrund unseres Bewußtseins gerückt ist: die Luftverschmutzung.
Flache Inversionen gestatten keinen oder nur einen geringen vertikalen Luftaustausch, so daß sich bei solchen windschwachen Wetterlagen die Schadgase in Bodennähe sammeln und die Höhe des Mittelgebirges gar nicht erreichen.

Diese Region liegt somit in einer Zone von milder, trockener und relativ sauberer Luft, wo auch die direkte Sonnenstrahlung im Sommer wegen der relativ niedrigen Luftfeuchtigkeit als angenehm empfunden wird.

Vor allem der Wald gewährt in dieser Region Schutz vor Wetterunbilden. Nicht zu vergessen ist auch die luftreinigende Wirkung des Waldes, denn er filtert den groben Staub heraus und absorbiert Schadstoffe. Im Wald herrscht meist ein Schonklima, da die Tagesgänge der meteorologischen Elemente stark abgeschwächt werden. Wer kennt nicht die kühlende Wirkung eines Waldspazierganges im Sommer, und wer hat noch nicht den Duft des Waldbodens tief eingeatmet? Die Waldluft ist nämlich mit ätherischen Ölen, Terpenen und anderen anregenden Stoffen angereichert. Außerdem wirkt sich noch das Blattgrün überaus günstig auf die Psyche des Menschen aus.

Der Sinn eines Kurparkes bei Rehabilitationszentren ist daher leicht zu verstehen, denn auch hier kommen die Vorteile des Waldklimas zum Tragen.

Der deutsche Arzt und Klimaheilkundler W. AMELUNG nennt das Mittelgebirge die ideale Erholungslandschaft zur Überwindung der Anpassungskrise des heutigen Menschen an das Maschinenzeitalter und an die moderne Industriegesellschaft. Verhaltensstudien an Großstadtbewohnern beweisen auch, daß immer mehr Städter ihrem Lebensumkreis nach Möglichkeit entfliehen wollen und in der Freizeit ihre Erholung im Mittelgebirge oder in Waldesnähe suchen.

Das Mittelgebirgsklima übt verschiedene Einflüsse auf den Menschen aus. Je nachdem, ob der Organismus gesund oder krank ist, ist auch die Adaptationsdauer, also die Anpassung an das neue Klima, verschieden. Neue Untersuchungen haben ergeben, daß es in vielen Fällen auch bei Aufenthalten im Mittelgebirge in den ersten Tagen zu Müdigkeit, nervöser Unruhe und Schlafstörungen kommt. Später ist eine merkliche Besserung und eine erhöhte Leistungsfähigkeit zu verzeichnen, was aber in der dritten Aufenthaltswoche nachläßt bzw. aufhört. Fallweise können in dieser Zeit erneut alte Krankheitssymptome hervortreten — eine Art Luftkoller. Die erholsame Wirkung eines längeren Klimawechsels wird vielfach erst nach der Rückkehr an den Heimatort registriert.

Mitverantwortlich für solche Reize ist die Einwirkung der Klimakomponenten auf das vegetative Nervensystem. Weiterhin bewirken der in dieser Höhe geringere Sauerstoffpartialdruck, die saubere Luft und die verringerte Luftfeuchtigkeit eine merkbare Erhöhung der Atmungsfrequenz, die die Atmung wesentlich vertieft und dadurch die Lungentätigkeit verbessert.

Daß in diesen Zonen nur geringe Schadstoffmengen auftreten, wirkt sich auf Herz- und Lungenkranke positiv aus. Außerdem erhöht sich in den Höhenlagen des Mittelgebirges die Anzahl der roten Blutkörperchen bereits beträchtlich, was eine Vermehrung des Hämoglobingehaltes bedeutet.

Je länger der Aufenthalt in diesen Regionen dauert, desto mehr verringert sich der Stoffwechsel, und sonst vielleicht überhöhte innersekretorische Abläufe werden ausgeglichen.

Die Reizwirkung des Mittelgebirgsklimas ist wegen der dadurch hervorgerufenen vegetativen Normalisierung als überaus positiv anzusehen, so daß sein großer Erholungswert aus der Klimatherapie nicht mehr wegzudenken ist.

Das Hochgebirgsklima

Die meisten heilklimatischen Kurorte in Österreich, Deutschland und der Schweiz liegen über 500 m Seehöhe, also entweder im Mittel- oder Hochgebirge. Aus medizinmeteorologischer Sicht ist die Höhengrenze zwischen den Regionen nicht leicht zu definieren.

Eine wichtige Größe hierfür ist natürlich der Luftdruck bzw. der Sauerstoffpartialdruck. Der Beginn des Höhenklimareizes wird in der Klimatherapie ab einer Höhe von 800 bis 1000 m angesetzt, obwohl es heute schon in höheren Regionen Unterkunftsmöglichkeiten und Hotels gibt und die Seilbahnen jährlich viele Menschen in große Höhe transportieren. Es wäre aber falsch anzunehmen, daß die Reizwirkung des Höhenklimas lediglich auf den geringen Sauerstoffpartialdruck zurückzuführen ist. Es kommt noch eine Vielzahl von anderen wirksamen Klimareizen hinzu.

Wichtige Charakteristika des Hochgebirges ergeben sich aus dem Vergleich mit dem Klima der Niederungen. Dazu gehören die niedrige Lufttemperatur, die geringere Luftfeuchtigkeit, das Fehlen der Schwüleempfindung, die vermehrte Sonnenstrahlung und die relativ wenigen Schadstoffe in der Luft. Andere zusätzliche Reizfaktoren sind die häufig auftretenden hohen Windgeschwindigkeiten und die vermehrten Nebel, da das Wolkenniveau oft in Berghöhe verläuft.

Auch im Vergleich zu anderen Klimazonen ergeben sich große Unterschiede, wenn man die jahreszeitliche Verteilung der meteorologischen Größen betrachtet. Die vermehrte Sonnenstrahlung im Winter ist einer der Vorzüge des Hochgebirgsklimas. Die größere Intensität und die höhere Anzahl der Sonnenscheinstunden sind aber nicht nur auf die Höhe zurückzuführen, sondern vielfach auf das Vorkommen von Inversionen bei bestimmten Wetterlagen, die als Obergrenze von Hochnebelschichten auftreten. Sie wirken wie der Deckel auf einem Kochtopf, was in diesem Fall eine vertikale Ausbreitung aller Substanzen verhindert. Die Luftverschmutzung in manchen verkehrs- und industriereichen Tälern beschränkt sich dadurch auf die Talsohlen.

Die wolkenauflösende Wirkung vorgelagerter Berghänge in Leelagen bedingt auch eine vermehrte Sonnenstrahlung. Im Windschatten eines Gebirges kann es örtlich zu Wolkenauflösung kommen.

Dieser Effekt tritt auch bei Föhnwetterlagen auf. Die angeströmten Berghänge halten oft tagelang die Bewölkung fest. Man spricht in diesem Zusammenhang von Wolkenstau.

Der Alpenföhn ist zweifellos eine der markantesten Wettererscheinungen im Gebirge. Über seine Auswirkungen auf den Organismus wurden bereits zahlreiche Studien verfaßt.

Ein anderer bioklimatischer Vorzug des Hochgebirgsklimas tritt im Sommer, vor allem an heißen Tagen auf. Wegen der meist nur geringen Luftfeuchtigkeit ist es trotz starker Sonnenstrahlung im Hochsommer nie schwül. Bereits ab 500 m Seehöhe kommt eine Belastung des Organismus durch Schwüle nur sehr selten vor.

Bereits am frühen Vormittag bilden sich an Schönwettertagen im Gebirge Wolken, weil die Berglandschaft ein weiteres Aufsteigen der warmen Luft begünstigt.

Diese Wolken bedecken dann vielfach die Berggipfel, was somit in Hochgebirgslagen einen großen Sonnenstrahlungsverlust bedeutet. Klimatherapeutisch gesehen ist dieser Effekt sicherlich zum Teil positiv, da er einen längeren Freiluftaufenthalt ohne direkte Sonnenstrahlung ermöglicht.

Das Hochgebirgsklima stellt aufgrund seiner meteorologischen Gegebenheiten zweifellos einen starken Reiz für den Organismus dar, der sich in verschiedenen Formen äußert. An erster Stelle ist hier der Einfluß auf die Atmung zu nennen.

In den ersten Tagen eines Aufenthaltes in höheren Regionen macht sich jede körperliche Anstrengung durch mehr oder minder starke Atemnot bemerkbar. Zunächst erhöht sich dabei nur die Atmungstiefe, später auch die Atmungsfrequenz.

Die Ursachen dafür sind noch nicht gänzlich geklärt. Man weiß aber, daß die Atmungssteigerung mehr Sauerstoff in die Alveolen bringt und so die »dünne Luft« ausgleicht. Gleichzeitig wird die Sauerstoff- und Kohlendioxidspannung im Blut vermindert, was sich beim Schlafen bemerkbar macht. Man schläft mit rhythmischen Atemzügen: Nach einer Atempause folgen zunächst tiefe, dann immer flachere Atemzüge, bis wieder eine Pause eintritt (Cheyne-Stokesche Atmung).

Diese Hyperventilation, also übermäßige Atmung, begünstigt den Abbau der bei der Atmung entstehenden Kohlendioxide, und mit der Zunahme des Hämoglobins wird auch die Sauerstoffversorgung des Körpers aufrechterhalten.

Die rasche, aber flachere Atmung hat zur Folge, daß die Atemvolumenskapazität abnimmt. Diese Verminderung bleibt über mehrere Tage bis Wochen erhalten und ist unter anderem ein Charakteristikum für die Akklimatisation an das Hochgebirgsklima.

Im Gebirge löst aber nicht nur der geringere Sauerstoffpartialdruck ein geändertes Atmungsverhalten aus, sondern auch die geringe Luftfeuchtigkeit. Wegen des verringerten Dampfdruckes entnimmt die eingeatmete Luft der Schleimhaut der Luftröhre und Bronchien mehr Wasser, als es im Flachland bei höherer Luftfeuchtigkeit der Fall ist. Das kann zu einer vorübergehenden Austrocknung der Atemwege führen, was eine Erkrankung der Atmungsorgane begünstigt.

Diese Erscheinungen verschwinden aber bei genügend langer Akklimatisationsdauer vollständig. Als Grund hierfür wird die erhöhte Durchblutung der Bronchial- und Trachealschleimhaut angegeben, die eine bessere Wasserabgabe bewirkt.

Das Hochgebirgsklima macht sich bei jedem Menschen durch einen bestimmten Effekt bemerkbar, der bereits bei der Überwindung von nur geringen Höhenunterschieden auftritt: das »Zufallen der Ohren«.

Man verspürt plötzlich einen unangenehmen Druck in den Ohren. Dieses Gefühl entsteht durch die Ausdehnung der Luft in der Paukenhöhle des Ohres, da ja der Luftdruck, der für diese gasgefüllte Körperhöhle als Gegendruck wirkt, abnimmt. Das Mittelohr reagiert nämlich schon auf kleine Druckunterschiede äußerst empfindlich. Einen Druckausgleich erzielt man durch mehrfaches Schlucken oder durch Kaubewegungen.

Im menschlichen Körper gibt es noch weitere gasgefüllte Körperhöhlen, z. B. die Magenblase. Hier ist aber der entstehende Überdruck zu gering, um irgendwelche Beschwerden zu verursachen.

Wissenschaftlich gesicherte höhenabhängige Reaktionen und Änderungen treten auch im Blutbild auf. Am besten bekannt ist die Zunahme der Erythrozyten, der roten Blutkörperchen und des Hämoglobins, des Farbstoffträgers der Erythrozyten. Die Anpassung der Blutstoffe an das neue Höhenklima dauert in Höhen unter 2000 m ungefähr zwei Wochen, in 4000 m Höhe bereits drei bis vier Wochen. Die Adaptation der roten Blutkörperchen wird aber bereits in wesentlich geringeren Höhen angeregt. Nach dieser Anpassungsperiode bleibt dann die erhöhte Anzahl der Erythrozyten erhalten. Anfangs steigt auch der Blutplasmagehalt an. Diese Plasmavermehrung hält aber nur einige Tage an und sinkt dann wieder auf den Normalwert zurück.

Gleichzeitig mit der Zunahme der roten Blutkörperchen ändert sich auch der Eisenstoffwechsel. Ab einem Höhenaufenthalt von 2000 m sinkt der Bluteisenspiegel, was sich in einem Eisenhunger des Organismus zeigt. Unterhalb dieser Höhe bleibt der Eisengehalt im Blut unter seinen Grenzwerten.

Die Änderung des roten Blutbildes hängt in erster Linie, wie bei allen Adaptations- und Akklimatisationserscheinungen, von der individuellen Konstitution des Menschen ab, wobei der Gesunde meist weniger Reaktionen zeigt als der Kranke. Vor allem bei leichter Anämie vermehren sich die roten Blutkörperchen.

Im Hochgebirgsklima treten auch Veränderungen im weißen Blutbild auf, wenn auch nicht so stark wie im roten. So ist der Cholesteringehalt bereits ab 1500 m erhöht. Für Bergwanderer und Bergsteiger besonders erwähnenswert ist die Verlängerung der Blutgerinnungsdauer durch das Absinken des Prothrombinspiegels. Prothrombin ist eine ständig im Blut vorhandene Vorstufe des Fibrinfermentes, welches die Blutgerinnung bewirkt. Erfahrungsweise treten im Hochgebirge Blutungen wesentlich häufiger und anhaltender auf als im Flachland, hingegen Thrombosen, Embolien und Infarkte seltener. Hierin findet man auch einen Grund für die verzögerte Blutgerinnung, die vielleicht die Zellvermehrung in der Höhe und die dadurch hervorgerufene Bluteindickung ausgleicht.

Die Anpassung der Blutzusammensetzung an das Höhenklima findet in den ersten Tagen der Einwirkung der neuen Reizfaktoren statt und bleibt dann bei gleichbleibenden Umweltbedingungen konstant.

Gesunde Menschen können den geringeren Sauerstoffpartialdruck bis zu ungefähr 5000 m über die Zunahme des Hämoglobins vollständig ausgleichen. Außerdem zirkuliert eine erhöhte Blutmenge. Die Pulsfrequenz und der Blutdruck steigen bei Einwirkung des Höhenklimas an, sinken aber nach genügender Anpassungszeit wieder auf den Ausgangswert zurück oder bleiben sogar darunter.

Der Blutstrom unterliegt ebenfalls einer auffallenden Änderung. Gleich nach Erreichen der Höhe verlangsamt sich der Herzschlag, die Pulsgeschwindigkeit ist langsamer, das Minutenvolumen, also die pro Minute vom Herzen ausgetriebene Blutmenge (etwa 4 bis 4,5 Liter beim gesunden Menschen in Ruhestellung), vermindert. Dieser Zustand macht sich in den meisten Fällen durch Müdigkeit bemerkbar, dauert aber nur wenige Stunden. Dann ändert sich der Kreislauf wieder und schlägt in die Gegenrichtung um. Das Herz fängt an, rascher zu schlagen, die Pulsfrequenz wird erhöht, und der Blutdruck steigt. Vor allem Menschen mit Bluthochdruck müssen die Situation richtig und frühzeitig erkennen. Diese Phase dauert wesentlich länger als die erste und muß klimatherapeutisch berücksichtigt werden.

In dieser Zeitphase ist die körperliche Leistungsfähigkeit stark herabgesetzt, wobei noch Schlaflosigkeit hinzukommt. Eine vollständige Akklimatisation ist erst nach mindestens drei Wochen Aufenthalt im Hochgebirge erreicht. Bis dahin unterliegt der Kreislauf großen Schwankungen.

Nach Beendigung eines Höhenaufenthaltes findet wieder eine Akklimatisierung an das Heimatklima statt: Das Herz schlägt langsamer, das Ruheminutenvolumen wird kleiner, und ebenso sinkt der Blutdruck. Dieser sogenannte Rückkehreffekt kann bis zu acht Tagen andauern.
Über die Änderungen des Stoffwechsels bei Hochgebirgsaufenthalten liegen noch relativ wenig Untersuchungen vor.

Im Eiweißstoffwechsel kommt es zu einem vorübergehenden Eiweißabbau, wonach wieder ein markanter Eiweißansatz folgt. Beim Kohlenhydratstoffwechsel konnte bis jetzt keine höhenabhängige Veränderung festgestellt werden. Ebenso scheint der Blutzuckerspiegel bis in Höhen von 3500 m gleich zu bleiben, allerdings ist er bei Tieflandbewohnern höher als im Gebirge.

Bei der Akklimatisation liegt der Grundumsatz nach einem kurzen Anstieg während der Adaptationsphase relativ niedrig, bleibt aber immer noch innerhalb seiner normalen Grenzen. Auch die Schilddrüsenaktivität nimmt ab und bleibt niedrig. Milchsäure, Wasserausscheidung und Magenbewegung bleiben nach anfänglichen kurzen Änderungen gleich.

Die Reizwirkung des Höhenklimas erfolgt nicht nur auf die physischen Komponenten, sondern auch auf das vegetative Nervensystem und somit auf die Psyche des Menschen. Zwar fehlen psychologische Untersuchungen in größerem Umfang, aber dennoch sind verschiedene Umstände bekannt.

Auf viele Menschen wirkt das Gebirge anfangs bedrückend: Vor allem Flachlandbewohner, die sich in der Weite der Ebenen wohlfühlen, empfinden im Bergland ein bedrohliches Gefühl. Aber schon nach wenigen Stunden verliert sich diese Bedrükkung und macht einer Art Hochgefühl, einer euphorischen Stimmung Platz. Man bezeichnet diese Stimmung als Höhenrausch. Aus dieser Hochstimmung resultieren aber leider immer wieder Bergunfälle, weil die eigene Leistungsfähigkeit überschätzt wird und man nicht mehr mit der nötigen Vorsicht handelt.

Von Natur aus nervöse Menschen können aber auch übernervös und ängstlich werden. Das kann sogar soweit gehen, daß sie letztlich ihren Höhenaufenthalt abbrechen. Bei weiterem Aufenthalt im Hochgebirgsklima normalisieren sich dann im Rahmen der Adaptation die physischen Zustände, und die Empfindlichkeit der Sinnesorgane kehrt zu ihrem Ausgangswert zurück oder sinkt sogar darunter. Das psychische Verhalten weist aber in vielen Fällen keine rasche Normalisierung auf, sondern kann in depressive Verstimmung umschlagen. Oft wird sich dieser Zustand auch lediglich als Heimweh äußern.

Nach der vierten Woche des Aufenthaltes ist dann der Adaptationsprozeß abgeschlossen, der menschliche Organismus hat sich an die neuen Umweltbedingungen gewöhnt. Eine Hochgebirgskur dauert daher mindestens fünf bis sechs Wochen.

Nach Beendigung des Hochgebirgsaufenthaltes ändert der Körper nochmals seine Funktionen und paßt sich wiederum an die für ihn abermals neuen Bedingungen an.

Dabei wird aber nicht die Ausgangssituation vor diesem Aufenthalt wiederhergestellt, sondern es tritt eine neue Situation ein. Zur neuerlichen Anpassung an die klimatischen Bedingungen muß man ungefähr eine Woche veranschlagen, was bei kranken Menschen in Form einer Nachkur im Heimatort berücksichtigt werden muß.

Menschen, die ständig im Hochgebirge leben, und somit an dieses Klima gewöhnt sind, sind häufig psychisch ausgeglichen. Hier sind mehr phlegmatische als cholerische Menschen anzutreffen. Dem Fremden erscheinen sie oft als starrköpfig und gleichgültig äußeren Ereignissen gegenüber.

Das Seeklima

Das See- oder Meeresklima übt so wie das Hochgebirgsklima einen großen Reiz auf den Organismus aus. Natürlich hängt das auch in diesem Fall vom Wettergeschehen selbst ab. Unabhängig von der herrschenden Witterung spielt aber ein Umstand eine große Rolle, der vor allem wegen seiner Langzeitwirkung medizinmeteorologisch wichtig ist: die wärmespeichernde Eigenschaft des Meeres. Die Wärmeabgabe erfolgt nur sehr langsam, sodaß die Lufttemperatur im Jahresverlauf ziemlich ausgeglichen ist.

Das hat zur Folge, daß es im Sommer nicht zu heiß und im Winter nicht zu kalt ist, im Gegensatz zum Festland, wo wegen der raschen Wärmeleitung und geringen Wärmekapazität große Temperaturunterschiede auftreten. Auch die Luftfeuchtigkeit ist in Küstennähe mit relativ hohen Werten ausgeglichen und stellt so einen eher gleichmäßigen Reiz für den Organismus dar.

Allerdings kommt beim Seeklima ein Umstand hinzu, der biotrop wirksam sein kann: Das Küstenklima Europas ist je nach geographischer Breite und anderen geographischen Gegebenheiten recht unterschiedlich, wobei der Süden für gewisse Therapien bessere klimatische Voraussetzungen aufweist als der Norden. So sind an den Mittelmeerküsten wesentlich mehr Freiluftbehandlungen möglich als an der Nordsee. Besonders im Winter machen sich die höhere Lufttemperatur und vermehrten Sonnenscheinstunden positiv für den Körper bemerkbar.

Hingegen können in den Sommermonaten, durch die Überwärmung bedingt, negative Reaktionen auftreten. Die fast ständig wehenden Winde bieten einen gewissen Schutz vor dieser Überwärmung.
Das Meeresklima kann verschiedene Reaktionen auslösen, wobei wegen der regionalen klimatischen Unterschiede auch verschiedene Funktionen angesprochen werden.

Ganz gleich, welche Meeresgegend für den Aufenthalt ausgesucht wird — überall erfährt der erholungssuchende Mensch die gleiche Erholung über die Atemwege. In Küstengegenden ist die Luft oft schadstoffärmer. Auch Dunstglocken, die oft tagelang über Städten und Industriegebieten liegen, gibt es hier nicht.

Die größte Reizwirkung für den Organismus ist zweifellos der thermische Wirkungskomplex. Denn das Klima gestattet meist einen längeren Aufenthalt im Freien. Die milden, fallweise auch hohen Lufttemperaturen wirken sich in erster Linie auf die Wärmeregulation des Organismus aus.

Der Schutz vor zu rascher Abkühlung ist besonders wichtig, da im Wasser der Wärmeverlust wesentlich größer als in der Luft ist: Er erfolgt durch physikalische und chemische Wärmeregulation. Physikalisch wird die Wärmeabgabe durch die Einschränkung der Hautatmung und durch reduzierte Verdunstung über die Haut gewährleistet, chemisch erfolgt sie durch eine Steigerung der Verbrennungsvorgänge im Körper und durch die Erhöhung der Muskelspannung. Diese Funktionen hängen hauptsächlich von der jeweiligen körperlichen Konstitution ab. Je dicker ein Mensch ist, d.h. über je mehr Fettgewebe er verfügt, desto mehr wird die Abkühlung behindert. Magere Menschen hingegen können der Kälteeinwirkung nicht so lange widerstehen und kühlen rascher ab, obwohl sich ihr Sauerstoffverbrauch erhöht und die Gefäßzusammenziehung verstärkt wird.

Die Seeklimatherapie versucht nun, eine Abhärtung des Körpers zu erreichen. Der Wärmehaushalt soll derart beeinflußt werden, daß er auf Außenreize regulatorisch besser anspricht. Es ist eine Zeiterscheinung, daß viele Stadtbewohner die Fähigkeit zur körpereigenen Wärmeregulierung einbüßen. Als Ursache dafür ist die »verweichlichte« Lebensführung zu nennen. Viele Menschen verschaffen sich heute kaum noch Bewegung in der freien Natur, dagegen tragen sie in überheizten Räumen zu warme Kleidung. Dem Kältereiz der Luft ist man zu selten ausgesetzt.

Auf diese Weise verliert die Haut die Fähigkeit, die Wärme selbst zu regulieren, und erst ein Kuraufenthalt an der See bringt die Hautgefäße wieder soweit, ihre diesbezüglichen Funktionen auszuüben.

Ein länger anhaltender Kältereiz bewirkt für den Organismus eine Kälteakklimatisation, was Änderungen im Kreislauf und Stoffwechsel zur Folge hat.

Die Abhärtung des Körpers durch Kälteakklimatisation bedeutet eine Intensivierung der Wärmeregulation. Die Gefäße ziehen sich rascher und stärker zusammen und verhindern so eine Abkühlung. Auch die Spannung der Arteriensysteme nimmt zu, was bei Menschen mit Bluthochdruck zu einem Blutdruckanstieg führt. Man weiß, daß die chemische Wärmeproduktion im Körper vielfach so gut funktionieren kann, daß auch bei Nase und Fingern die Abkühlung nicht durch Gefäßverengung, sondern durch vermehrte Durchblutung verhindert wird. So frieren zum Beispiel bei Fischern und Eskimos die Hände bei intensiver Kälteeinwirkung nicht steif, auch wenn diese noch so lang dem Einfluß des eiskalten Seewassers ausgesetzt sind. Auf diese Weise wird die Wärme auch bei jenen Menschen reguliert, die einem »Verkühle-dich-täglich-Klub« angehören und ihre Abhärtung durch den Aufenthalt in eiskaltem Wasser demonstrieren. Auch hier findet die Wärmeregulation nur in geringem Ausmaß durch Gefäßverengung statt.

Wir kennen Lebewesen, die ständig oder fast ausschließlich im Eiswasser leben und deren Körpertemperatur dennoch nicht unter 38,3 Grad C sinkt: Seehunde. Dies wird ihnen durch eine dicke Fettschicht unter der Haut ermöglicht, welche sie vor der Kälte schützt. Diese Fettschicht macht bei den Seehunden 50 Prozent des Körpergewichtes aus. Der Durchschnittsmensch mit seiner vergleichsweise geringen Fettpolsterung könnte im Eiswasser nur rund 30 Minuten überleben. Bei Kälteakklimatisation nimmt aber nun gleichzeitig die isolierende Fettschicht zu.

Nun werden aber nur wenige Menschen einer so rigorosen Abhärtung bedürfen, da kaum jemand solch extremen Bedingungen ausgesetzt ist.

Der Wert der Abhärtung durch die seeklimatische Therapie liegt also in der ersten Phase der Kälteakklimatisation, die sich in einer Intensivierung der Funktionen des Blutkreislaufes äußert. Das hat für Herzkranke besondere Bedeutung, da ja dies eine äußere Kreislaufanregung ist und das Herz dabei nicht belastet wird.

Aus medizinmeteorologischer Sicht darf bei der Betrachtung des thermischen Wirkungskomplexes nicht vergessen werden, daß dabei keineswegs nur die Lufttemperatur, sondern vielmehr das Zusammenspiel verschiedener meteorologischer Größen, auch Wind und Feuchte, ausschlaggebend ist.

Selbstverständlich wirkt sich das Seeklima auch über den Strahlungskomplex aus, wobei man in Mitteleuropa besonders leicht durch zu viel Sonne Schaden nehmen kann, denn durch die meist fehlende Dunstschicht ist die kurzwellige Sonnenstrahlung sehr intensiv und kann zu Hautschädigungen führen.

Die Auswirkungen der seeklimatischen Reize sind also physisch und psychisch vielschichtig. Die stärksten Reaktionen treten beim vegetativen Nervensystem auf, was wiederum eine Reihe von anderen Körperfunktionen beeinflußt.

Vor allem aber reagiert die Atmung im Meeresküstenklima auf die gegenüber dem Heimatort veränderte Lufttemperatur und den Aerosolgehalt der Luft.

Die relativ saubere, dafür aber feuchtere und salzhaltige Luft bewirkt eine tiefere und schnellere Atmung. Diese verbesserte Atemtätigkeit wird durch sportliche Aktivitäten begünstigt. Bei Asthmatikern kann dies zu einer Verbesserung der Atemtechnik und zu einer Aufblähung der Lungen auf bis zu 2 Litern führen. Im allgemeinen kann man eine deutliche Vermehrung des Atemvolumens um etwa 0,5 Liter ausmachen.

Das Blutbild weist ebenfalls Änderungen auf: Während diese beim weißen Blutbild nur gering sind, außer bei Abheilungsprozessen von entzündlichen Vorgängen, sind sie durch das Strahlungsklima der Küstenregionen stärker bei der Vermehrung des Hämoglobins und der Ausschüttung roter Blutkörperchen. Auch die Blutdichte nimmt infolge des Wärmeeinflusses, besonders im Mittelmeerraum, zu.

Das Klima — hier sind primär die geänderten thermischen Bedingungen gemeint — beeinflußt auch den Kreislauf. So werden die Pulsfrequenz erhöht und die Pulswellengeschwindigkeit gesteigert. Blutdruck und Minutenvolumen bleiben unverändert. Allerdings ist während eines Küstenaufenthaltes eine geringe Abnahme des systolischen Blutdruckes zu verzeichnen. Bei Wärmeeinwirkung tritt in den meisten Fällen Blutdruckabfall ein, genauso wie bei Kälteeinwirkung ein Blutdruckanstieg registriert wird. Das Meeresklima kann also in vielen Fällen auch eine Belastung für den Kreislauf darstellen.

Schon seit geraumer Zeit weiß man, daß ein Aufenthalt an der See die Muskulatur kräftigt. Vor allem bei Kindern fällt diese Tatsache auf, genauso wie die Zunahme des Fettgewebes. Als eine Art Nebeneffekt der Reizwirkung des Seeklimas auf das vegetative Nervensystem kann man die Änderung der Verdauungsfunktionen bezeichnen. Häufig treten nämlich eine Normalisierung der Magensekretion und eine Beseitigung von Stuhlträgheit ein.

Auch die Reizwirkung auf die Psyche darf man nicht vergessen, denn das Erlebnis des Meeres ist einer jener Eindrücke, der den Erholungswert eines Seeluftaufenthaltes nicht nur für Kranke, sondern auch für Gesunde wesentlich erhöht.

Klima als Kuranwendung

Schon früh erkannte man, daß das Klima körperliche Reaktionen auslösen kann, besonders bei raschem und langanhaltendem Klimawechsel. Der moderne Mensch versucht, diese alten Erkenntnisse, die meist auf Erfahrungswerten beruhen und erst später wissenschaftlich untermauert wurden, zu seinem Nutzen anzuwenden. Im Lauf der Zeit hat er sich immer weiter von seiner ursprünglichen Anpassung an seine natürliche Umgebung entfernt und versucht, sich vor seiner Umwelt zu schützen. Da aber dabei die körpereigenen Abwehrstoffe immer weniger werden, wird der Mensch durch seinen Organismus dazu gezwungen, zusätzliche Abwehrmaßnahmen zu treffen. In vielen Fällen wird die übliche Denkweise, physiologische Veränderungen durch Pharmazeutika bekämpfen zu müssen, nur kurzfristig Erfolg haben.
Besser wäre es, das Augenmerk auf eine allgemeine Steigerung der Anpassungs- und Abwehrkräfte des Organismus im Rahmen seiner natürlichen Möglichkeiten zu richten. Und in diesem Zusammenhang findet die Klimatherapie ihre gezielte Anwendung.
Bei der Anwendung der Klimatherapie werden natürliche Umstände als Hilfs- und Unterstützungsmittel herangezogen, die den großen Vorteil haben, bei richtiger Dosierung keine schädlichen Nebenwirkungen zu verursachen. Es ist ja auch der eigentliche Sinn eines jeden Heilverfahrens, den Körper in seinen ursprünglichen Funktionen zu unterstützen. Der Sinn der Klimabehandlung zeigt sich in der Wirkung einer Milieuänderung. Denn jede Änderung der gewohnten Umgebung stellt für den Organismus einen Reiz dar. Man darf natürlich von einer solchen Reizwirkung keine Normalisierung einer gestörten biologischen Ausgangslage erwarten, das heißt, daß die Klimakur allein kein Leiden beheben kann. In der Regel ist es aber so, daß der Mensch in seinem Heimatklima irgendwelchen ungünstigen Faktoren ausgesetzt ist, die negative Körperreaktionen verursachen. Die Klimatherapie besteht nun darin, den Menschen in ein anderes Klima zu versetzen, das zugleich schonend wirkt und eine Umstellung seiner körperlichen Reaktionen auslöst.

Voraussetzung für eine exakte Klimabehandlung ist die Kenntnis der durch die Klimaänderung hervorgerufenen Umstellung des vegetativen Nervensystems und der dadurch ausgelösten physiologischen Funktionen. Die Klimatherapie beeinflußt den gesamten Organismus, im Gegensatz zu anderen Therapieformen, bei denen gezielte körperliche Angriffspunkte gewählt werden können. Wichtig vor allem bei der Klimatherapie ist eine konsequente Behandlung. Dabei spielt die Dauer dieser Maßnahmen eine große Rolle.

Denn wie oft muß man den Erfolg einer solchen Behandlung vermissen, wenn durch zu kurze Zeit keine körperliche Anpassung an das fremde Klima erfolgen kann. Außerdem müssen die Reklimatisierung, also die Rückanpassung an das Heimatklima, und die damit verbundenen neuerlichen physiologischen Änderungen berücksichtigt werden.

In der Klimatherapie bieten sich nun verschiedene Möglichkeiten, die klimatischen Faktoren auf den Organismus einwirken zu lassen, z. B. in Form von Luftbädern, Freiluftliegekuren, Heliotherapie und Terrainkuren. Es gibt auch Kombinationen mit Heilwasserkuren, bei denen der klimatische Effekt vergrößert ist.

Unter **Luftbädern** versteht man im allgemeinen den Aufenthalt an der freien Luft. Dabei ist der Grad der Bekleidung nicht unwichtig, denn der Körper soll ja der umgebenden Luft möglichst direkt ausgesetzt sein. Direkte Sonnenstrahlung ist dabei nicht notwendig, es genügt das Auftreffen der Himmelsstrahlung auf den Körper. Da diese indirekte Sonnenstrahlung auch UV-Anteile aufweist, tritt auch ohne unmittelbare Strahlungseinwirkung eine Rötung auf. Dadurch können in der Haut Abwehrkörper gebildet werden, die eine gewisse Abhärtung bedingen.

Außerdem wirken Luftbäder auf nervöse Menschen mit labilem Nervensystem beruhigend. Luftbäder können weitere Bedeutung für den Menschen erlangen, wenn während des Luftbades eine körperliche Bewegung stattfindet. Ob mit oder ohne gymnastische Betätigung — der Erfolg solcher Luftbäder hängt neben der Dauer auch von dem Gebiet ab, in dem sie stattfinden.

Es ist typisch für unsere Zeit, daß Luftbäder meistens nur dann genommen werden, wenn die Sonne scheint. Das Luftbad wird zum Sonnenbad — und das ist schade! Denn es ist erwiesen, daß Luftbäder eine wichtige Naturheilbehandlung darstellen, auch ohne Sonnenschein. Besonders Mitteleuropäer nehmen wenig Luftbäder, da nicht immer ideale Wetterbedingungen dafür herrschen.

Aber auch wenn das Wasser zum Schwimmen zu kalt ist und die wärmenden Sonnenstrahlen fehlen, sollte man seinen Körper der Luft aussetzen. Die belebende Wirkung kann jeder selbst feststellen.

Zu den Luftbädern zählt auch die Freiluftliegekur, die bei klimatischen Krankheitsbehandlungen eingesetzt wird. Diese Liegekur kann überall vorgenommen werden, vorausgesetzt die Luft hat freien Zutritt: im Zimmer bei geöffnetem Fenster, auf windgeschützten Balkonen, unter freiem Himmel usw.

Kurorte verfügen oft über Liegehallen, so daß auch bei Schlechtwetter die Möglichkeit eines Luftbades besteht. Wichtig bei allen Liegekuren ist eine bequeme Liegestatt, die ein entspanntes Ausruhen ermöglicht. Während der kalten Jahreszeit müssen die Patienten selbstverständlich vor der Kälte geschützt werden. Liegekuren sollen auch nicht mit vollem Magen durchgeführt werden, da die Blutzirkulation im Verdauungstrakt durch die starke Hautdurchblutung gestört würde. Freiluftliegekuren dürfen nicht an witterungsexponierten Stellen durchgeführt werden. Ein zweckmäßiger Schutz vor zuviel Wind und Sonneneinstrahlung muß gewährleistet sein. Das Ziel jeder Freiluftliegekur ist die ungestörte Einwirkung der Klimareize auf den Körper, ohne diesen zu belasten. Angewendet werden solche Kuren bei Tuberkulose, Herz- und Kreislauferkrankungen, aber auch bei nervösen allgemeinen Erschöpfungszuständen, inneren Erkrankungen und Erkrankungen des Nervensystems.

Ein wichtiges therapeutisches Hilfsmittel ist die Strahlungstherapie. Hierbei wird der Körper der direkten Sonnenstrahlung ausgesetzt. Die Wichtigkeit einer richtigen Dosierung muß wohl nicht eigens erwähnt werden. Zuviel Sonne ist schädlich! Daher muß die Dauer der Bestrahlung in Abhängigkeit von der geographischen Lage und der Seehöhe des Therapieortes bemessen werden. Je reiner die Luft, desto intensiver wirkt der UV-Strahlungsanteil. Sonnenentwöhnten Menschen ist zu empfehlen, anfangs nur kurzzeitig in die Sonne zu gehen, denn bereits eine halbstündige Bestrahlung kann eine leichte Rötung der Haut nach sich ziehen. Das aber ist individuell verschieden und hängt vom Hauttypus ab. Nach dem Sonnenbad können empfindliche Körperteile mit leichter Kleidung abgedeckt werden, wodurch man seinen Aufenthalt in der Sonne verlängern kann. Zu den empfindlichen Körperstellen gehören Rumpf, Oberschenkel, Oberarme und Nacken. Mit jedem Sonnentag kann die Expositionszeit verlängert werden: am zweiten Tag um die Hälfte, am dritten um das Doppelte, am vierten um die dreifache, am fünften um die fünffache, am sechsten um die siebenfache, am siebenten um die zehnfache Dauer. Mit zunehmender UV-Bestrahlung nimmt die Empfindlichkeit der Haut ab, wobei ein sonnenentwöhnter Mensch nach ungefähr einer Woche unempfindlich gegenüber der Sonnenstrahlung sein sollte. Aber auch hier gilt der Grundsatz: Besser zuwenig als zuviel!

Vor allem die Kopfregion ist der Sonnenstrahlung ausgesetzt und muß geschützt werden. Auf keinen Fall darf man vergessen, die Augen zu schützen, wobei nur optisch gute Sonnenbrillen verwendet werden sollen. Mit einer billigen Plastikbrille kann man sich unter Umständen einen Augenschaden einhandeln, da ja die UV-Strahlung durchdringen kann! Aber auch Blendung durch direkt einfallendes Sonnenlicht sollte vermieden werden.

Es ist aber nicht nur der direkte Sonnenschein, der den Augen gefährlich werden kann. Bei Gletscherwanderungen oder Aufenthalten im Schnee kann die schon vorhandene und an den Schnee- und Eiskristallen mehrfach reflektierte kurzwellige Sonnenstrahlung Augenschädigungen verursachen. Vor dieser sogenannten Gletscher- oder Schneeblindheit, die oft mehrere Tage anhalten kann, schützt ebenfalls nur eine gute Sonnenbrille. Auch an Küsten tritt diese reflektierte Strahlung auf, so daß auch in diesen Gebieten das Tragen einer Sonnenbrille zu empfehlen ist — auch an Tagen ohne direkten Sonnenschein.

Kleidung aus synthetischen Stoffen kann bei kurzwelligem Sonnenstrahlungsanteil gefährlich werden. Es nimmt nicht Wunder, wenn man dann auch bei vollständiger Bekleidung (aus Kunststoffasern!) einen Sonnenbrand bekommt.

Synthetische Fasern haben nämlich glattbegrenzte Poren, die die UV-Strahlung durchlassen. Natürliche Kleidungsstoffe hingegen gewähren einen vollkommenen Sonnenschutz. Ungeschützte Körperstellen, besonders Gesicht und Nacken, sollten mit einem Sonnenschutzmittel eingecremt werden.

Die Klimatherapie wirkt dann besonders erfolgreich, wenn zur Sonnen- und Lufteinwirkung auf den Organismus eine körperliche Belastung kommt. Das können ausgedehnte Wanderungen und Spaziergänge, aber auch gymnastische Übungen sein.

Über Dauer und Intensität solcher klimatischer Terrainkuren entscheidet die jeweilige körperliche Verfassung. Ältere oder kranke Menschen sollten nach der Anreise an den Kurort ihren Aufenthalt mit längerer Bettruhe oder Freiluftliegekuren beginnen. Vor allem beim Überwinden größerer Höhenunterschiede ist zu Kurbeginn eine Ruhepause von ein bis zwei Tagen angebracht. Herzkranke sollten eine Terrainkur niemals ohne ärztliche Beratung durchführen, da sonst die Kontrolle, die bei körperlicher Belastung unumgänglich notwendig ist, nicht durchgeführt werden kann. Kranke sollten beim Spazierengehen auf ihre Atmung achten: Die Schrittzahl muß beim Ausatmen höher sein als beim Einatmen, z. B. 2:3 oder 3:5, also zwei Schritte während des Einatmens und drei während der Zeit des Ausatmens. Jede Überanstrengung sollte vermieden werden; ist man müde, so muß man sich unbedingt ausruhen. Nicht nur Kranke, sondern auch Fettleibige und Menschen mit sportlich untrainiertem Herzen sollten dies beachten. Die Bewegungstherapie wird durch ein günstiges Klima mit geringer thermischer Belastung und geringer Luftverschmutzung begünstigt. Eine Steigerung und bessere ökonomische Auslastung des Herz-Kreislaufsystems wird während eines Kuraufenthaltes am besten durch eine allmähliche Leistungssteigerung erzielt.

Auch Herzkranke können bei Terrainkuren Höhenanstiege überwinden, aber nur mit der nötigen Vorsicht und unter ärztlicher Kontrolle. Man weiß, daß auch leicht Herzkranke nach einem Steigen von 500 oder 1000 m ein beklemmendes Gefühl empfinden. Das kann bei plötzlicher und starker Belastung auch beim untrainierten Herzen auftreten. Diese Störung verschwindet aber nach einer Ruhepause.

Klimakuren werden immer dann angewandt, wenn der Organismus in seinen Funktionen normalisiert oder geändert werden soll. Hierbei gibt es für den Arzt verschiedene Kriterien, da der Verlauf einer Krankheit einerseits durch eine klimatische Belastung, andererseits durch klimatische Schonung beeinflußt werden kann. Aber dieser Umstand allein zählt nicht so sehr wie eine noch vorhandene Reaktionsfähigkeit des Organismus, die eine Regulation und Ausgleich des Klimareizes ermöglicht.

Diesem therapeutischen Prinzip nach dürfen akute Erkrankungen keinem neuen Klimareiz ausgesetzt werden. Das trifft aber auch auf manche chronische Krankheiten zu, wie z. B. Entzündungen des Herzens und der Nieren. Es gibt aber auch chronische Erkrankungen, die ohne Klimatherapie gar nicht wirksam bekämpft werden könnten. Dazu gehören z. B. chronische Bronchitis, Anämie und viele Störungsformen des Kreislaufs, Stoffwechsels und der Atmung. Können Organe mit krankhaften Veränderungen ihre Funktionen nicht mehr ausüben, so können sie auch auf keinen Klimareiz reagieren. Das trifft z. B. bei Arteriosklerose zu.

Informationen über Möglichkeiten der Kur erhalten Sie beim Österreichischen Kurorte- und Heilbäderverband in 1010 Wien, Josefsplatz 6, Telefon 0222 / 5121904.

Klimatherapie bei Zivilisationskrankheiten

Einige der am häufigsten mit Klimatherapien behandelte Symptome sind Störungen des vegetativen Nervensystems, Erschöpfungszustände, Schlaflosigkeit; also all jene Veränderungen der Organfunktionen, die durch Umweltreize verstärkt, wenn nicht sogar ausgelöst werden können — kurz gesagt die Zivilisationskrankheiten. Klimatherapeutische Maßnahmen sind aber auch bei Alterserkrankungen erfolgversprechend.
Seit Jahren werden Regulationsstörungen des vegetativen Nervensystems, wozu nervöse Erschöpfungszustände mit damit verbundener starker Reizbarkeit zu rechnen sind, erfolgreich mit Klimatherapien behandelt. Bei manchem an Schlaflosigkeit und Übermüdung leidenden Managertyp, der vielleicht nur mit Schlafmitteln Ruhe finden kann, verschwindet diese Streßerscheinung nach einer Klimakur, die selbstverständlich mit Kneippanwendungen verbunden sein kann. Eine streng durchgeführte Freiluftliegekur hat schon öfter den Griff zum Schlafmittel eingeschränkt oder ganz verhindert. Auch der hohe Verbrauch an Medikamenten bei Migräne oder Schwindelanfällen kann durch Klimakuren stark gesenkt werden.

Krankhafte Prozesse zeigt unser Körper häufig durch Ermüdung oder leichte Ermüdbarkeit an. Aber auch Menschen, deren Alltag entweder zu monoton oder zu hektisch abläuft, leidet unter solchen Symptomen. Mattigkeit, Abgeschlagenheit, nervöse Erregung, leichte Reizbarkeit, Fehlreaktionen, Konzentrationsmangel können aber auch bei körperlicher oder geistiger Überanstrengung auftreten. Selbst Herzsymptome, Appetitlosigkeit und Verdauungsbeschwerden können durch falsche körperliche Belastung hervorgerufen werden. Um den Normalzustand wieder herzustellen, müssen die bereits vorhandenen neurovegetativen Störungen beseitigt werden. Hier kann eine für drei bis sechs Wochen angesetzte Kur in Schonklimazonen oder Gebieten mit mildem Reizklima helfen.

Bei Kindern tritt manchmal eine allgemeine Körper- und Muskelschwäche auf: Reizstärkere oder reizstarke Klimate, wie z. B. das Hochgebirgsklima oder das Meeresklima, können diesen Zustand in einigen Wochen bessern. Dabei kann der Erfolg solcher Kuren sehr lange anhalten, ja bis zur vollständigen Heilung führen.

In der Geriatrie setzt man ebenfalls klimatherapeutische Maßnahmen ein, zum Teil mit großem Erfolg. Vor allem ältere Menschen leiden unter physischen Störungen. Neben Herz- und Kreislauferkrankungen treten Atembeschwerden auf. Die Regulation der Körperfunktionen ist ab einem Alter von etwa 60 Jahren schon sehr störungsanfällig, was durch Medikamenteneinnahme noch verschlimmert wird. Bei Klimakuren muß man all diese Faktoren berücksichtigen, um so eine eventuell zu starke Reizwirkung des Klimas auf den Organismus zu vermeiden. Daher sind in diesem Alter kürzere, aber dafür häufigere Kuraufenthalte zu empfehlen, allerdings erst nach ärztlicher Beratung.

Um sich einer Klimakur zu unterziehen, muß man aber nicht unbedingt krank sein. Vorbeugende Maßnahmen sind wichtig, um das Auftreten von Krankheiten von vornherein zu verhindern. Durch die Gesamtwirkung des Klimas auf den Organismus können somit bereits die Ansätze von Zivilisationskrankheiten bekämpft werden, und der Erholungsuchende wird durch eine — vielleicht ungewollte oder unbewußte — Klimatherapie seine Kräfte für den Alltag regenerieren können.

Klimaeinflüsse auf Psyche und Physis

Herz- und Kreislauferkrankungen

Der Schwerpunkt in der Klimatherapie für Herz- und Kreislauferkrankungen liegt bei der Anwendung der Reizeinwirkung des Mittelgebirgsklimas, also der geringen bis mäßigen Reizstufe. Dabei kommt der Wahl des Kurortes besondere Bedeutung zu, da krankheitsbedingt große Reaktionsunterschiede auf Klima und Wetterreize zu verzeichnen sind. An erster Stelle steht bei jeder derartigen Klimakur die Wirkung des Reizklimas. Chronisch Herzkranke leiden sehr oft unter dem Klima ihrer Heimatstadt, das durch schwüle, schadstoffreiche Luft und daraus resultierendem Mangel an frischer Luft gekennzeichnet ist.

Eine Klimakur nach einem Herzinfarkt als Nachbehandlung wirkt sich sehr günstig aus, aber eine Dauer von mehreren Monaten ist notwendig. Das Mittelgebirgsklima eignet sich auch sehr gut für Patienten mit Herzschwächen.

Die fehlende oder nur mangelhafte Herzklappenschließfähigkeit kann Stauzustände bewirken, die durch eine Klimakur gebessert werden können. Patienten mit Erkrankungen der Herzkranzgefäße machen unter ärztlicher Aufsicht oft sehr gute gesundheitliche Fortschritte.

Die ärztlich überwachte Durchführung von Freiluftklimakuren an den Leeseiten von Mittelgebirgen führt oft zu einer Besserung von Angina pectoris-Bescherden, wobei eine anschließende Terrainkur und eine milde Kneippkur bei zusätzlicher medikamentöser Behandlung eine erhebliche Stärkung der Herztätigkeit bewirken. Außerdem kann nach der Kur für viele Monate eine anhaltende Blutdrucksenkung bei Bluthochdruck erzielt werden.

Herzkranke können aber nicht nur im Schonklima Heilung oder Rekonvaleszenz suchen, sondern auch im Hochgebirge. Die Meinung, daß für Herzkranke ein Aufenthalt in Höhen über 1000 m schädlich sei, gehört der Vergangenheit an. Sicher aber ist in diesen reizstarken Gebieten vor allem in den ersten Tagen eine ärztliche Kontrolle notwendig. So gilt ein Hochgebirgsaufenthalt für alle nicht dekompensierten Herzkranken als durchaus empfehlenswert.

Da bis ungefähr 2000 m Höhe mit keinem zu großen Sauerstoffmangel zu rechnen ist, ist die Gefahr einer Überbelastung des in seinem Regulationsvermögen eingeschränkten Organismus bei Herzkranken nicht gegeben. Vielmehr wird ein gegenteiliger Effekt verzeichnet: Da die Belastung der Luft durch Schadstoffe in dieser Höhe wegfällt, wird die Atmung erleichtert, die ja bei Herzkranken oft erschwert ist.

Selbstverständlich müssen bei Herz- und Kreislauferkrankungen die Gegenindikationen für das Hochgebirge besonders berücksichtigt und wesentlich exakter erfaßt werden als für Schonklimate.

Infarktpatienten sollten nicht vor einem halben Jahr nach dem Infarkt ins Hochgebirge fahren. Patienten mit organischen Störungen des Reizleitungssystems (bei Koronarsklerose, Mitralstenose usw.) dürfen auf keinen Fall diesem starken Reizklima ausgesetzt werden. Außerdem sollten keine chronischen Entzündungen vorliegen, da entzündliche Prozesse im Hochgebirge verstärkt bzw. aktiviert werden.

Das Meeresklima hingegen ist für Patienten mit funktionellen Kreislaufstörungen, bei niederem Blutdruck und bei erniedrigtem Tonus des arteriellen Systems empfehlenswert. Auch Herzklappenfehler und koronare Durchblutungsstörungen werden in Seeklimazonen positiv beeinflußt.

Bei Kreislauferkrankungen und Zirkulationsstörungen muß vor allem während der ersten Tage des Klimawechsels auf die Reaktionen des Körpers geachtet werden. Diese Reaktionszeit kann bis zu drei Wochen andauern und darf daher zu keinen falschen Schlüssen verleiten, denn erst nach vollständiger Stabilisierung des Systems kann infolge der Besserung der gesamten Kreislauffunktionen eine bessere Muskeldurchblutung erwartet werden.

Von jedem Patienten muß in den ersten Tagen seiner Kur absolute Ruhe verlangt werden. Es ist ein Erfahrungswert, daß Todesfälle von Herzpatienten während der Klimakur auf die Nichtbeachtung dieser Regel zurückzuführen sind. Man mutet sich zuviel zu, aber der Körper benötigt immer eine gewisse Zeit, um sich an das fremde Klima anzupassen, um so mehr trifft das bei Herz- und Kreislauferkrankungen zu.

Die Unterschiede zwischen den einzelnen Klimagebieten werden durch die Jahreszeit verstärkt. Daher ist die Zeitplanung der Klimatherapie bei Herz- und Kreislauferkrankungen besonders wichtig.

Auch funktionelle Kreislaufstörungen, essentieller Bluthochdruck und niedriger Blutdruck können in manchen Fällen mit Klimakuren behandelt werden. Folgen dieser Krankheiten sind Kopfschmerzen, Schwindelerscheinungen und Herzbeschwerden; sie können oftmals durch eine Milieuänderung gebessert werden. Die beruhigenden Eigenschaften des Schonklimas üben einen großen Einfluß auf die Körperfunktionen aus. Auch Patienten mit Arteriosklerose, selbst in fortgeschrittenem Stadium, verspüren in einem Schonklima eine Besserung ihres Leidens.

Erkrankungen der Atmungsorgane

Eines der wichtigsten Anwendungsgebiete der Klimatherapie ist die Behandlung von Erkrankungen der Atmungsorgane. Bei der Behandlung der Lungentuberkulose, die übrigens in den letzten Jahren immer mehr zurückgegangen ist, ist die Kombination von Heilklima, Operationsmethoden und Chemotherapie eine außerordentlich sichere und schnelle Heilungsmethode. Bei Tuberkulose ist neben der gezielten auch eine Allgemeinbehandlung wichtig. Letztere besteht aus Freiluftliegekuren in schonklimatischen Gebieten. Dabei wird eine Behandlungsdauer von sechs bis acht Monaten zur Heilung notwendig sein. Solche Kuren dürfen nicht in Alleininitiative erfolgen, sondern müssen in Spezialheilstätten unter ärztlicher Aufsicht stattfinden. Eine Lungenheilstätte erfordert bestimmte meteorologische Bedingungen: Sie darf nicht in der Nähe von Ballungsräumen gelegen sein, möglichst saubere Luft wird verlangt; aber nicht nur Industriegegenden sind zu meiden, sondern auch feuchte Fluß- und Beckenlagen; im allgemeinen sollte sie unterhalb des Mittelgebirgsklimas, aber oberhalb der durchschnittlichen Inversionshöhe liegen. Für Lungenheilstätten ist also ein Schonklima geeignet. Allerdings hängt die dem Kranken zumutbare Klimareizung auch von seiner persönlichen Konstitution ab. So kann man kräftigen Kindern und Erwachsenen durchaus ein mäßiges Reizklima verordnen.

Kranke mit frischen tuberkulösen Prozessen sollen zunächst überhaupt keinem neuen Klimareiz ausgesetzt werden; sie benötigen vielmehr strenge Bettruhe im heimischen Klima. Erst nach einiger Zeit kann ein längerer Kuraufenthalt in einer Lungenheilstätte in Erwägung gezogen werden.

Man muß dabei aber immer berücksichtigen, daß das Klima für die Tuberkulose kein spezifischer Heilfaktor, sondern lediglich eine therapeutische Maßnahme im Rahmen der Allgemeinbehandlung darstellt.

Vor allem nach einer operativen Behandlung kann der Heilungserfolg durch Klimareize bedeutend verstärkt werden. Je nach dem Stadium der Krankheit und der Behandlungsmethode bietet sich die entsprechende Klimazone zur Therapie an, so daß bei fortgeschrittenem Heilungsprozeß und guter Konstitution durchaus auch starke Reizklimate aufgesucht werden dürfen.

Die Klimawirkung auf den Organismus erfolgt über die Schonung der Schleimhäute und einer Abnahme von Sekretion und Husten, da ja die Luftbeimengungen fehlen, die sonst einen verstärkten Reiz auf die Organfunktionen ausüben. Gleichzeitig wird der Organismus widerstandsfähiger.

Auch bei unspezifischen Lungenerkrankungen leistet die Klimabehandlung wertvolle Dienste. Bei allen chronischen Erkrankungen der Atemwege ist eine genaue Dosierung der Klimatherapie notwendig, da die klimatischen Faktoren wesentlich die Umstellung der Körperfunktionen bestimmen.

Stärke und Ausnutzung der Sonnenstrahlung, Allergenarmut der Luft, Luftdruck und geringe Luftverunreinigung sind therapeutisch maßgeblich an der Schonung der leicht irritablen Schleimhäute bei bestehenden chronischen Reizzuständen beteiligt. Außerdem erhöht die Strahlung die Resistenz gegen Infekte. Ein Klimawechsel bei Atmungserkrankungen ist in den meisten Fällen positiv, weil dadurch das vegetative Nervensystem zu einer Umstellung gezwungen wird.

Hinzu kommen noch spezifische Reizfaktoren, welche die Behandlung solcher Erkrankungen sehr erleichtern. So wird die Atmung tiefer, was zu einer Vergrößerung der respiratorischen Oberfläche der Lunge führt. Vor allem Veränderungen im Kohlendioxydhaushalt wirken sich sehr günstig auf alle Formen der Bronchitis aus. Auch die Luftreinheit und -trockenheit, sowie die Bakterienarmut beeinflussen die Schleimhäute. Eine zu große Trockenheit der Luft reizt aber wiederum die Schleimhäute.

Daher sollten Patienten mit trockener Bronchitis und fieberhaften Katarrhen ein feuchteres Klima aufsuchen. Hingegen beruhigt das Schonklima entzündete Schleimhäute. Feuchte Bronchitis sollte in reizstarken Gegenden behandelt werden, da die trockene Luft des Hochgebirgsklimas die Sekretion der Schleimhäute reduziert und ihre bessere Durchblutung veranlaßt.

In den meisten Fällen ist die Bronchitis im Hochgebirgsklima besser zu heilen als im Flachland, wobei Klimakuren mit einer Dauer von mehreren Wochen öfter wiederholt werden sollten. Bei einer Erweiterung der Bronchien durch Schwund der elastischen und muskulösen Elemente der Bronchialwand ist eine Klimatherapie nicht immer zu empfehlen, da sie nur in den seltensten Fällen ausgeheilt werden können. Trotzdem kann ein Klimakuraufenthalt eine Verbesserung bewirken.

Der vielfach heftige Husten kann durch den Reiz des Schonklimas oft gelindert und bestehende chronische Infektionsherde können besser kontrolliert werden. Daher ist der Aufenthalt in einem Schonklima besonders bei Kindern mit Bronchektasien empfehlenswert. Reizstarke Klimazonen hingegen können fallweise schlecht sein, da Menschen mit den geschilderten Symptomen im allgemeinen sehr empfindlich sind und bereits auf schwache Reize ansprechen.

In einigen Fällen kann eine Klimakur auch der Vorbereitung auf einen bevorstehenden operativen Eingriff dienen, weil eine vorhergehende Abhärtung und Erhöhung der Widerstandsfähigkeit von Nutzen sein kann.

Sehr gut kann sich ein Klimawechsel auf das Lungenemphysem, eine dauernde Erweiterung der Lungenbläschen, auswirken. Diese Erkrankung ist häufig eine Alterserscheinung, oder sie entsteht durch beruflich bedingte Überbeanspruchung. Das Blut hat bei Emphysem-Patienten eine geringere Sauerstoffsättigung, die durch verstärkte Atmung und eine geringe Erhöhung des Atemvolumens ausgeglichen werden kann.

Daher vertragen solche Menschen auch größere Höhen recht gut. Vor allem ältere Personen mit einem unkomplizierten Altersemphysem empfinden höhere Lagen als belebend. Dabei muß selbstverständlich die Leistungsfähigkeit des Herzens und das Ausmaß der Lungenfunktionsstörung beachtet werden.

Konsequent durchgeführte Behandlungen bei chronischen Formen von Asthma bronchiale können bis zu einer Heilung führen. Besonders Asthmatiker zeigen außerordentlich fein strukturierte Reaktionen auf verschiedene Wettersituationen, die sich auf ihren labilen Gesundheitszustand positiv oder auch negativ auswirken können. Daher ist bei Bronchialasthma mit und ohne Brochitis der Einfluß des Wetters und des Klimas in der Prophylaxe und Therapie zu berücksichtigen.

Ein Klimawechsel kann in vielen Fällen eine Verbesserung dieser Krankheitsformen herbeiführen. Eine Ausheilung bedarf längerer Behandlungen. Das Heilklima bewirkt auf die Dauer eine Verbesserung der Herzfunktion des Asthmatikers, begleitende Katarrhe der Bronchien und der oberen Luftwege können geheilt werden. Die Beeinflussung des vegetativen Nervensystems bewirkt außerdem eine Dämpfung der Überempfindlichkeit. Bei Asthma besteht häufig eine Überempfindlichkeit gegenüber bestimmten Allergenen, die eingeatmet werden. Allergenfreiheit oder Allergenarmut bei Kuraufenthalten führen bei Asthma zu einer Besserung und verringern die Anzahl akuter Anfälle von Asthma bronchiale.

Je größer der Klimawechsel, desto günstiger wirkt sich diese Therapie auf den Gesundheitszustand aus.

Häufig leidet der Asthmatiker zu Anfang einer Klimakur unter vermehrten Anfällen, besonders in den ersten zwei Wochen. Die Anfälle lassen später nach, was auf Adaptations- und Akklimatisationsvorgänge zurückzuführen ist. Erfahrungsgemäß reagieren Kinder mit Asthma bronchiale wesentlich besser auf Klimatherapien als Erwachsene.

Bereits eine Kurdauer von sechs bis zwölf Wochen macht sich bei einem Drittel der Asthmatiker sehr günstig bemerkbar. In schweren Fällen ist aber ein wesentlich längerer Aufenthalt notwendig, um Dauererfolge zu erzielen.

Erkrankungen von Magen, Darm, Leber und Galle

Bei der Behandlung der Erkrankungen von Magen, Darm und Galle setzt man nur in relativ wenigen Fällen klimatherapeutische Maßnahmen. Magen- und Zwölffingerdarmgeschwüre, manche Krankheitssymptome der Gallenblase, aber auch chronische Stuhlverstopfung sind Krankheitsbilder unserer Zeit.

Hier kann die Klimatherapie eine Umstellung des vegetativen Nervensystems herbeiführen und dadurch die Heilung positiv beeinflussen, eventuell in Kombination mit einer entsprechenden Diät. Gutartige Magenerkrankungen werden durch eine Veränderung der Magensekretion und Magenbewegung hervorgerufen, was aber durch die Einwirkung eines Schonklimas, z.B. in einer waldreichen Gegend, normalisiert werden kann. Bei Magengeschwüren sollte jede Sonnenbestrahlung und Hautreizung vermieden werden.

Dagegen sollte durch Sport, Freiluftbäder (ohne Sonnenbestrahlung) eine vermehrte Hautdurchblutung herbeigeführt werden. Aufenthalte im Schonklima haben schon oft zum Erfolg geführt; z.B. nahm der Appetit wieder zu, was bei Krankenhausaufenthalten nicht der Fall war. Bei akuter Gastritis, Geschwüren, Blutungen und Darmstörungen darf man sich keinesfalls intensiver Ruhe-Sonnenbestrahlung aussetzen, da dann schwere Schäden entstehen können.

In der Höhe ist eine Verminderung der Magensekretmenge bei gleichbleibendem Säuregrad registriert worden, teilweise aber auch eine Zunahme der Magensäureproduktion sowie eine vegetativ verursachte Entleerungsverzögerung. Daher werden zu Beginn eines Höhenaufenthaltes oft Magen- und Darmbeschwerden festgestellt.

Wegen der Luftdruckabnahme in der Höhe tritt eine Dehnung der Magenwand durch das expandierende Gasvolumen auf. Die dehnungsabhängigen Beschwerden können letztlich Herzschmerzen vortäuschen. Im Hochgebirge wird die Magensäure vielfach vermindert, wodurch sich die Magenentleerung verzögert. Das verursacht während einer Klimakur bei vielen Patienten vorübergehende Magenbeschwerden.

Hingegen wirkt sich das Meeresklima auf die Verdauungstätigkeit positiv aus. So wird bei unterernährten oder unterentwickelten Kindern der Appetit gesteigert.

Auch Stoffwechselerkrankungen lassen sich klimatherapeutisch beeinflussen. Ein krankhafter Stoffwechsel wird in mittleren Höhenklimaten wieder gesenkt.

Die Ursachen für die Klimawirkung auf Stoffwechselerkrankungen sind bis heute noch nicht vollständig geklärt.

Das Höhenklima beeinflußt den Zuckerstoffwechsel in hohem Maße. So wird die Zuckertoleranz erhöht und gleichzeitig der Blutzuckerspiegel gesenkt. Das resultiert in einer Verbesserung des Kohlenhydratumsatzes beim Diabetiker, der dadurch weniger Insulin benötigt. Natürlich muß ein Diabetiker bei einer Klimakur unter strenger ärztlicher Kontrolle stehen, um die höhenbedingten Ausgleichungsprozesse des Organismus zu überwachen.
Lebererkrankungen werden bei Klimatherapien nur mittelbar über den Allgemeinzustand beeinflußt. Die Ausheilung einer chronischen Hepatitis sollte aber in einem Heilklima erfolgen, wobei Sonnenbäder schlecht sind, da die Leber histaminempfindlich ist.

Nierenerkrankungen, besonders entzündliche Veränderungen der ableitenden Harnwege, sollten keinem starken Klimareiz ausgesetzt werden. Hier kommen vielmehr Kuraufenthalte in einem möglichst trockenen Klima in Betracht.

Hautkrankheiten

Die Behandlung verschiedener Hautkrankheiten unter Einwirkung klimatischer Einflüsse, wie staub- und allergenarme Luft, starke Strahlung usw., hat in letzter Zeit große Fortschritte gemacht.

Lokale Maßnahmen wie Bäder in Seewasser, Schlick und Moor und Reize wie Wind und Kälte bringen günstige Behandlungsmöglichkeiten.

Viele Hautkrankheiten sind Anzeichen für eine organische bzw. allgemeine Erkrankung und müssen im Sinn einer Ganzheitstherapie behandelt werden. Vielfach verursacht bereits ein Klimawechsel ein Abklingen chronischer Hauterkrankungen und beeinflußt besonders die verschiedenen Arten von Ekzemen.

Kombiniert mit Sonnenbestrahlung und Seebädern kann die Psoriasis erfolgreich behandelt werden. Auch bei Akne und Furunkulose kann die Klimatherapie mit großem Erfolg angewendet werden. Vor allem auch allergische Hauterkrankungen können auf diese Weise geheilt werden.

Störungen der inneren Drüsen

Parallel zu den Kreislaufstörungen werden auch hormonelle Störungen klimatherapeutisch behandelt. An erster Stelle steht hierbei die Über- oder Unterfunktion der Schilddrüse. In mittleren Höhen wird der gesteigerte Grundumsatz bei Überfunktion reduziert und kann in einigen Fällen sogar normalisiert werden. Die Empfindlichkeit der Schilddrüse nimmt im Gebirge bereits in Höhen von 1000 m ab. Allerdings ist in den ersten Tagen der Adaptation mit einer Verschlimmerung zu rechnen, was besonders dann auftritt, wenn die Patienten anfangs einer starken Sonnenbestrahlung ausgesetzt waren. Die sorgfältige Dosierung der klimatischen Behandlung, verbunden mit längeren Freiluftliegekuren, stellt eine wertvolle Ergänzung der medizinischen Behandlung dar.

Das Meeresklima aber ist für die Behandlung der Schilddrüsen-Überfunktion ungeeignet.

Allergische Erkrankungen

Besonderen Einfluß auf allergische Erkrankungen hat das Klima über den Umweg der Ausbreitungsbedingungen der Allergene. Die Wirkung des Klimas besteht darin, daß im Hochgebirge allergene Pollen und Pilzsporen wesentlich später bzw. überhaupt nicht auftreten und daher die Inhalationsgefahr wesentlich geringer ist. Wichtig ist die örtliche Lage, da infolge verschiedener meteorologischer Bedingungen Blütenpollen nicht überall auftreten müssen. Die Kurdauer eines Höhenaufenthaltes ist unbestimmt und hängt im Einzelfall von den jeweiligen allergischen Erkrankungen und besonders von den verantwortlichen Allergenen und der Blütezeit ab.

Rheumatische Erkrankungen

Die Behandlung rheumatischer Erkrankungen mittels Klimakuren hängt von den jeweiligen Symptomen ab. Chronisch-degenerativer Rheumatismus bedarf eines milden Schonklimas, wobei vor allem südseitige Lagen zu bevorzugen sind. Fortgeschrittene chronische Polyarthritis und Spondylitis hingegen verlangen einen starken Klimareiz. Für akut entzündliche Prozesse ist die Höhe schlecht. Empfindliche Patienten sollten nach Abklingen der akuten Prozesse frühzeitig klimatisch abgehärtet werden, bevor sie sich in südlichen warmen Schonklimaten erholen.

Die positiven Auswirkungen des Mittelgebirgsklimas auf die Körperfunktionen, wie Steigerung der Abwehrkräfte, gestatten auch Patienten mit chronischer Polyarthritis den Aufenthalt in mittleren Höhen. Für rheumatische Erkrankungen genügt in den meisten Fällen eine Kurdauer von vier bis acht Wochen.

Klima als Urlaubsplaner

Richtige Urlaubsgestaltung

Für kranke Menschen ist der Erholungsort im Zuge einer Klimatherapie schon durch die Behandlung vorgegeben. Voraussetzung für den Erfolg einer heilklimatischen Kur sind neben der Wahl des richtigen Ortes im richtigen Klima auch die richtige Jahreszeit und die Dauer der Kur. Denn zu kurze Aufenthalte verringern die Wirkung und versprechen keinen durchgreifenden Erfolg.

Gesunde haben die Wahlmöglichkeit des Urlaubsortes. Es ist medizinisch erwiesen, daß nur ein ununterbrochener Urlaub von mindestens drei Wochen Dauer eine weitgehende Erholung bringt. Diese wiederhergestellte geistige und körperliche Spannkraft kann dann mehrere Monate und je nach Konstitution bis zu einem Jahr anhalten. Die arbeitsfreien Wochenenden allein können diese Regeneration nicht gewährleisten, sondern bewirken lediglich eine vorübergehende Wiederherstellung der Körperfunktionen, die vor allem in der Aufmerksamkeitsleistung und im Muskeltonus resultiert. Verbringt man daher mehrere Jahre ohne Urlaub oder nutzt ihn für andere Nebenbeschäftigungen, so können organische Schäden entstehen.

Der Organismus benötigt in den meisten Fällen eine Zeitspanne von drei Wochen, um sich auf die durch Klimawechsel bedingten neuen Reize einzustellen. Bei Urlaubsantritt glaubt man, große Leistungen vollbringen zu können, da ja der sonst übliche Alltagsstreß fehlt — das Gegenteil ist der Fall! Durch die bei einem Klimawechsel notwendige physiologische Anpassung tritt eine erhöhte vegetative Labilität auf, die sich auch krankhaft äußern kann. Daher ist in den ersten Urlaubstagen Schonung geraten, und jede körperliche Anstrengung sollte vermieden werden. Erst ab dem dritten Tag stabilisiert sich normalerweise das vegetative Nervensystem, doch kann es am Ende der ersten Woche noch zu vehementen Reaktionen kommen. Der Körper zeigt erst ab der dritten Woche jene Stabilität, die man als Erholung bezeichnet.

Die Wahl des Urlaubsortes sollte nicht nach modischen oder Prestige-Aspekten erfolgen, sondern sich nach den körperlichen Erfordernissen richten. Auch die Urlaubsform, ob Gesellschafts- oder Einzelreise, ob Camping oder Schiffskreuzfahrt, sollte den eigenen Wünschen und Bedürfnissen entsprechen.

L. POPPER hat in den Mitteilungen der österreichischen Gesellschaft für Arbeitsmedizin (1978) Empfehlungen zur Urlaubsgestaltung gegeben, die für bestimmte Personengruppen aus medizinischer Sicht als Anregung gelten.

Die Tabelle auf Seite 155 zeigt diese Ergebnisse.

Beruf	Empfohlenes Urlaubsklima				
	Flachland, Steppe	Wald, Hügelland	Mittel-gebirge	Hoch-gebirge	Meer, Seen
Schwerarbeiter		x	x		x
Land- und Forstarbeiter, Gärtner	x	x	x	x	x
Produktionsberufe in Gewerbe und Industrie	x	x	x	x	x
Handelsberufe, Angestellte, Beamte	x	x	x	x	x
Schicht-, Nachtarbeiter	x	x	x		
Berufe mit besonders eintöniger Arbeit (Fließband etc.)				x	
Berufe mit besonderer geistiger Beanspruchung	x	x	x	x	x
Berufe mit Lärmbelästigung	x				x
Berufe mit Belastung durch Staub			x	x	x
Berufe mit Belastung durch Gase und Dämpfe				x	x
Berufe mit Hitzebelastung			x	x	

Biologische Rhythmen

Jeder Erholungswert, insbesondere an einem heilklimatischen Kurort in Verbindung mit medizinischer Therapie, hängt von der Dauer ab, in dem die geänderten Außenreize auf den Organismus wirken können. Durch die geänderten Klimabedingungen wird eine Umstellung der physiologischen Faktoren über das vegetative Nervensystem erzwungen.

Die Kur bewirkt eine Normalisierung von körpereigenen Rhythmen wie z.B. Blutdruck oder Atmung. Man nennt solche rhythmischen körpereigenen Funktionen innere »Bioryhthmen«. Da nun der Körper eine Vielzahl solcher Biorhythmen aufweist, treten relativ oft Unregelmäßigkeiten auf — vor allem bei Krankheiten. Es ist der Sinn der Kur, die Abläufe wieder in Einklang miteinander zu bringen.

Biorhythmen können verschiedene Formen haben, meist haben sie eine Periode von 24 Stunden, sogenannte zirkadiane Rhythmen, sieben Tagen (Septanrhythmik) und länger.

Auch den Ablauf einer Kur muß man unter dem Gesichtspunkt der Biorhythmik betrachten, wo nämlich bei den Heilvorgängen drei Rhythmen auftreten. Zuerst sind es kurzfristige Körperreaktionen, die die geänderten Klimabedingungen und die neuen Umwelteinflüsse anzeigen. Diesen sind Sieben-Tage-Rhythmen übergelagert, welche die heilende Normalisierung bewirken.

Und letztlich gleicht ein längerfristiger Rhythmus körperliche Fehlfunktionen aus, soweit diese über das Vegetativsystem gesteuert werden können. Die während einer Kur auftretenden Krisen weisen eine Septanrhythmik auf und können daher in der Therapie voll berücksichtigt werden.

Die Rhythmen im Organismus verlaufen normalerweise synchron und werden vom Hypothalamus gesteuert. Man spricht auch von einer »inneren Uhr« des Menschen. Der Hypothalamus ist der Sitz aller vegetativen Funktionen, und es besteht das Bestreben, ein inneres Gleichgewicht zu erhalten.

Ein Experiment wurde in Deutschland unter ASCHOFF durchgeführt: Personen, die isoliert wurden, ohne den Ablauf der Tageszeiten weiter wahrnehmen zu können, zeigten zu 66 % nach Ablauf der Isolationszeit eine 25-Stunden-Rhythmik. Alle Teilnehmer wiesen einen inneren Einfluß zur Aufrechterhaltung des Gleichgewichts auf, der die Aktivitäts- und Ruhephase steuerte. Tag und Nacht waren dazu nicht notwendig.

Durch Untersuchungen an Affen weiß man, daß die Schlaf-Wach-Rhythmik von der vegetativen Rhythmik unabhängig ist. Daher liegt der Schluß sehr nahe, daß der vegetative Rhythmus inneren Ursprunges ist.

Verantwortlich für die Bestimmung des inneren Rhythmus sind verschiedene Größen, die man als äußere Einflüsse oder als Zeitgeber bezeichnet. Hiervon sind folgende Umwelteinflüsse als beherrschende Faktoren zu nennen: Lichtwechsel, Temperaturänderungen, soziale Umgebung, körperliche Aktivitäten, stoffwechselbestimmende Faktoren wie Mahlzeitfrequenz, -menge, -art und Flüssigkeitszufuhr.

Es hat sich gezeigt, daß äußere Faktoren zwar direkt die innere Rhythmik beeinflussen, aber keine dauernden Rhythmen erzeugen können. Ohne anhaltenden äußeren Einfluß kehren die Rhythmen nach einiger Zeit wieder zur 24-Stunden-Periode zurück.

Bei der Rhythmik physiologischer Größen unterscheidet man zwei Wendepunkte. Die Minima dieser Rhythmusschwankungen liegen um 3 Uhr früh und um 15 Uhr. Das ergibt zwei biologische Tageshälften, nämlich einen biologischen Vormittag und einen biologischen Nachmittag.

Wird der äußere Einfluß geändert, so ändert sich kurzzeitig auch der innere Rhythmus, dauert der äußere Einfluß aber länger, so springt der innere Rythmus spontan zurück. Für diesen Phasensprung sind nun die äußeren Einflüsse entscheidend.

Der Lichteinfluß wirkt sich unmittelbar auf Hypophyse und Nebennierenrinde aus. Ungefähr drei bis vier Stunden nach Lichteinfall spielen sich die stärksten Reaktionen ab, dann klingen sie in Form einer gedämpften Schwingung aus.

Die körperlich aktive Tageshälfte wird auch als ergotrope Phase bezeichnet und ist durch stärkere Empfindlichkeit der Organe mit größerer Reaktionsfähigkeit charakterisiert. Es überwiegt der Einfluß des Sympathikus; die Zeit der stärksten Reaktionen liegt drei Stunden nach dem Erwachen. Diese ergotrope Hauptwelle besitzt eine große Empfindlichkeit gegenüber dem Zeitgeber Licht und reagiert daher auch auf dessen jahreszeitliche Abhängigkeit.
Aufgrund von Kurerfolgsuntersuchungen hat die Rhythmikanwendung bereits einige Bedeutung erlangt. Man weiß, daß die Häufigkeit erfolgreicher Kuren von Frühling bis zum Sommer wesentlich höher ist als im Winter. Auch andere Körperfunktionen unterliegen diesem Effekt.

So sind z.B. Juckreiz, Schlaf und postoperative Schmerzen im Winter häufiger als im Sommer. Auch der Einfluß meteorologischer Faktoren auf die Rhythmen ist jahreszeitlich verschieden. So sind bestimmte Beschwerden an dunklen Tagen im Sommer größer als im Winter und an hellen Tagen im Winter wiederum größer als im Sommer. Dabei sind zweifellos die Intensität und Dauer des Lichtreizes maßgeblich beteiligt. Allerdings sind die genauen Umstände der Einflußnahme meteorologischer Größen auf die Rhythmik noch unbekannt.

Die Einwirkung der Rhythmik auf den Menschen beginnt schon vor der Geburt. Bereits in diesem Alter können zirkadiane Rhythmen festgestellt werden. Die Rhythmen entwickeln sich in den ersten beiden Lebensjahren gut. Dabei ist der Licht-Dunkel-Reiz wichtig. Wenn er fehlt, bildet sich zwar eine periodische Schwankung aus; sie weicht aber von den 24-Stunden-Intervallen ab. Das ist nicht bei allen Lebewesen so. Von Mäusen weiß man, daß sie unabhängig vom Lichteinfluß einen 24-stündigen Rhythmus ausbilden.

Eine Vielzahl physiologischer, aber auch psychologischer Größen zeigt einen zirkadianen Rhythmus, wobei es allerdings nicht immer leicht ist, die Wendepunkte tageszeitlich genau zu fixieren.

Dem Blutdruck kommt dabei eine besondere Bedeutung zu, da ja sehr viele Menschen unter seinen Abweichungen leiden. Oft erfordert ein- und dieselbe Leistung nachts mehr Energie. Und auch der systolische Blutdruck sinkt am Tage stärker ab als in der Nacht, wobei noch krankhafte Zustände berücksichtigt werden müssen. So ist der Blutdruckabfall bei Bluthochdruck während der Nacht größer als bei gesunden Menschen, Gesunde haben am Morgen ein Blutdruckmaximum und am Abend ein Minimum.

Auch in der Schmerzempfindung bestehen zwischen Gesunden und Kranken große Unterschiede im zirkadianen Rhythmus. Bei chronischen Schmerzen wird am Morgen die geringste Schmerzintensität registriert. Tagsüber nehmen die Schmerzen zu, um dann in der Nacht — etwa um 3 Uhr früh — ihren Höhepunkt zu erreichen. Das subjektive Schmerzempfinden soll bei Frauen größer als bei Männern sein. Von großer Wichtigkeit ist dabei auch, ob und welche geistige und körperliche Arbeit während der Schmerzen verrichtet wird. Liegt der Patient zu Hause oder im Krankenhaus, so zeigt sich der beschriebene Schmerzrhythmus. Ist der Mensch aber in einen Arbeitsprozeß eingegliedert und dadurch von seinem subjektiven Befinden mehr oder weniger stark abgelenkt, so wird tagsüber ein Abfall der Schmerzintensität registriert und erst später wieder ein Anstieg.

Betrachtet man die Rhythmik des Schmerzempfindens nicht als krankhafte Erscheinungsform, sondern als physiologische Größe, so kann man zwei voneinander unabhängige Schmerzrhythmen feststellen: die epikritische und protopathische Sensibilität, die einerseits dem Tastempfinden und andererseits dem inneren Organempfinden dienen. Unter epikritischer Sensibilität versteht man ein fein lokalisiertes Schmerzempfinden. Das protopathische Empfinden ist von allgemeiner Art und bezeichnet eine größere Schmerzempfindlichkeit, z. B. auf den Kaltwasserreiz. Die Rhythmen beider Schmerzempfindungen sind gegenläufig. Während die epikritische Sensibilität, also der Punktschmerz, sein Maximum um 11 Uhr und sein Minimum um 3 Uhr aufweist, verläuft die protopathische Sensibilitätsrhythmik genau umgekehrt.

Alle physischen Funktionen sind einem Tagesrhythmus zugeordnet, können aber im Einzelfall auch wieder nur als regulative Größe in ihrem Zeitverhalten angesehen werden. Versucht man die vegetativen Funktionstendenzen den biologischen Tageshälften zuzuordnen, so zeigt sich am biologischen Vormittag eine im allgemeinen größere Aktivität und Leistung, während der biologische Nachmittag mehr durch Ruhe- und Erholungsbedürfnis des Organismus charakterisiert wird.

Krankheiten im Jahresrhythmus

Das Wettergeschehen, ja alle Lebensbedingungen auf der Erde sind durch den Jahreszeitenrhythmus geprägt, was sich in einer rhythmischen Schwankung verschiedener physiologischer und pathologischer Prozesse dokumentiert. Ähnlich wie beim zirkadianen Rhythmus ist es schwierig, diese jahreszeitenmäßige Abhängigkeit zu studieren, obwohl die Kenntnis davon schon im Altertum bestand. So fand man 450 v. Chr. bei HERODOT folgenden Hinweis: »Sonst sind die Ägypter und Libyer die gesündesten Menschen, und zwar deswegen, weil die Jahreszeiten bei ihnen nicht sehr veränderlich sind. Denn alle Veränderungen überhaupt, und insbesondere die Jahreszeiten, verursachen die meisten Krankheiten.«

Bereits der Bioklimatologe und Arzt DE RUDDER stellte in seinem Werk »Grundriß einer Bioklimatologie des Menschen« gewisse jahreszeitlich bedingte Regeln der Verteilung von Krankheiten auf:

1. Die für Europa festgestellten Rhythmen gelten, soweit es sich um echte Saisonkrankheiten handelt, im allgemeinen für die gesamte Zone nördlich des Wendekreises des Krebses (nördlicher Wendekreis) — »Nordzone der Saisonkrankheiten«

   Südlich des Wendekreises des Steinbockes (südlicher Wendekreis) findet die genaue Umkehrung des europäischen Krankheitsrhythmus, entsprechend der bestehenden Jahreszeitenumkehr auf der Südhalbkugel — »Südzone der Saisonkrankheiten«, statt.

2. In der äquatorialen Zone zwischen beiden Wendekreisen häufen sich in auffallender Weise jene Landstriche, für die kein oder kein sichtbarer Rhythmus bei einer Reihe von Krankheiten festzustellen ist — »Indifferente Äquatorialzone der Saisonkrankheiten«.

Hier taucht die Frage auf, ob der astronomische Jahreswechsel auch einem biologischen Jahresrhythmus entspricht. Die Kalenderjahreszeiten werden bekanntlich durch die vier Zeitspannen zwischen Wintersonnenwende, Frühjahrsnachtgleiche, Sommersonnenwende und Herbstnachtgleiche bestimmt.

Sicherlich üben auch bei der biologischen Jahreseinteilung der Sonnenstand und die Sonnenphasen dominierenden Einfluß aus. So kann der Zeitraum der geringsten Sonnenbestrahlung von etwa Mitte November bis Mitte Februar als »biologischer Winter« angesehen werden, auch wenn dieser vom astronomischen Winter abweicht.

Versucht man, die Jahresrhythmik der vegetativen Funktionseinrichtungen für die Gliederung der biologischen Jahreszeiten und zur Festlegung der Wendepunkte im Jahr zu bestimmen, so ergibt sich, daß die Monate Februar und August Wendezeiten der Phasenrichtung des biologischen Jahresrhythmus sind. Auf diese Monate entfallen nämlich die meisten Maxima und Minima der krankhaften Prozesse.

Durch die Monate Februar und August wird das Jahr in zwei Hälften geteilt: Der biologische Winter ist die Zeit mit der strahlungsschwächsten Sonneneinstrahlung, der biologische Sommer mit den drei strahlungsstärksten Monaten.

Das nachfolgende Schema soll diese biologische Einteilung im Vergleich zur üblichen astronomischen veranschaulichen.

Kalenderjahreszeit			Biologische Jahreszeit	
	Januar		Januar	Winter
Winter	Februar		Februar	
	März	21. Nachtgleiche	März	
	April		April	Frühling
Frühling	Mai		Mai	
	Juni	21. Sonnenwende	Juni	
	Juli		Juli	Sommer
Sommer	August		August	
	September	23. Nachtgleiche	September	Herbst
	Oktober		Oktober	
Herbst	November		November	
	Dezember	21. Sonnenwende	Dezember	Winter

Als Zeitgeber für die jahreszeitlich begünstigten Funktionen und Reaktionen des Organismus wirkt eine Summe meteorologischer Größen, wobei der Sonnenstrahlung das Hauptgewicht zufällt.

Wichtigste Zeitgeberfunktion haben die Faktoren, die direkt von der Sonnenstrahlung abhängen. So stellt vor allem der Reiz der UV-Strahlung einen wichtigen Faktor für den biologischen Jahresablauf dar. Der stärkste Reiz dieser Strahlung trifft den Organismus Mitte Frühjahr, wobei eine steile Zunahme der Intensität in unseren Breiten bereits im Februar zu verzeichnen ist. Während im Winter die meisten Organfunktionen einer trophotropen Phase unterliegen (Überwiegen der Assimilisation, Energieeinbau), herrscht im Sommer eine ergotrope Phase (Überwiegen der Dissimilation, Energieabbau). Der im Winter meist fehlende UV-Strahlungsanteil löst im Körper verschiedene Reaktionen aus, die man als Mangelerscheinung bezeichnet: Inaktivität des Vitamins D, Rückbildungen im Knochen.

Die Inaktivität der Biosterine (körperwichtige, chemische Verbindungen) bewirkt außerdem Schilddrüsenveränderungen, was in den Zustand einer hormonalen Winterruhe überleitet. Die Knochenveränderung führt wiederum zu einer Wachstumsruhe und begünstigt die Rachitis. All diese Rückbildungen verschlechtern die Infektabwehr, was sich in der jahreszeitlichen Verteilung der verschiedenen Krankheiten wiederspiegelt. Mit Einzug des biologischen Frühlings stellen sich auch die Körperfunktionen um, die manchmal in überschießenden Reaktionen enden. Mit zunehmendem biologischen Frühling werden die Biosterine wieder aktiviert.

Es kommt zu einer vermehrten Mineraleinlagerung in den Knochen. Gleichzeitig ist damit auch eine Übererregbarkeit verbunden. Die nun große UV-Strahlung aktiviert die Schilddrüse, wodurch aber auch eine Überfunktion eintreten kann: hormonale Frühjahrskrise. Damit ist aber nun auch wieder eine erhöhte Krankheitsbereitschaft gegeben, und auch die Symptome der Basedowschen Krankheit häufen sich, wie Herzklopfen, Pulsbeschleunigung, Kropf, Steigerung des Grundumsatzes, Zittern, psychische Störungen, Aufregungszustände.

Auch der sichtbare Anteil des Sonnenspektrums ist jahreszeitlich für den Organismus von Bedeutung. Zahlreiche Beispiele kennen wir aus unserer Umgebung, denn viele Pflanzen regulieren ihre Entwicklungsrhythmik mit Hilfe der Intensität und Dauer der Lichteinwirkung. In der Tierwelt macht sich dieser Umstand ebenfalls bemerkbar, wo vor allem der Fortpflanzungstrieb neu belebt wird. Für den Menschen sind diese Auswirkungen infolge der Lichtzunahme nicht so offensichtlich, da ja der Lichtmangel in den Wintermonaten durch künstliche Lichtquellen teilweise ausgeglichen wird. Aber dennoch spielt die jahreszeitliche Schwankung der spektralen Helligkeitsempfindlichkeit des menschlichen Auges eine wesentliche Rolle.

Besonders wichtig für den Organismus ist die Wärmestrahlung bzw. die dadurch bedingten thermischen Einflüsse. Es ist auch bekannt, daß der Erholungswert eines Urlaubes jahreszeitenabhängig ist. So wäre der Erholungswert eines zweiwöchigen Winterurlaubes dem eines dreiwöchigen Sommerurlaubes gleichzusetzen.

Berücksichtigt man die Unterteilung des Kalenderjahres in ein biologisches Jahr mit zwei Hälften, so zeigen verschiedene Funktionen und Meßgrößen im menschlichen Organismus je nach der biologischen Jahreshälfte eine Verlaufstendenz, die in der nachfolgenden Tabelle mit plus und minus bezeichnet sind.

Funktion, physiologische Meßgröße	Biologische Jahreshälfte	
	1.	2.
Präkapillarer Druck	+	–
Blutzuckerspiegel	+	–
Alkaligehalt des Blutes	+	–
Harnsäure im Blut	+	–
Kaliumspiegel im Serum	–	+
Jodspiegel im Blut	+	–
Erythrozytenzahl	+	–
Adrenalinempfindlichkeit	–	+
Östrogenblutspiegel	+	–
Elastischer Widerstand der Haut	–	+
Haar- und Nagelwachstum	+	–
Talgabsonderung	+	–
Optische und akustische Reaktionszeit	–	+
Körperliche Leistungsfähigkeit	+	–
Erholungszeit nach körperlicher Belastung	–	+
Geistige Leistungsfähigkeit	–	+
Schlafdauer und Schlaftiefe	–	+
Schwangerschaftsdauer	+	–

Zahlreiche Untersuchungen haben gezeigt, daß die verschiedenen physiologischen Größen nicht nur eine Zuordnung zu der biologischen Jahreshälfte, sondern auch zum Teil eine monatsweise Betrachtung gestatten.

Nachfolgende Tabelle zeigt die monatlichen Wendepunkte verschiedener Funktionen und Meßgrößen des menschlichen Organismus. Die Angaben stammen aus AMELUNGS Handbuch der Bäder und Klimaheilkunde (siehe Literaturverzeichnis).

PHYSIOLOGISCHE MESSGRÖSSE	MONAT											
Herz, Kreislauf, Gefäße	J	F	M	A	M	J	J	A	S	O	N	D
Pulsfrequenz	.	+	.	.	.	.	.	−	.	.	.	.
Pulsfrequenzsteigerung nach Arbeit	.	+	.	.	.	.	−	.	.	.	.	.
Blutdruck (systolisch)	.	.	.	.	−	.	.	.	.	.	.	+
Arterieller Mitteldruck	.	.	+	.	.	.	−	.	.	.	.	.
Pulswellengeschwindigkeit der Aorta	.	.	.	.	.	.	.	−	−	.	.	.
Peripherer Kreislaufwiderstand	.	.	.	.	.	.	.	−	−	.	.	.
Atmung, Gaswechsel	J	F	M	A	M	J	J	A	S	O	N	D
Atemfrequenz	+	.	.	.	.	.	.	−	.	.	.	.
Atemvolumen	−	.	.	.	.	.	.	+	.	.	.	.
Vitalkapazität	.	.	.	.	.	−	.	.	.	.	.	.
O_2-Aufnahme, CO_2-Abgabe	−	−	.	.	.	.	.	.	.	.	.	.
Puls-Atem-Quotient	.	.	−	.	.	.	.	.	+	.	.	.
Verdauung, Stoffwechsel	J	F	M	A	M	J	J	A	S	O	N	D
Magen: Gesamtsäuregehalt	.	.	.	.	.	.	−	.	.	.	.	.
Entleerungszeit	.	.	.	.	.	.	−	−	.	.	.	.
Grundumsatz	.	.	.	.	.	.	−	.	.	.	.	.
Milchsäure im Blut	.	.	−	.	.	.	.	.	.	.	.	.
Cholesterin im Blut	−	.	.	.	.	.	.	+	.	.	.	.
Vitamin C im Blut	.	.	.	−	.	.	.	+	.	.	.	.
Vitamin A im Blut	.	.	.	+	.	.	.	.	.	.	.	−
Körpergewicht des gesunden Erwachsenen	+	.	.	.	.	.	.	−	.	.	.	.
Wasser- und Mineralhaushalt	J	F	M	A	M	J	J	A	S	O	N	D
Ödembereitschaft	.	−	.	.	.	.	.	+	.	.	.	.
Kalziumspiegel im Blut: bei Kindern	.	−	.	.	.	.	.	.	.	.	.	.
bei Erwachsenen	.	−	.	.	.	.	.	+	.	.	.	.
Phosphatspiegel im Blut	.	−	−	.	.	.	.	+	+	.	.	.

PHYSIOLOGISCHE MESSGRÖSSE	MONAT											
Blut	J	F	M	A	M	J	J	A	S	O	N	D
O_2-Kapazität Kleinkinder	–	.	.	.	+	+	.	.	.	.	.	.
Schulkinder	.	–	.	.	.	.	.	+	.	.	.	.
CO_2-Bindungsfähigkeit	+	.	.	.	.	–	–	.	.	.	.	+
Hämoglobingehalt	–	.	.	.	.	.	+	+	.	.	.	–
Temperaturregulation	J	F	M	A	M	J	J	A	S	O	N	D
Körpertemperatur früh	.	.	–	.	.	.	.	.	.	+	.	.
nachmittags	.	.	.	.	.	.	+	+	.	.	.	.
Tagesamplitude	.	+	–	–	+	.	+	.	.	–	.	.
Stirnhauttemperatur	.	–	–	–	.	.	.	+	.	.	.	.
Mittlere Wiedererwärmungszeit	.	–	.	.	.	.	.	+	.	.	.	.
Hormonales System	J	F	M	A	M	J	J	A	S	O	N	D
Jodgehalt der Schilddrüse	–	–	–	–	.	+	+	+	+	+	.	.
Haut, Muskulatur, Nerven- und Sinnessystem	J	F	M	A	M	J	J	A	S	O	N	D
Rötungsempfindlichkeit der Haut	.	+	+	.	.	.	.	–	.	.	.	.
Maximale Muskelkraft	.	–	.	.	.	.	+	.	.	.	.	.
Trainierbarkeit der Muskeln	.	–	–	.	.	.	.	.	+	.	.	.
Spektrale Helligkeitsempfindlichkeit	.	.	.	.	.	+	.	.	.	.	.	.

Es ginge sicherlich zu weit, wollte man die jahreszeitenmäßig bedingt auftretenden Krankheiten unter dem Begriff der Wetterfühligkeit vereinen.

Denn bei Saisonkrankheiten wirkt sich das jeweils aktuelle Wettergeschehen nur noch indirekt auf den Organismus aus; dafür kommen die klimatischen Gegebenheiten zum Tragen.

Die Verteilung der Krankheitsfälle erstreckt sich über einen großen Zeitraum, so daß kein eindeutiger und allgemeingültiger Zusammenhang mit der Jahreszeit besteht.

Die wohl bis heute beste Übersicht stammt von DE RUDDER aus dem Jahre 1951, der auf die Schwierigkeiten bei der Bearbeitung der jahreszeitenabhängigen Krankheiten hingewiesen und zwischen »Pseudosaisonkrankheiten« und »echten Saisonkrankheiten« unterschieden hat.

Für Mitteleuropa lassen sich einige Krankheiten nennen, die als pseudosaisonal anzusehen sind. Dazu gehören einige Infektionskrankheiten, aber auch Masern, Keuchhusten, Pocken und Varicellae. Letzteres ist eine ungefährliche Infektionskrankheit, die bei Kindern linsengroße, von einem roten Hof umgebene Bläschen mit leichtem Fieber hervorrufen.

Bedingung für eine Infektionskrankheit ist, daß spezifische Krankheitserreger vorhanden sein müssen, die auch auf den Menschen übertragen werden können. Außerdem muß der Mensch selbst für diese Erreger empfindlich sein.

Die Jahreszeiten, aber auch die herrschende Witterung spielen ebenfalls eine wichtige Rolle für das Vorkommen und die Wirkungsmöglichkeit der Erreger. Auch das Abwehrsystem des Körpers ist saisonbedingt mehr oder weniger stark beansprucht. Es gibt also viele Faktoren, die ein starkes Auftreten von Infektionskrankheiten bestimmen. Darin liegen auch die Ursachen für die große Schwankungsbreite dieser Krankheiten während eines Jahres.

Auch für Masern, Pocken, Keuchhusten und Varicellae ist eine eindeutige Zuordnung zur Jahreszeit erst nach einer längeren Mittelbildung möglich. Es ergibt sich dann bei allen Erkrankungen ein maximales Auftreten während der Wintermonate, da in dieser Zeit die Übertragung begünstigt ist. Wegen dieser sich ändernden Übertragungsverhältnisse kann jedoch bei den genannten Krankheiten nicht von echten Saisonkrankheiten gesprochen werden.

Echte Saisonkrankheiten kehren rhythmisch, an Jahreszeiten gebunden, wieder, wobei natürlich auch hier zeitliche Schwankungen um das Maximum auftreten können. Saisonkrankheiten können auf direktem oder inderektem Wege entstehen. Sicherlich sind die Lebensgewohnheiten und die damit verbundene Ernährungsweise von den Jahreszeiten abhängig, was sich somit indirekt bei Saisonkrankheiten bemerkbar macht.

Einige Beispiele sollen diese indirekt entstehenden Saisonkrankheiten illustrieren. Scharlach nimmt mit Wiederbeginn der Schule häufig zu. Die zu bestimmten Zeiten stattfindenden Mekka-Pilgerfahrten der Moslems begünstigen Choleraepidemien. Das im Frühling fallweise vermehrte Auftreten bestimmter Nagetiere in Rußland führt zur Tularämie, einer Krankheit, die durch die Nager übertragen wird und sich durch Fieber, Lymphknotenschwellung, Hautgeschwüre, Bindehautentzündungen äußert.

Viele Krankheiten treten während der Sommermonate vermehrt auf. Die in dieser Zeit große Sonneneinstrahlung macht sich vor allem über die Haut bemerkbar. Die hohe Lufttemperatur, vielfach auch mit hoher Luftfeuchtigkeit verbunden, verursacht eine erhöhte Schweißproduktion. Gleichzeitig wird aber auch die Wärmeregulation des Körpers durch die unter sommerlichen Bedingungen erschwerte Wärmeabgabe belastet. Die vermehrte Schweißbildung macht sich nicht nur durch feuchte Hände und Füße unangenehm bemerkbar, sondern kann auch zur Ekzembildung führen, die sich mit mehr oder weniger kleinen roten Bläschen bemerkbar macht. Setzt sich nun auch noch Hautpilz an diesen Stellen an, so ist das auftretende Maximum der Hautpilze im Sommer geklärt.

Allgemein bekannt ist das häufige Auftreten von Hitzeschlägen während der warmen bis heißen Jahreszeit. Ein Hitzeschlag entsteht durch einen Wärmestau im Körper, da die körpereigene Wärmeabgabemöglichkeit mit der Wärmeproduktion nicht mehr Schritt hält. Die hohen Lufttemperaturen begünstigen nun diesen Effekt, so daß sogar Körpertemperaturen über 43 Grad C gemessen wurden. Kommen zu den meteorologischen Belastungsfaktoren noch andere Reize wie körperliche Arbeit oder nervliche Überbelastung hinzu, so bewirkt die dadurch zusätzliche angeregte Wärmeproduktion den Hitzeschlag.

Parallel mit der sommerlichen Sonnenstrahlung verlaufen auch unmittelbare Sonnenschäden, die durch vermehrte UV-Strahlung hervorgerufen werden, also alle Strahlenschäden wie Sonnenbrand, Sonnenallergie und Sonnenstich. Diese Schädigungen können verschiedene Folgen haben: Verbrennungen, Ödem, Blasenbildungen, Fieber, Kopfschmerzen und Benommenheit. Letztlich können sie einen Kreislaufkollaps bewirken. Durch vermehrte Strahlung kann auch eine hormonelle Störung des Menstruationszyklus auftreten. Auch das sommerliche Maximum der Infektionskrankheiten ist meist sehr signifikant ausgeprägt. In erster Linie werden in den Sommermonaten infektiöse Darmkatarrhe wie Typhus, Paratyphus und Salmonelleninfektionen registriert. Diese Krankheiten werden durch Erreger hervorgerufen, die mit den meteorologischen Bedingungen harmonieren. Hierbei spielen die Mücken und Fliegen als Krankheitsüberträger eine große Rolle. Für die meisten Bakterien bietet die sommerliche Wärme außerordentlich günstige Bedingungen. Aber auch die in dieser Jahreszeit häufig genommenen Freibäder können infizieren!

Groß ist auch die Gefahr einer Viruserkrankung im Sommer. Die Sommerenzephalitis beispielsweise wird von Mücken und Zecken übertragen.

Die spinale Kinderlähmung ist in den letzten Jahren glücklicherweise zurückgegangen. Diese Krankheit tritt zwar verstärkt im Sommer auf, allerdings auch zu den übrigen Jahreszeiten. Die Ursachen für das gehäufte Auftreten der Kinderlähmung im August und September sind bis heute ungeklärt.

Vergleicht man alle Krankheiten, die verstärkt im Sommer auftreten, so zeigt sich, daß für dieses Maximum keine gemeinsamen Ursachen existieren. Denn unabhängig von den Umwelteinflüssen sind die Funktionen des Menschen auch jahreszeitlich verschieden, und deshalb setzt auch der Körper saisonbedingte Reaktionen.

Analog zum Sommermaximum weisen zahlreiche Krankheiten einen Gipfelpunkt ihres Auftretens während der Wintermonate auf, was sich allerdings bis ins Frühjahr ausdehnen kann. Dazu gehören auch viele lebensbedrohende Krankheiten.

Entscheidenden Einfluß auf Gesundheitszustand bzw. Krankheitssymptome übt hier der Strahlungsmangel der Sonne aus. So ist das Auftreten der Rachitis und der damit verbundenen Stoffwechselstörung in den ersten Lebensjahren während der Wintermonate sehr auffällig. Rachitisbildung hängt von verschiedenen meteorologischen und geographischen Faktoren ab. So fand man heraus, daß Rachitis fast ausschließlich zwischen dem 40. und 60. Breitengrad und hier vor allem in Industriegebieten auftritt. Hingegen nimmt die Erkrankung mit zunehmender Seehöhe ab und fehlt vollkommen in Hochgebirgstälern, auch wenn sie im umgebenden Tiefland vorkommt.

Für die Entstehung der Rachitis ist hingegen weder die Gesamtsonnenscheindauer noch die Sonnenstrahlungsqualität entscheidend, sondern lediglich der Gehalt an UV-Strahlen. Diese Strahlen gelangen in den Tropen immer bis zur Erde, daher gibt es in dieser Gegend auch keine Rachitis; in mittleren geographischen Breiten werden die Strahlen jedoch von der Atmosphäre größtenteils absorbiert. Während der Wintermonate in unseren Breiten fehlt diese kurzwellige Strahlung in tiefgelegenen Gebieten also gänzlich. Sicherlich darf aber das Auftreten der Rachitis nicht allein auf diesen Umstand zurückgeführt werden, denn die (mangelnde) Ernährung steht in der Reihenfolge der Ursachen vor den klimatischen Faktoren. Auch spielen bei der Entstehung der Rachitis erbliche Faktoren eine Rolle.

Aber während des Winters treten nicht nur krankhafte Veränderungen des Bewegungsapparates bei Kindern auf. Auch das Wachstum bei gesunden Kindern erfolgt nicht gleichmäßig. Messungen des Knochenwachstums ergaben eine ausgeprägte Winterruhe und im Frühjahr eine starke Beschleunigung. Die Ursache für diese Rhythmik im Knochensystem ist wiederum UV-Strahlungsmangel. Diese Wachstumsruhe kann sich bei mangelhafter Ernährung und negativen Erbanlagen bis zu Rachitisbildung und Stoffwechselstörungen steigern.

Mit dem Knochenwachstumsrhythmus hängt auch der Rhythmus des anorganischen Phosphatspiegels im Blutserum zusammen. Dieser weist während der Wintermonate ein Minimum auf, was die Rachitisbildung fördert. Auch dies ist auf den Mangel an ultravioletter Strahlung zurückzuführen.

Rückläufige Vorgänge im Körper treten im Winter nicht nur im Knochensystem auf, sondern sind im gesamten Stoffwechselsystem zu bemerken. So ist bereits seit Jahrzehnten bekannt, daß der Stoffwechsel im Winter wesentlich niedriger ist als zu den übrigen Jahreszeiten.

Diese Winterruhe findet im Tierreich eine extreme Ausprägung im Winterschlaf. Auch der Jodgehalt der Schilddrüse unterliegt einer jahreszeitlichen Schwankung, mit einem Tiefstand in den Monaten Dezember bis April und einem Maximum im Juli und August.

Ist man sich bewußt, welch vielseitige regulatorische Umstellung mit den jahreszeitlich bedingten Änderungen der Schilddrüsentätigkeit verlaufen, so versteht man auch die dadurch bedingten Körperreaktionen.

Die Stoffwechselumstimmungen resultieren auch in einer gesteigerten Neigung zu Erkältungskrankheiten. Die im Frühjahr geänderten Umweltreize können zweierlei Wirkung auf den Menschen haben. Einmal werden Winterschäden ausgeheilt, es werden aber durch die Umstellung erneut Krankheitsprozesse initiiert, die als eine Folge der Stoffwechseländerung zu Tage treten.

Die UV-strahlenarme Winterzeit macht sich nicht nur physiologisch bemerkbar, sondern die Umstellung des Hormonhaushaltes wirkt sich offenbar auf die Psyche des Menschen aus. Innersekretorische Änderungen beeinflussen den gesamten Kreislauf und letztlich das Gesamtbefinden und -empfinden des Menschen.

Infektionskrankheiten sind im Vergleich zu psychischen Erkrankungen relativ einfach der Jahreszeit zuzuordnen, wobei noch der Umstand hinzukommt, daß gewisse Infektionen meldepflichtig sind und somit jahreszeitliches Auftreten erfaßbar ist.

Von großem Interesse für die Allgemeinheit ist das Auftreten der Grippe, die durch eine Virusinfektion entsteht, wobei die Krankheitserreger besonders leicht durch Tröpfcheninfektion von Mensch zu Mensch weitergegeben werden. Grippeerkrankungen kommen während des ganzen Jahres vor. Allerdings sind Grippeepidemien im Winter wesentlich verbreiteter. Auch die Häufigkeit von bösartigen Lungenentzündungen, die als typische Grippekomplikation anzusehen sind, steigt in dieser Jahreszeit an. Um die Häufung der Grippeerkrankungen zu verstehen, muß man hier eine Trennung der meteorologischen Großkomplexe durchführen; so ist das Auftreten von Grippeepidemien in meteorologischer Hinsicht einerseits von der aktuellen Witterung und andererseits von der Jahreszeit als Klimafaktor abhängig.

Der Mensch unter künstlichem Klimaeinfluß

Die meisten Menschen verbringen den Großteil ihres Lebens in künstlichem Klima in Stadtwohnungen. Die Gesundheit des Menschen wird daher mehr von dem Raumklima ihrer Wohnung bzw. ihres Arbeitsplatzes bestimmt als vom Außenklima.

Das Stadtklima unterscheidet sich in vielen Aspekten vom Klima seiner näheren Umgebung. Dies muß bei der Auswirkung des Klimas auf den menschlichen Organismus berücksichtigt werden, was allerdings aus meßtechnischen Gründen oftmals nur sehr schwierig ist.

Die Lufttemperaturverteilung in der Stadt unterscheidet sich in folgenden Punkten von der in der Umgebung:

1. Vermehrte Wärmeproduktion durch Hausbrand und Industrie.
2. Wärmespeicherung und -abgabe von Gebäuden.
3. Die fehlenden Grünflächen (abgesehen von Parks) verhindern eine starke nächtliche Abkühlung.
4. Die Luftverschmutzung reduziert die einfallende Sonnenstrahlung.

Die jeweilige Bedeutung dieser Faktoren hängt natürlich von der Größe der Stadt ab. Sie bewirken auch, daß die Stadt in den Abendstunden stärker erwärmt ist als die Umgebung, was der Mensch als unangenehm empfindet. Das Stadtklima ist daher wesentlich angenehmer während der sommerlichen Morgenstunden als am Nachmittag und Abend. Man spricht in diesem Zusammenhang auch von der »städtischen Wärmeinsel«, wogegen über den Häusern tiefere Temperaturen als in der bodennahen Schicht auftreten (»Kälteinsel«).

Die Windverhältnisse in der Stadt hängen in erster Linie von der Bebauung ab. Gerade Straßenschluchten bewirken oft eine Erhöhung der Windgeschwindigkeiten. Das haben bereits frühere Städtebauer gewußt und in der winkeligen Ausführung der Gassen berücksichtigt. Die abschirmende bzw. bremsende Wirkung von Gebäuden (der Windschatten kann das Fünfzigfache der Gebäudehöhe erreichen), aber auch von Baumgruppen wirkt sich ebenfalls auf den Organismus aus. Hingegen bewirken Parks und offene Flächen eine wesentlich bessere Durchlüftung.

Luftverschmutzung verringert die Sonnenstrahlung, vor allem in den Wintermonaten. Für die Verschmutzung können drei Quellen als Hauptverursacher angesehen werden: Hausbrand, Industrie und Verkehrsabgase. Die Luftverunreinigung kann dabei prinzipiell in zwei Hauptbestandteile geteilt werden, in feste und gasförmige Partikel. Dabei stellen von der meteorologischen Seite her die sogenannten Inversionswetterlagen, die mit Verunreinigungen angereicherte Luft, die biotrop ungünstigste Phase dar, da es hier zu keinen nennenswerten Austauschvorgängen in der Atmosphäre kommt. Die stagnierenden Luftmassen bleiben während mehrerer Tage an Ort und Stelle, was wiederum Mensch und Umwelt stark belastet.

Untersuchungen haben dabei den Wert von Parks und freien Plätzen mit ihrer reinigenden Wirkung der Luft durch die Pflanzen gezeigt. Beim künstlichen Klima in den Gebäuden macht sich der Einfluß der Architektur, die ja nicht nur nach ästhetischen Gesichtspunkten baut, bemerkbar.

Bei kaltem Wetter wird der Wohnkomfort nur durch die Erwärmung der Räume erzielt. Hier spielt die Wärmedämmung der Gebäudewände eine wichtige Rolle. Es wird in letzter Zeit versucht, die Anzahl der künstlichen Wärmequellen zu reduzieren und durch die Ausnutzung der Sonnenenergie zu ersetzen.

In den Räumen soll eine konstante Temperaturverteilung erzielt werden, die vor allem auch in vertikaler Richtung ausschlaggebend für das Wohlbefinden des Menschen ist.

In heißen Klimaten ist die Kühlung von Gebäuden wesentlich teurer als die Erwärmung von Gebäuden in kalten Gegenden. Dabei ist auch die herrschende Luftfeuchte von ausschlaggebender Bedeutung.

Die relative Luftfeuchte ist in beheizten Gebäuden normalerweise niedriger als in der Außenluft. Das verursacht eine unangenehme ständige Trockenheit in der Kehle. Hohe Feuchte hingegen zerstört Wände usw. Das Ziel jeder künstlichen Klimatisierung ist es, eine relative Feuchte von etwa 50 Prozent zu erreichen. Das sollten auch alle privaten Haushalte berücksichtigen; Werte zwischen 40 Prozent und 70 Prozent sind dabei als normal anzusehen.

Abgesehen von Lufttemperatur und Luftfeuchtigkeit kommt noch die ausreichende Durchlüftung der Gebäude hinzu. Je größer die Windgeschwindigkeit, desto stärker ist auch die Durchlüftung der Räume. Hierbei hat sich herausgestellt, daß Windgeschwindigkeiten über 7 km/h bereits für eine ausreichende Lüftung der Räume sorgen. Zuviel Durchlüftung der Räume ist nach Aussage mancher Hygieniker aber ebenfalls schlecht, da es zu großen Aufwirbelungen aller im Raum befindlichen Partikel kommt und somit die Infektionsgefahr größer ist.

Das Sonnenlicht wurde zur Beleuchtung der Räume ja immer schon von den Architekten genutzt; allerdings hängt das ebenfalls von der geographischen Lage des Gebäudes ab, da z. B. in heißen Klimazonen zuviel Sonnenschein eher schädlich wirkt.

Die Bauklimatologie ist natürlich auch bei der Planung und Anlegung von Krankenhäusern und Sanatorien von Bedeutung.

Hier spielen alle meteorologischen Faktoren eine signifikante Rolle.

LITERATUR

Die Literatur auf medizinmeteorologischem Gebiet ist außerordentlich umfangreich. Im folgenden sollen nur einige Titel aufgelistet werden, die bereits die zahllosen Einzelpublikationen berücksichtigt und verarbeitet haben. Wer sich tiefer in die Problematik der Medizinmeteorologie vertiefen möchte, findet mit diesen Werken eine gute Ausgangsbasis.

Amelung, W., und **Evers, A.**: Handbuch der Bäder- und Klimaheilkunde. Friedrich Karl Schattauer-Verlag, Stuttgart 1962.

Allmann, D.: Die Wetterfühligkeit des Menschen. Gustav Fischer Verlag, Jena 1963.

Büttner, K.: Physikalische Bioklimatologie. Akademische Verlagsgesellschaft, Leipzig 1938.

Christ, H., Josef, G.: Umweltschutz durch den Arzt. ÖAK Verlag, Wien 1985.

Coon, Carleston: Climate and Race. Smithsonian Institution, Annual Report 1953.

De Rudder, B.: Grundriß einer Meteorobiologie des Menschen. Springer Verlag, Berlin, Göttingen, Heidelberg 1952.

Faust, V.: Biometeorologie. Hippokrates Verlag, Stuttgart 1978.

Freye, H. A.: Einführung in die Humanökologie. UTB, Wiesbaden 1986.

Ganong-Auerswald: Lehrbuch der Medizinischen Physiologie. Springer Verlag, Berlin, Göttingen, Heidelberg 1979.

Haider, M.: Leitfaden der Umwelthygiene. Verlag Hans Huber, Stuttgart, Wien 1974.

Hellpach, W.: Geopsyche. Ferdinand Enke Verlag, Stuttgart 1950.

Jungmann, H.: Naturgemäße Heilmethoden. Steinkopf Verlag, Darmstadt 1985.

Jusatz, H.: Methoden und Modelle der geomedizinischen Forschung. Wiesbaden 1976.

König, H. L.: Unsichtbare Umwelt. Der Mensch im Spielfeld elektromagnetischer Kräfte. Eigenverlag Herbert L. König, München 1977.

Kügler, H.: Medizin-Meteorologie nach den Wetterphasen. J. F. Lehmanns Verlag, München 1975.

Ledwina, W.: Angewandte Bioklimatologie mit modernen naturnahen Heilmethoden, Haug Verlag, Heidelberg 1981.

Liljequist, G. H. und **Cehak, K.**: Allgemeine Meteorologie. Vieweg Verlag, Braunschweig 1979.

Machalek, A.: Leben mit Radioaktivität. Orac Verlag, Wien 1987.

Machalek, A.: Garten der Gesundheit. NÖ Akademie Verlag, Laxenburg 1989.

Machalek, A. und **Stacher, A.**: Wetterfühligkeit und Wetterempfindlichkeit. Facultas Verlag, Wien 1993.

Machalek, A. und **Stacher, A.**: Mensch und Umwelt. Facultas Verlag, Wien 1993.

Marktl, W.: Handbuch der natürlichen Heilmittel Österreichs. Bohmann Verlag, Wien 1985.

Möse, J. R.: Umwelt und Gesundheit. Styria Verlag, Graz 1985.

Oepen, J.: An den Grenzen der Schulmedizin. Deutscher Ärzte Verlag, Köln 1985.

Parkert, M.: Die chinesische Medizin. Econ Verlag, Düsseldorf 1986.

Reuter, H.: Die Wissenschaft vom Wetter. Springer Verlag, Wien — New York 1978.

Rudloff, Willy: World Climates. Wissenschaftliche Buchgemeinschaft mbH, Stuttgart 1981.

Stephens, Henry, J. P. S. P. M.: Stress, Health and the Social Environment. A Socialbiological Approach to Medicine. Topics in Environmental Physiology and Medicine. K. E. Schaefer ed. Springer 1977.

Stüttgen, G. et al.: Umweltdermatosen. Springer Verlag, Wien — New York 1982.

Sulman, F.: Short- and Long-Term Changes in Climate I, II. CRC Press, Florida 1982.

Tromp, S. W.: Biometeorology. Heyden, London 1980.

Tromp, S. W.: Medical Biometeorology, Weather, Climate and the Living Organism. Elsevier Publishing Company, Amsterdam — London — New York 1963.

Tromp, S. W.: Progress in Human Biometeorology. Swet & Zeitlinger N. V., Amsterdam 1977.

Varga, A.: Grundzüge der Elektro-Bioklimatologie. Verlag Dr. Fischer, Heidelberg 1981.

VERLAG DES ÖSTERREICHISCHEN KNEIPPBUNDES GES. M. B. H.

A-8700 LEOBEN · KUNIGUNDENWEG 10 · TELEFON 03842/24094 · FAX 03842/21718-32

Vier Ernährungsratgeber mit Format!

A5 · Hartdeckel · 120—168 Seiten · teils Farbtafeln · je öS 169,—

Univ.-Prof. Dr. med. Michael Kunze / Mag. Ingrid Kiefer / Prof. Robert Gieler

Cholesterin, die 200 besten Rezepte

Das Cholesterin ist nach wie vor das zentrale Thema für Herz und Kreislauf!
200 cholesterinarme Rezepte, nährwertberechnet.

Gesund durch Obst und Gemüse

Ballaststoffe sind besonders wichtig in Hinblick auf die Krebsvorsorge! Neue Tabellen: Mineralstoffe und Vitamine in Obst und Gemüse. Viele ausgezeichnete Rezepte.

Natürlich Getreide

Was können die Getreidesorten? Getreidegerichte sind besonders gesund! Gute Rezepte. Lagerung und Verarbeitung von Getreidesorten.

Norbert Fuchs

Mineralstoffe — Salze des Lebens

Mineralstoffe geraten immer mehr in den Mittelpunkt der Vorsorgemedizin! Mangelerscheinungen entstehen durch Überdüngung der Böden und Umweltschäden. Dieses Buch zeigt, was Mineralstoffe bewirken können.